Peter Köster
Lebensorientierung
an der Bibel

Peter Köster

Lebensorientierung
an der Bibel

Meditationsimpulse
zum Exerzitienbuch des Ignatius von Loyola

Mit einem Geleitwort von
Adolf Haas

Verlag Katholisches Bibelwerk
Stuttgart

Die Texte zu Ezechiel 37, Jona 1 und 4 und Psalm 51 sind
teilweise entnommen aus: Das Alte Testament, ausgewählt,
übertragen und in geschichtlicher Folge angeordnet von Jörg
Zink, Kreuz-Verlag Stuttgart-Berlin.

Die neutestamentlichen Texte sind entnommen der Einheits-
übersetzung der Heiligen Schrift, Das Neue Testament, Ka-
tholische Bibelanstalt Stuttgart.

ISBN 3-460-30921-0
Mit kirchlicher Druckerlaubnis
Imprimi potest, Köln 10. 1. 1974,
Praep. Prov. Joh. G. Gerhartz S. J.
Alle Rechte vorbehalten
© 1974 Verlag Katholisches Bibelwerk GmbH, Stuttgart
Umschlag: Hans Hug, Stuttgart
Gesamtherstellung: J. F. Steinkopf KG, Stuttgart

Meinen Eltern

Gebt den Weg frei
und laßt mich heimkehren
zu meiner alten Freiheit.
Laßt mich mein früheres Leben
suchen gehen,
damit es mir zur Auferstehung hilft
aus dem gegenwärtigen Tod.

Miguel de Cervantes

Geleitwort

Wir erleben heute bei vielen Menschen eine Art seelischer und religiöser Energiekrise. Trotz der erdrückenden Informationsüberflutung auf fast allen Gebieten, trotz eines materiellen und geistigen „Warenangebotes" von bisher ungekanntem Ausmaß wird der gesättigte und übersättigte Mensch seelisch ärmer, leerer, einsamer, unfreier, aggressionsgeladener. Diese seelische Energiekrise mündet oft in totalem Selbstverlust und einer Gottvergessenheit, die Geschöpf und Schöpfung in Sinnlosigkeit und Absurdität hineinzieht. Der Mensch rast auf breiten Straßen zu Lande, zu Wasser und in der Luft um den Erdball und doch entfliehen ihm die eigentlichen Gestalten der Schöpfung und die geschändeten Grundelemente beginnen sich zu rächen.

Ist es da verwunderlich, daß viele Menschen wieder den Weg nach innen, in die Tiefe, in die Stille, in die erfüllte Einsamkeit suchen, um in Besinnung und Meditation sich selbst, den Sinn des Lebens und letztlich wieder Gott zu finden? Die Handreichungen der Meditationsbewegungen verschiedenster Richtung sind zahlreich, kommen aus den unterschiedlichsten geistigen und kulturellen Landschaften und verwerten zum Teil älteste religiöse Erfahrung der Menschheit. Leider muß man die moderne deutschsprachige Literatur über einen der wichtigsten Wege der Selbstfindung und der Gottes- und Christuserfahrung, nämlich die Exerzitien des Ignatius von Loyola, fast spärlich nennen. Um so mehr ist jede Veröffentlichung zu begrüßen, welche die Exerzitien als Möglichkeit der Selbst- und Gottfindung nahebringt und auslegt.

Da Exerzitien vor allem als Weg zur Nachfolge Christi und damit als Einübung in die biblische Meditation verstanden werden müssen, begrüße ich mit besonderer Freude die hier gebotenen Meditationsimpulse zum Exerzitienbuch des Ignatius von Loyola und empfehle sie mit besonderem Nachdruck. Die ignatianische Spiritualität ist in diesen biblischen Meditationen in eindringlicher Form zur Darstellung gebracht. Grundgesetzlichkeit und Grunddynamik der Exerzitien sind klar und konsequent herausgearbeitet. Besonders die Hinführungen zu den einzelnen Exerzitienphasen sind zeitgemäße Aktualisierungen der ignatianischen Grundintentionen.

Das Buch füllt nicht nur eine empfindliche Lücke in der geistlichen Literatur, sondern es ist ein Wegbereiter, den man jedem in die Hand geben möchte, der Exerzitien macht. Es trägt zur Überwindung der seelischen und religiösen Energiekrise bei, indem es Hilfen bietet, sein Leben gezielt und wirksam an der Bibel zu orientieren.

München, im Januar 1974   *Adolf Haas S. J.*

8

Inhalt

9

Vorwort

Es gibt viele Wege und Methoden, sein gesamtes Leben aus
der Perspektive und Dynamik des Evangeliums formen zu
lassen. Solch ein Integrationsprozeß vollzieht sich in einer
unabschließbaren Dialektik von Gabe, Verheißung und Verwirklichung im Kontext der jeweiligen geschichtlichen Situation, die biographisch, soziologisch, geistesgeschichtlich, politisch und kirchlich bestimmt ist.

Die ignatianischen Exerzitien sind *ein* Weg, aus der eigenen,
ursprünglichen Glaubenserfahrung die Christusbotschaft persönlich zum Aufbau und Dienst der Kirche in der Welt auszubuchstabieren. Die Exerzitien muten dem, der sich auf sie
einläßt, zu, *seinen* Weg der Nachfolge Jesu selbst zu finden
und zu gehen.

Darum werden hier auch keine fertigen Meditationen vor-
gelegt, sondern lediglich *Anregungen*, die eine Hinführung
zum persönlichen Beten und zur persönlichen Lebensorientierung aus dem Glauben sein können. In ihrer unterschiedlichen
Form wollen diese biblischen Meditationsanregungen nur
gleichsam wie mit dem Finger auf den verborgenen Schatz
im Acker des Schrifttextes zeigen, den dann jeder für sich aus-
graben mag. Damit der individuelle Zugang zum Medita-
tionsstoff gelingen kann, werden die folgenden Gedanken
als Hinführung empfohlen.

Peter Köster S. J.

Einführung

Sein Leben zur Sprache bringen

Auf einen wichtigen Punkt des persönlichen Betens möchte ich besonders hinweisen und diesen ein wenig begründen: Wer sein Leben meditiert oder Exerzitien macht, soll lernen, sein Leben *betend* zur Sprache zu bringen. Vielleicht ist uns Igmar Bergmans Film „Das siebte Siegel" bekannt. Er beginnt mit der Heimkehr des Ritters Antonius Block nach Schweden. Die Suche nach Erkenntnis hatte ihn bis ins Heilige Land geführt. Er ist zurückgekommen, ohne die gesuchte Antwort gefunden zu haben . . . In dem Bild des Ritters zeichnet Bergman das Bild eines Menschen unserer Tage — das Bild eines Menschen auf der Suche nach Sinn, nach Gott. Diese Suche war vergeblich gewesen. In dem Augenblick nun, da der Tod an ihn herantritt, will Antonius Block Aufschub. Er will eine Antwort auf die Fragen seines Lebens finden. Der Tod läßt sich darauf ein, mit ihm eine Schachpartie zu beginnen. Das ist die letzte Chance für den Ritter. Ihn quält die Frage nach Gott. Er möchte den Sinn des Lebens begreifen, das „Warum" der irdischen Dinge. Er will in das Herz des Geheimnisses dringen, das durch den Vorhang des Todes verdeckt ist . . . Im Verlauf des Tages kommt er in eine Kirche und kniet sich vor dem kleinen Altar nieder. Als er vom Beichtstuhl her ein Rumpeln hört, geht er dorthin. Einen Augenblick lang taucht das Gesicht des Todes hinter dem Gitter auf, doch der Ritter sieht es nicht. Antonius Block beginnt: „Ich möchte mit dir sprechen, so aufrichtig ich es kann; doch mein Herz ist leer . . . Die Leere ist ein Spiegel, der gegen mein eigenes Gesicht gewendet ist. Ich sehe mich selbst und werde von Widerwillen und Schrecken ergriffen . . . Durch meine Gleichgültigkeit den Menschen gegenüber habe ich mich außerhalb ihrer Gesellschaft gestellt. Jetzt lebe ich . . . eingeschlossen in meine

Träume und Phantasien . . . Es ist so grausam unvorstell-
bar, Gott mit seinen Sinnen zu erfassen. Warum verbirgt er
sich in einem Dunstkreis von halben Versprechungen und
unsichtbaren Wundern? . . . Wie sollen wir den Glaubenden glauben können, wenn wir
selber nicht glauben? Was wird aus uns, die glauben wol-
len, es aber nicht können? Was wird aus denen, die weder
glauben wollen noch glauben können? Warum kann ich
Gott in mir nicht töten? . . . Warum ist er trotz allem eine
gaukelnde Wirklichkeit, die ich nicht loswerden kann? . . .
Ich will Gewißheit haben, keinen Glauben. Keine Vermu-
tung, sondern Gewißheit. Ich will, daß Gott mir seine Hand
entgegenstreckt, daß er sein Gesicht entschleiert, daß er zu
mir spricht . . .
Ich rufe ihn im Dunkeln an und manchmal ist mir, als wäre
dort gar niemand . . . Dann wäre das Leben eine sinnlose
Angst. Kein Mensch kann mit dem Tod vor Augen leben —
in der Gewißheit, daß alle Dinge nichts sind . . .
Heute morgen hat mich der Tod aufgesucht. Wir haben zusammen eine Schachpartie begonnen. Der gewonnene Aufschub gibt mir Gelegenheit, etwas sehr Wichtiges zu erledi-
gen . . . Mein Leben ist bisher ein Nichts, ein jagendes, fah-
rendes, sprechendes Nichts ohne Sinn und Gedanken. Ich
sage das ohne Verbitterung oder Selbstvorwürfe, denn ich
weiß, daß das Leben fast aller Menschen genauso beschaffen
ist. Doch meinen Aufschub will ich für eine einzige sinnvolle Handlung nutzen."
Was ist hier geschehen? *Jemand bringt sein Leben zur
Sprache!* Der Ritter Antonius Block erfährt sich, indem er
tastend und stockend sein Leben in Worte zu fassen versucht, nicht nur als Fragender, sondern auch als Befragter.
Er selbst beginnt, sein Leben neu auszurichten: „Meinen
Aufschub will ich für eine einzige sinnvolle Handlung
nutzen". —
Der Ausgangspunkt für das Beten wird bei den einzelnen
unterschiedlich sein und immer wieder anders aussehen je
nach dem, was einer an individueller Geschichte mit sich
herumträgt, je nach dem, in was für einer Situation und

Verfassung einer gerade ist. Für den einen ist das „Du"
Gottes der tragende Grund seines Lebens und Betens, bei all
dem bruchstückhaften Charakter, den eine solche persönliche
Anrede notwendigerweise hat. Ein anderer wird Gott bestenfalls als Horizont erwarten, in dem sein Leben und
seine Zukunft auf ein letztes Du hin transparent werden
könnte. Ihm wird es vielleicht nur möglich sein, mit einer
säkularen Besinnung über sein Leben zu beginnen — wie in
dem Bergman-Film der Ritter; er wird also mit dem anfangen, was ihm als wirklich und vordringlich erscheint.
So unterschiedlich der Einstieg bei den einzelnen jeweils
sein mag, niemand wird — will er verantwortbar leben —
daran vorbeikommen, zu versuchen, sein *ganzes* Leben irgendwie zur Sprache zu bringen, so oder so; und zwar zunächst einmal für sich. Wie will man sonst sein Leben verstehen lernen?
Es kommt darauf an, zu versuchen, sein Leben ins Wort zu
fassen — so wie es für einen *ist*, ungefiltert: unbegreiflich,
beängstigend — Hoffnung gebend, beglückend — enttäu-
schend, in die Einsamkeit treibend — erfüllend, befreiend —
verbitternd . . .
Es kommt darauf an, die Momente in unserem Leben zu
entdecken, in denen wir ganz betroffen sind, zum Beispiel:
die Undurchschaubarkeit des eigenen Lebens,
die Ahnung des Todes,
die unabstreifbare Verantwortung in persönlichen Entscheidungen,
oder: wo man sich ausgenutzt und betrogen fühlt,
wo man spürt, daß man zu kurz gekommen ist,
wo einem plötzlich und unberechenbar vergeben wird,
wo man vor Freude „aus dem Häuschen" ist,
wo sich aus einer ausweglosen Situation, aus einem ver-
fahrenen Leben unvermutet ein Ausweg ergibt,
wo man darüber staunt, daß es auf einmal doch noch wei-
tergeht . . .
Eine solche innere Erfahrung, eine unmittelbare Betroffen-
heit, eine spontane Reaktion, etwas, das uns innerlich beschäftigt, wird erst dann zu einem vitalen Teil des Men-

schen selbst, wenn er dieser Erfahrung Ausdruck und Gestalt gibt, wenn er beispielsweise damit beginnt, sie ins Wort zu fassen. Das ist etwas, was oft genug bei uns verschüttet ist. Das ist eine Weise von Selbstwahrnehmung, bei der wir erkennen, daß wir nicht immer nur Fragende, sondern auch Befragte sind, — wo wir selbst nach Antwort suchen müssen.

An den Psalmen des Alten Testaments kann man sehen, wie Menschen ihr Leben zur Sprache bringen, kann man eine praktische Ahnung davon bekommen, was „Beten" ist. Die Psalmen geben Antwort auf das, was dem Menschen widerfährt: wo er aufatmet oder erschrickt, wo er aufbegehrt oder losjubelt. Ihr Beten ist ein Rufen und Schreien, ein Weinen und Lachen, ein Resignieren und ein letztes Dennoch, ein Klagen und Bitten, ein Danken und Fragen. Hier wird hartnäckig gesprochen und heftig, erbarmungslos, verzweifelt und nahezu ungläubig, vertrauend und jubelnd, je nach dem, wie einen das Leben anpackt und wie man es selbst anpackt. Beten ist gleichsam das *vor Gott* ausgebreitete Leben. Es ist in aller Freude und bei aller beängstigenden Unbegreiflichkeit des Lebens das Vertrauen, daß Jahwe, daß Gott in seiner Entzogenheit „da" ist. Es ist die oft schmerzliche Gewißheit, daß er in seiner Nähe ungreifbar ist: der immer entgleitende archimedische Punkt, der unser Selbstverständnis, unseren selbstgehäkelten Horizont aus den Angeln hebt und uns immer wieder auf bzw. vor Neuland setzt; aber einzig und allein, um den Menschen zu sich selbst kommen zu lassen, um ihn auf seine Einmaligkeit und seine geschichtlichen Möglichkeiten zu stoßen.

So ist Beten eine Art zu leben, zu warten, sich offen zu halten, gespannt zu sein, nicht zu besitzen, sondern sich zu verdanken, zu fragen und zu vertrauen, zu bitten und zu preisen, kurz: Beten ist eine Art zu leben „vor" dem, der nicht irgend etwas neben anderen Dingen, der nicht irgendein bestimmtes konkretes „Du" neben anderen ist, der unsagbar, unbegreiflich, ein nicht bestimmbarer Punkt oder Bereich im System unserer Begriffe und in der Komplexität unserer Erfahrungen ist.

Gebet fängt da an, wo man beginnt, sich loszulassen — irgendwie. Beten öffnet die Augen, es macht sehend. Es öffnet die Hände, macht liebend. Beten ist kein Aufschwung zu besonderer religiöser Leistung. Es beginnt mit der Zukunft und Leben *suchenden* Bereitschaft: „Herr, da bin ich!" Doch Ives Raguin bemerkt kritisch: „Viele brechen nur scheinbar auf. Sie tragen nur ein Gespenst ihrer selbst mit sich fort, eine abstrakte Puppe. Sich selber bringen sie vor dem Aufbruch in Sicherheit ... Sie bilden sich eine künstliche Persönlichkeit, eine ausgeliehene, nach Büchern zurechtgemachte, und diesen Roboter, diesen Schatten ihrer selbst schicken sie auf die Suche nach Gott. Nie treten sie mit ihrem ganzen Wesen in die Erfahrung ein ...

Beim Auszug muß man seinen ganzen Besitz auf seinen Esel packen, mit allem emigrieren, was man ist, mit seinen Knochen, seinem Geist, seiner Seele, alles muß mit, das Erhabene und das Erbärmliche, die Sündenvergangenheit, die großen Hoffnungen, die gemeinsten und heftigsten Triebe ... Alles, alles, denn alles muß durch das Feuer hindurch. Alles muß schließlich integriert werden, damit ein Mensch herauskommt, der mit Leib und Seele in die Erkenntnis Gottes eingehen kann. Gott will ein leibhaftiges Wesen vor sich sehen, das weinen kann, schreien unter den Wirkungen seiner läuternden Gnade; er will ein Wesen, das um den Wert menschlicher Liebe weiß und die Anziehung des andern Geschlechts kennt. Er will ein Wesen, das den heftigsten Wunsch verspürt, ihm zu widerstehen, warum nicht? ... Gott will ein menschliches Wesen vor sich sehen, sonst hätte seine Gnade nichts zu verwandeln; das wirkliche Wesen wäre entwischt. Hier aber pflegt das Unglück zu geschehen: zu viele unter denen, die sich Gott geben, haben seinem Wirken nur eine ausgeliehene Persönlichkeit ausgesetzt ... Kein Wunder, wenn sie eines Tages entdecken, daß sie für etwas anderes gemacht sind." [1]
Wenn wir zu beten versuchen, werden wir uns auch im-

[1] *Ives Raguin*, Wege der Kontemplation in der Begegnung mit China, Einsiedeln 1972, 31 f.

mer wieder am Beten Jesu von Nazaret orientieren müssen. Die Evangelien schildern Jesus als Betenden, der sich auch von Zeit zu Zeit dafür aus dem Alltag zurückzieht. Das Beten Jesu ist sehr handgreiflich, ein Äußern elementarsten Lebensdranges: „Vater, laß diesen Kelch (des Leidens) an mir vorübergehen". — Sein Beten ist von ungetrübtem Vertrauen: „Vater, ich weiß, daß Du mich immer erhörst". — Sein Beten ist zugleich uneingeschränkte Offenheit und Verfügbarkeit: „Vater, nicht mein Wille geschehe, sondern der Deine".

Der Hebräerbrief sagt von Jesus, daß er mit Bitten und Flehen, mit lautem Schreien und unter Tränen den angerufen hat, der ihn aus dem Tod erretten konnte (5,7). — In dem Psalmwort am Kreuz „Mein Gott, mein Gott, warum hast *Du* mich verlassen?" wird angedeutet, daß unser Beten so weit herausgefordert sein kann, daß wir das Entgleiten Gottes, vor dem wir verstummen, in dem wir uns selbst genommen sind, anerkennen und den Mut haben, in dieses sich ausbreitende Schweigen hineinzusagen: „Du" (oder: „mein Gott").

Unser Leben wird plastischer, unser Glaube konkreter, wenn wir mit dem Versuch beginnen, kontinuierlich unser ganzes Leben — so wie es uns vorkommt — vor Gott zur Sprache zu bringen. Man kann ganz einfach damit anfangen, vor Gott zu erzählen, was passiert ist, was einen erwartet, was wir empfinden, was uns beschäftigt — sei es auch noch so abgründig oder banal. Der Glaubende sollte wissen, daß er mit allem, aber auch restlos allem, was ihm begegnet und was in ihm ist, vor Gott kommen kann.

Eine solche Form des Betens, in die die Vielfalt immer neuer Lebenssituationen und Erfahrungen einfließt, wird auch außerhalb der Exerzitien immer aktuell bleiben. Man wird sie immer wieder aufnehmen können und sie wird sich im oft trocken-sachlichen und aufreibenden Stil unseres Lebens durchhalten.

Es wäre eigentlich verwunderlich, wenn wir uns selbst in einem solchen Prozeß der Verbalisierung unseres Lebens vor Gott nicht ändern würden und damit auch die Dinge um uns herum. — Vielleicht kann es uns dann auch mal passieren, daß wir in eine Gebetserfahrung hineingeraten, von der Sören Kierkegaard[2] spricht:

„Als mein Gebet immer andächtiger und innerlicher wurde, da hatte ich immer weniger und weniger zu sagen. Zuletzt wurde ich ganz still.
Ich wurde, was womöglich noch ein größerer Gegensatz zum Reden ist,
ich wurde ein Hörender . . ."

Beten heißt auch: Still werden und warten, bis Gott vernehmbar wird.

[2] Zitiert nach Jörg Zink, Wie wir beten können, Stuttgart [4]1971, 22.

Hinweise zum Meditieren

Eine Hilfe, sein Leben betend zur Sprache zu bringen, kann darin bestehen, Glaubenserfahrungen der Bibel zu erschließen, Erfahrungen also, die andere Menschen zu anderer Zeit mit jener sie ganz be-anspruchenden Wirklichkeit gemacht haben, die sie kaum mit Namen zu nennen wagten, — jener Wirklichkeit, die sie in ihrem Leben entdeckt und bekannt haben und zu der sie doch immer unterwegs blieben, — jener Wirklichkeit, die sie ganz herausforderte, die unbegreiflich ihnen doch näher war als sie sich selbst: *Gott.*
Martin Buber hat das (für seine Arbeit) einmal so formuliert: „Ich zeuge für Erfahrung und appelliere an Erfahrung ... Ich sage zu dem, der mich hört: ,Es ist Deine Erfahrung. Besinne Dich auf sie, und worauf Du Dich nicht besinnen kannst, wage, es als Erfahrung zu erlangen' ... Ich habe keine Lehre. Ich zeige nur etwas. Ich zeige Wirklichkeit, ich zeige etwas an der Wirklichkeit, was nicht oder zu wenig gesehen worden ist. Ich nehme ihn, der mir zuhört, an der Hand und führe ihn zum Fenster. Ich stoße das Fenster auf und zeige hinaus. Ich habe keine Lehre, aber ich führe ein Gespräch." [3]
Eine solche Hilfe kann aber nur zum rechten Beten führen, wenn der Beter auch entschlossen ist, zu *tun,* was er im Gebet erkennen wird. Man verbaut sich den Weg zum Verständnis seines Lebens wie zum rechten Beten, wenn man erst im Nachhinein entscheiden möchte, ob man das Erkannte auch ausführen will.

METHODISCHE HILFEN

Das erste, was Ignatius von Loyola in seinen Anweisungen zum Gebet sagt, ist: es soll dem Menschen „genehm" sein.

Das Gebet soll ihm also wohl-tun. Er soll sich darauf freuen können. Als zweites bringt Ignatius eine sehr wichtige Voraussetzung: Vor Beginn des Gebetes soll man ein wenig zur Ruhe kommen. Das wird zunächst das schwierigste sein. Der Erfolg des Betens hängt jedoch in erster Linie davon ab, ob man zur Ruhe und Sammlung kommt, ob man Spannung und Verkrampfung abschütteln kann. Im alltäglichen Leben merken wir oft gar nicht, wie angespannt und unruhig wir sind, weil wir uns an diesen Zustand als an etwas Normales gewöhnt haben.

Eine Hilfe für die meditative Sammlung kann zunächst sein, daß man für seine Augen einen „ruhigen Punkt", einen Gegenstand sucht, bei dem man mühelos verweilen kann, — vielleicht ein Bild, ein Kreuz, das „ewige Licht", eine Kerze oder ähnliches. Die wichtigste Hilfe für die meditative Sammlung und damit zugleich die erste Voraussetzung für das Gelingen des Betens ist die rechte Spannung der Muskulatur, die Gelöstheit und Beruhigung des ganzen Leibes. Im Zustand körperlicher Entkrampfung und rechter Spannung, im Zustand der Gelöstheit und Ruhe arbeiten alle Funktionen im Menschen besser. Wenn einer gelöst und zur Ruhe gekommen ist, können sich die schöpferischen Kräfte, kann sich das spezifisch Individuelle in ihm am ehesten entfalten.

Grundübungen

Zwei Grundübungen zur gesamtmenschlichen Disposition für die Meditation seien hier vorgestellt.[4]

[3] *Martin Buber*, Werke I, München 1962, 1114.
[4] Weitere Hilfen:
Karlfried Graf Dürckheim, Hara, die Erdmitte des Menschen, Weilheim [4]1970, Kap. IV Hara als Übung: 89—164;
Vladimir Satura, Der Anfang ist das schwierigste, Möglichkeiten meditativer Sammlung, in: J. Bill / F.-J. Steinmetz, Aus der Mitte leben, Stuttgart 1973, 29—37;
Klemens Tilmann, Die Führung zur Meditation, Einsiedeln [4]1972, Dritter Hauptteil: Die Einübung in die Grundlagen der Meditation, 61—118.

Erste Grundübung

A. Man nimmt eine bequeme Sitzhaltung ein. Dabei kann man den Rücken anlehnen, jedoch nicht so, daß man dabei zusammensackt und den Bauch einklemmt. — Eine Sitzhaltung, die den Leib in seine richtige Spannung bringt *und zugleich eine geistige Wachheit ermöglicht*, nimmt man dann ein, wenn Ohr, Schulter und Hüfte eine Senkrechte bilden, die Knie etwas tiefer als das Becken sind, so daß der Unterbauch sich voll im Beckenraum ausbreiten und festigen kann.

☐ Die Hände ruhen locker auf den Oberschenkeln, die Ellbogen sind locker gewinkelt. Dadurch sind die Armstreck- und Armbeugemuskeln im Gleichgewicht.

☐ Die Füße ruhen mit den Sohlen auf dem Boden, nicht zu weit voneinander, die Knie — etwas tiefer als das Becken — sollen nach außen fallen. Dadurch werden mechanische Spannungen im Oberschenkel vermieden.

☐ Ich lasse mich in den Schultern los und habe den Schwerpunkt meines Leibes im Unterbauch.

☐ Ich schließe die Augen. Das erleichtert die innere Sammlung.

☐ Ich lasse die Augen zufallen und stelle mir meinen *rechten Arm* vor. Mein rechter Arm ist gelockert, in guter Spannung . . .

Mein rechter Arm ist gelockert, in guter Spannung . . .

Mein rechter Arm ist gelöst . . . in rechter Spannung . . .

Ich bin ganz ruhig . . .

Ich bin ganz ruhig . . .

☐ Ich stelle mir meinen *linken Arm* vor . . . usw.

☐ Ich stelle mir mein *rechtes Bein* vor . . . usw.

☐ Ich stelle mir mein *linkes Bein* vor . . . usw.

☐ Ich stelle mir meinen *Kopf* vor . . . usw.

Mein Kopf ist entspannt und ruhig . . . usw.

☐ Mein *ganzer Leib* ist gelockert, gelöst, in guter Spannung . . . usw.

☐ Ich bin ganz ruhig, gelöst, in guter Spannung . . .

☐ Es atmet in mir, ganz ruhig, ganz gleichmäßig . . .

B. Ich wende mich dem zu, worüber ich meditieren möchte . . .

C. Ich löse mich langsam aus der Übung:
☐ Ich löse meine Hände, ruhig, langsam, und mache mit ihnen die Bewegung des Händewaschens, ruhig, langsam . . .
☐ Ich öffne die Augen . . .
Die Bewegung des Händewaschens hilft, daß die in der Übung gewonnene Verfassung mir nicht sofort wieder entgleitet.

Zweite Grundübung

A. Der ganze Leib kommt am ehesten in seine richtige Spannung, in eine gelöste und ruhige Verfassung, wenn der Mensch in der rechten Mitte ist, das heißt im Lot, im Gleichgewicht, wenn er seinen *Schwerpunkt im Bauch-Bekken-Raum findet*.
Das soll jetzt eingeübt werden:

1. *Haltung:* Ich nehme wieder eine bequeme Sitzhaltung ein, und zwar so, daß die Knie tiefer sind als der Sitz. Sie hängen gelockert nach außen. — Die Beine kreuze ich nahe den Knöcheln, so daß die Außenseiten der Schuhe (Füße) auf dem Boden ruhen.

☐ Ich lege die Hände wie zwei Schalen übereinander, die linke in die rechte, und bringe sie so vor den Unterleib, daß die Handgelenke auf den Oberschenkeln liegen und die Kanten der Hände den Unterbauch berühren. — Die Daumen berühren einander mit den Spitzen.

☐ Ich recke den Oberkörper möglichst hoch auf, dann lasse ich ihn sinken, und zwar so, daß er sich senkrecht in die Hüften, in den Bauch-Becken-Raum setzt, also kein gekrümmtes Rückgrat entsteht. — Ich lasse den Oberkörper nach vorn und nach hinten schwingen, bis der Punkt erreicht ist, auf dem die Bewegung von selbst still steht, bis ich das Empfinden habe: jetzt ist der Schwerpunkt des ganzen Leibes richtig eingependelt, das volle Gleichgewicht ist gefunden, der Oberkörper, ich balanciere mühelos.

☐ Der Kopf ist leicht nach vorn geneigt, die Augen halb geöffnet. Man kann die Augen auch zufallen lassen.

2. *Atmung:* Ich achte auf mein Atmen: beim natürlichen Atmen atmet man länger aus als ein, und zwischen dem Ausatmen und dem Einatmen ist eine Pause. — Mein Atem vollzieht sich also in einem Vierertakt: *zwei* Takte ausatmen; *einen* Takt ausgeatmet verweilen; *einen* Takt einatmen.

☐ Ich übe das ein wenig:
*aus*atmen — *aus*atmen — Pause — *ein*atmen,
*aus*atmen — *aus*atmen — Pause — *ein*atmen,
*aus*atmen — *aus*atmen — Pause — *ein*atmen.
Nach Möglichkeit soll durch die Nase aus- und eingeatmet werden, und zwar in Form des Zwerchfellatmens. Das Zwerchfell ist der eigentliche Atemmuskel. — Aus der Tiefe lasse ich den Atem durch die Nase ausströmen und durch die Nase lasse ich den Atem in die Tiefe eindringen. Das Einatmen geht von selbst.

3. *Worte:* Die rechte Spannung und Gelöstheit, die Ruhe und Sammlung, die von der richtigen Körperhaltung und dem rechten Atmen ausgehen, werden dadurch noch vertieft, daß die vier Atemtakte mit vier Worten verbunden werden, die dem entkrampfenden Loslassen, der rechten Spannung und Gelöstheit, sowie dem Verlagern des leiblichen und inneren Schwerpunktes von oben nach unten in den Bauch-Becken-Raum dienen.
Ich spreche mir im stillen diese Worte einmal vor:
☐ Ich lasse mich in den Schultern los.
☐ Ich lasse mich im Becken nieder.
☐ Ich verweile gelassen.
☐ Ich lasse den Atem kommen, *oder:* ich werde neu.
Das Sich-Loslassen in den Schultern ist am Beginn des Ausatmens. Das Sich-Niederlassen im Becken ist am Ende des Ausatmens. — Das Sich-oben-in-den-Schultern-Loslassen und das Sich-unten-im-Becken-Niederlassen sind zwei Seiten einer Bewegung.

Das Loslassen umfaßt alle Sorgen, Spannungen, Ängste, Masken, alle eigenwillige Selbstbehauptung. Wenn ich voll ausgeatmet habe und verweile, wölbt sich der Unterbauch ein wenig nach außen. Ich kann das mit den Kanten meiner Hände wahrnehmen. — Das Einatmen geht von selbst. Ich brauche es nur kommen lassen.

Das wird jetzt eine Weile eingeübt:

☐ Sich-Loslassen;

☐ Sich-Niederlassen;

☐ Gelassen verweilen;

☐ Kommen lassen, *oder:* neu werden . . .

4. Gebet: Ich kann diese Worte auch in ein Gebet fassen:

☐ weg von mir;

☐ hin zu *Dir;*

☐ ganz in *Dir;*

☐ ganz aus *Dir.*

B. Ich wende mich nun dem zu, worüber ich meditieren möchte . . .

C. Ich löse mich langsam aus der Übung:

☐ Ich öffne die Augen weit und schließe sie wieder;

☐ Ich atme einmal tief aus und ein;

☐ Ich bewege Kopf und Hals, eine Drehung nach rechts, dann nach links;

☐ Ich bewege die Schultern;

☐ Ich bewege die Füße und stelle sie nebeneinander;

☐ Ich löse die Hände und mache die Bewegung des Waschens;

☐ Ich verneige mich;

☐ Ich öffne die Augen ganz.

Es dürfte wohl kaum eine Übung geben, die ganzheitlicher und zielstrebiger in die für die Meditation notwendige Verfassung und in die eigene Tiefe führt als diese. — Diese Übung schafft von der körperlichen Disposition her die Bereitschaft und Offenheit für das zu meditierende Wort Gottes.

DAS EIGENTLICHE ZIEL

Im Zustand körperlicher Gelöstheit und Ruhe wird es bedeutend leichter, sich wirklich zu öffnen, zu hören, in sich hineinzuhorchen, fremde und eigene Erfahrungen an sich herankommen zu lassen, sich ergreifen zu lassen, gleichsam „mitzugehen", wenn man ergriffen wird, aber auch, den Fragen, die sich einem möglicherweise stellen — sehr ernsten und unbequemen Fragen vielleicht —, nicht auszuweichen. Nach Ignatius kommt es im Verlauf einer Meditation einzig und allein darauf an, daß der Übende etwas für sich, für sein Leben Bedeutsames *entdeckt*. „Einfälle", auch wenn sie nur gelegentlich kommen, sind wertvoller als eine Fülle fremder Gedanken in noch so guten Meditationsanregungen. Man soll auf jeden Fall bei dem bleiben, was einen anspricht. Man soll keine Eile haben, weiterzugehen.

Diesem Bemühen dient auch die Reflexion, das heißt, *nach* jeder Meditation soll man ein wenig darüber reflektieren, was sich in der Zeit der Stille, des Gebetes getan hat oder nicht getan hat. Welches Gefühl, welcher Gedanke, welches Wort, welche Frage, kurz: welche Anregung hat mich angesprochen? Diese Rückschau bereitet schon die folgende Meditation vor. Denn man soll auf die widerfahrenen Anregungen, Einfälle zurückkommen. Die Beschränkung des Meditationsstoffes zugunsten einer Vertiefung ist ein wesentliches Kennzeichen ignatianischen Meditierens.

So wird der Meditierende lernen, sein Leben im Glauben zu verstehen, es vor Gott zur Sprache zu bringen und neu auszurichten (zu „ordnen"), vor allem in der betenden Orientierung an der Lehre und dem Leben Jesu.

Unterwegs

Zur ersten Exerzitienphase („Prinzip und Fundament")

Die folgenden, der ersten Exerzitienphase (vgl. Exerzitienbuch 23) zugeordneten Meditationsanregungen wollen Glaubenserfahrungen nahebringen, die eine Hilfe sein können für die eigene Not des Glaubens und Betens, Glaubenserfahrungen, die uns ein wenig wieder entdecken lassen können, *wer* dieser Gott ist, mit dem wir es zu tun haben, und *wie* er am Menschen handelt . . .

Zugleich soll in diesen Anregungen die Grund-Gesetzlichkeit und Dynamik der Exerzitien in einigen markanten Akkorden anklingen: das Sich-Einlassen auf den Gott der Geschichte, auf den je größeren Gott (auch) meines Lebens. (Vgl. auch das zum „Prinzip und Fundament" im Kapitel „Gott finden in allen Dingen" Gesagte.)

Biblische Impulse

TOTENGEBEINE (EZECHIEL 37, 1–14)

Da faßte mich die Hand des Herrn, und er führte mich im Geist hinaus auf ein weites Feld, eine weite Talebene, die voller Totengebeine lag. Er ließ mich überall an ihnen vorübergehen: es waren sehr viele, und sie waren völlig ausgetrocknet. Und er fragte mich: Du Menschenkind, meinst du wohl, daß diese Knochen wieder lebendig werden? Ich antwortete: Herr, du allein weißt es. Und er fuhr fort: Sprich in meinem Namen zu diesen Gebeinen: Ihr trockenen Knochen hört das Wort des Herrn! Er spricht: Gebt acht! Geist sende ich in euch, daß ihr lebendig werdet. Ich lege euch Sehnen an und lasse Fleisch über euch wachsen, ich überziehe euch mit Haut und gebe euch Atem, daß ihr wieder lebendig werdet, und ihr sollt erfahren, daß ich der Herr bin! Da redete ich prophetisch, wie es mir befohlen war, und als ich so redete, rauschte es, es regte sich, und die Knochen schoben sich zusammen, Gebein zu Gebein. Sehnen und Fleisch wuchsen darauf, Haut überzog sie, aber noch war kein Atem in ihnen. Und der Herr sprach weiter zu mir: Rede in meinem Namen zum Wind! Sprich: Von den vier Winden komm, Geist, und blase diese Toten an, daß sie lebendig werden! Ich redete so, da kam Geist in sie, und sie wurden lebendig und stellten sich auf ihre Füße: ein sehr, sehr großes Heer! Da sprach der Herr zu mir: Du Menschenkind, diese Gebeine sind das Volk Israel. Jetzt sprechen sie noch: Vertrocknet sind unsere Gebeine, zunichte ist unsere Hoffnung. Wir sind dem Tode ausgeliefert. Darum sprich in meinem Auftrag: So spricht der Herr: Ich will eure Gräber öffnen und euch, mein Volk, herausholen. Ich lege meinen Geist in euch, daß ihr wieder leben könnt, und bringe euch in euer Land. Ihr sollt erkennen, daß ich Jahwe bin, der dies sagt und es auch tut, spricht der Herr.

1. In diesem dramatisch gestalteten Visionsbericht wird der Prophet mit der erschreckenden Wirklichkeit des Todes konfrontiert. Ihn soll die ganze triumphierende Trostlosigkeit dieser letzten aussichtslosen Gewißheit erfassen. Vor Ezechiel tut sich ein riesiges Leichenfeld auf. „Er ließ mich überall an den Totengebeinen vorübergehen. Es waren sehr viele, und sie waren völlig ausgetrocknet." In diese lähmende Evidenz des Todes wird hineingefragt: „Können diese Gebeine wieder lebendig werden?" — Ezechiels Antwort weiß von keiner Lebensmöglichkeit gegenüber diesem alles ergreifenden Schicksal. Dennoch spricht sie aus, daß Jahwes Möglichkeiten nicht von menschlicher Ohnmacht eingegrenzt werden können: „Herr, du weißt es." Ezechiel gibt die Frage an Jahwe zurück. Der Sprecher menschlicher Ohnmacht und Aussichtslosigkeit wird nun zum Propheten göttlicher Vollmacht. Unter seinem Wort beginnen die toten Gebeine nach und nach wieder zu vollem Leben zu erwachen.

2. Das in der Vision Geschaute wird dann mit der gegenwärtigen Situation Israels gleichgesetzt: „Diese Gebeine sind das Volk Israel. Jetzt sprechen sie noch: ,Vertrocknet sind unsere Gebeine, zunichte ist unsere Hoffnung. Wir sind dem Tode ausgeliefert'." Israel ist im babylonischen Exil. Ezechiel gehört vermutlich zu denen, die (587) mit der ersten Deportation nach Babylon gekommen waren. Die politische Existenz Israels, sein Land ist verloren. Mit der Daviddynastie ist es zu Ende, der Tempel zerstört. Zwar haben Heimat, König und Tempel ihre Anziehungskraft für die Verbannten noch nicht verloren, aber sie wirken doch mehr als Symbole einer großen, unwiederbringlich vergangenen Tradition. Das Auslöschen der Volksexistenz ist unaufhaltsam. Das Volk begreift sich unter dem Bild des Todes — als Skelette, die weit zerstreut und längst vertrocknet sind . . . Die abgehauene Zukunft ist nicht nur Schicksal, sie ist auch Schuld. Und in diese lähmende Resignation eines geschlagenen Volkes, das sich hineingerissen sieht in die allgemeine Vergäng-

lichkeit, — in diese aussichtslose Gewißheit des Todes soll
der Prophet Gottes Wort sprechen: Jahwe selbst will die
Gräber der Verbannung öffnen, sein Volk herausholen und
es in seine Heimat zurückbringen. Das Bild vom Grab wiederholt in anderer Weise, daß die Verbannten sich als endgültig vom Bereich der Lebenden ausgeschlossen wissen.
Über die physische Belebung hinaus wird die innere Wandlung des Volkes erfolgen. Gott wird ihm wieder von seinem
Geist geben, den er zurückgezogen hatte; und die Verleihung
des Geistes wird Israel zu neuem Leben in einer neuen Gemeinschaft mit Gott erstehen lassen: „Ich lege meinen Geist
in Euch, daß Ihr wieder leben könnt, und bringe Euch in
Euer Land."
Die ganze Unverfügbarkeit und das unerschöpfliche Erbarmen Gottes wird in diesem neuen Exodus den noch Verzweifelten und Resignierten aufgehen: „Ihr sollt erkennen, daß
ich Jahwe bin, der dies sagt und es auch tut . . ."
Das also ist das letzte Ziel des göttlichen Geschichtshandelns,
daß *Er* von denen erkannt und wider alle Hoffnung be-
zeugt wird, die ihn bisher noch nicht oder kaum erkannt
haben. *Er* hat die Macht, auch da noch einen Anfang, einen
neuen Exodus (Auszug) zu ermöglichen, wo menschlich alles
hoffnungslos zu Ende gekommen ist . . .

3. Wir sind von diesem Text her gefragt: Wo liegen in unserem Leben, in unserer Gemeinschaft, in unserem unmittelbaren Erfahrungsbereich die „ausgetrockneten Totengebeine"? Wo hat sich bei uns eine lähmende Trostlosigkeit, eine
vielleicht letzte aussichtslose Gewißheit schon breit gemacht?
Vielleicht haben wir uns schon jahrelang an einer Entscheidung herumgedrückt. Wir wissen, daß unsere Angst immer
größer war als der Mut zu einem neuen Anfang, zu einem
verantwortbaren Risiko, zu einem notwendigen, unauf-
schiebbaren Wagnis . . .
Vielleicht suchen wir die Versöhnung mit einem Menschen
und finden doch keinen Zugang zu ihm . . .
Vielleicht versuchen wir, uns mit unserem irgendwie als un-
erfüllt empfundenen Leben auszusöhnen, und doch nagt die

Summe verpaßter und verunglückter Gelegenheiten mit unverminderter Bitterkeit an uns . . .
Sieht es manchmal so aus, als wollte sich die Nacht und Finsternis unseres Daseins verendgültigen? — Können wir noch hoffen?
Glauben wir noch, daß Gott mit uns persönlich etwas vorhat? — Sehen wir uns noch als von Gott in unserer absoluten Einmaligkeit angerufen?
Wo liegen in unserem Leben, in unserer Gemeinschaft, die „ausgetrockneten Totengebeine"? Können diese Gebeine wieder lebendig werden? — Das ist eine Frage an unseren Glauben. Das Drängen des Geistes wird darin spürbar, daß der Mensch in seiner Ohnmacht und Ausweglosigkeit nicht resigniert oder verzweifelt, sondern sich in ihm eine hoffende, zur schöpferischen Tat oder zum Aushalten drängende Offenheit durchsetzt. Das Drängen des Geistes ist wie bei Ezechiel eine Zumutung. Vermag das prophetische Wort noch die Stumpfheit und Mattigkeit unseres Herzens zu durchdringen? Vermag das prophetische Wort uns noch daran zu erinnern, daß Gott da ist, daß er sich finden läßt, daß er Licht und Gefälle in unser glanzloses und fades Leben bringen will, daß wir von ihm bei unserem Namen gerufen sind, daß er uns nicht vergißt?

„Ich lege meinen Geist in Euch,
daß Ihr wieder leben könnt . . ."

TRÖSTET, TRÖSTET MEIN VOLK (JESAJA 40, 1—11)

Tröstet, tröstet mein Volk, spricht euer Gott.
Redet Jerusalem zu Herzen und ruft ihm zu:
Vollendet ist sein Frondienst, beglichen seine Schuld.
Denn übergenug hat es empfangen aus der Hand des Herrn
für alle seine Sünden.

Eine Stimme ruft:
Durch die Wüste bahnt einen Weg für den Herrn!

Baut in der Steppe eine Straße für unseren Gott!
Jedes Tal soll sich heben, jeder Berg und Hügel sich senken!
Das Krumme werde gerade, das Hügelige zur Ebene!
Da enthüllt sich die Herrlichkeit des Herrn,
und alle Welt wird sie schauen.
Fürwahr, der Mund des Herrn hat gesprochen.

Eine Stimme sagt: Rufe!
Und ich sage: Was soll ich rufen?
Alles Fleisch ist Gras und all seine Anmut wie die Blume des
Das Gras verdorrt, die Blume verwelkt,   *[Feldes.*
wenn Jahwes Hauch darüber weht.
Ja, Gras ist das Volk!
Das Gras verdorrt, die Blume verwelkt,
doch das Wort unseres Gottes besteht für immer.

Steig auf einen hohen Berg, Freudenbotin Zion!
Erhebe mit Macht deine Stimme, Freudenbotin Jerusalem!
Erhebe sie, fürchte dich nicht! Sage den Städten Judas:
Seht da, euer Gott!
Seht, die er sich verdient hat, kommen mit ihm,
die er sich erworben hat, gehen vor ihm her.
Er weidet wie ein Hirt seine Herde,
mit seinem Arm sammelt er sie.
Die Lämmer trägt er an seiner Brust,
behutsam führt er die Muttertiere.

1. „Tröstet, tröstet mein Volk!" — In welche Situation hinein ruft der Prophet Deutero-Jesaja seinen drängenden, aufrüttelnden Appell?
Der Prophet spricht zu seinen Landsleuten im babylonischen Exil. Sie hatten alles verloren, was einem Volk seine Identität ermöglicht. Sie erfahren sich als ein vergehendes Volk. Genau wie die vielen, unzähligen vernichteten Völker vor ihnen werden sie in die Geschichte eingestampft.
In all dem sehen sie das Ende von Gottes Wirken für Israel.
Die Müdigkeit und Apathie dieses erniedrigten Haufens im Exil muß schon tödlich gewesen sein, denn so persönlich,

mit so viel provozierender Güte und Wärme hat Gott noch durch keinen Propheten vor Deutero-Jesaja zu seinem Volk gesprochen:

Fürchte Dich nicht, denn ich bin mit Dir,
hab keine Angst, denn ich bin Dein Gott.
Ich habe mich Deiner angenommen. (41,10)

Fürchte Dich nicht, denn ich erlöse Dich.
Ich rufe Dich bei Deinem Namen,
denn Du bist mein. (43,1)

Fürchte Dich nicht, denn ich bin mit Dir,
weil Du mir so wertvoll bist,
weil ich Dich doch liebe. (43,4)

Vergißt wohl eine Mutter ihr Kind?
Und selbst wenn sie es tut,
ich vergesse Dich nicht! (49,15)

Deutero-Jesaja spricht in eine Situation allmählicher Abwendung, allmählichen Sich-Verschließens, allmählicher Erkaltung des Glaubens. Er spricht zu solchen, die es unter der Last ihres Schicksals nicht mehr aushalten. Er *ruft zu Menschen, die von Gott nichts mehr erwarten.* Ihr Gott scheint tot zu sein . . . In der Pracht babylonischer Tempel, im Glanz ihrer Götterprozessionen, in der Macht und dem Reichtum dieser Weltstadt erscheint ihre eigene religiöse Tradition lächerlich. Die Erfahrung der *Abwesenheit Gottes* ist zur größten Anfechtung für ihren Glauben geworden.

2. Der Prophet, der in diese lähmende Hoffnungslosigkeit hineinrufen soll, steht ganz in seinem leidenden und verzweifelten Volk: Er hört den „göttlichen" Auftrag „Predige!" und er fragt abwehrend zurück „Was soll ich predigen? Was hat das noch für einen Sinn?". In diesem Fragen sammelt sich die ganze Klage und Verzweiflung des geschlagenen Volkes. Hier spricht einer, der so denkt wie sein resigniertes

37

Volk, das nicht mehr an einen neuen Anfang glauben kann. Wir kennen diesen Mann, den Gott in seinen Dienst nimmt, nicht. Er tritt ganz hinter seiner Verkündigung zurück. Er kommt gleichsam aus dem Dunkel der Zeit und taucht wieder darin unter. Was er zurückläßt, ist Gottes Wort für die Menschen seiner Zeit.

3. Und dieses Wort sagt den Menschen: Jahwe hat seinem Volk vergeben und seine Wiederherstellung beschlossen. Damit, daß Gott sich wieder seinem Volk vergebend zuwendet, hat es wieder Zukunft und Hoffnung. Und in der Annahme dieser Heilszuwendung Gottes findet es die Kraft, seinen Weg *durch die Wüste* in die Heimat zu bahnen. Jahwe will sein Volk wieder zu seiner alten Freiheit bringen.

Und dieses Kommen der vergebenden und heilenden Zuwendung Gottes in Sichtbarkeit geschieht vor den Augen der Welt. Die damalige Welt sollte davon Kenntnis nehmen, daß der geschlagene Gott eines sterbenden Volkes sein Wort erfüllt und seinem Volk das Leben im Lande der Väter wiedergibt.

Das in der vergangenen Geschichte an Israel ergangene Wort der Selbstzusage Gottes ist nicht in die Unabwendbarkeit des Verfalls einbezogen: *„Das Wort unseres Gottes besteht für immer."* Das Wort Gottes war das einzige, das diesem Volk im Exil noch verblieben war. Jetzt gewinnt es seine Kraft zurück.

Gott *hat* also gehandelt. Das verbannte Volk muß jetzt diese Heilsbotschaft, diese Zumutung selbst aufnehmen und bejahen. Und die er so gewonnen hat, kommen mit ihm. Im Bild des Hirten veranschaulicht der Prophet das Erbarmen Gottes mit den Geschlagenen. Gott führt und trägt die einzelnen, damit sie teilbekommen an dem, was dem Ganzen verheißen ist.

4. Vielleicht fragen wir uns, ob wir — ähnlich wie das zerschlagene und sterbende Volk im babylonischen Exil — nicht auch zu den Menschen gehören, die von Gott nichts mehr erwarten? Stehen wir selbst auch in einer Situation allmäh-

licher Abwendung, allmählichen Sich-Verschließens, allmählicher Erkaltung des Glaubens? Gewinnt Gott bei uns nicht langsam das entsetzliche Gesicht, das die Wirklichkeit hat, wenn man sie im Unglauben ansieht? Stehen wir (Christen) nicht bekümmert und verlegen herum, wenn wir in unserer Umwelt sehen, wie man ganz gut ohne Gott auskommt? Kommt uns angesichts des faszinierenden Fortschritts, der Brutalität und erschreckenden Undurchsichtigkeit von Macht und der Ungreifbarkeit von Verantwortung in unserer Gesellschaft und Umwelt unser Glaube, unsere religiöse Tradition nicht lächerlich und überfällig vor? Jahwe mußte das alttestamentliche Gottesvolk und alles, woran es sich klammerte, zerschlagen. Erst im Exil, erst als dieses geschlagene und erniedrigte Volk *nichts mehr hatte, worauf es sich greifbar stützen konnte, erst dann fand es wieder zu sich selbst*, erinnerte es sich seiner eigenen Sendung: Segen (Heil) für alle Völker, für alle Menschen zu sein. Erst dann wurde es fähig, Gottes Verzeihung anzunehmen und aus der Sinnlosigkeit seines selbst verschuldeten Elends einen neuen Exodus (Aus-zug) zu wagen.

Vielleicht müssen uns noch mehr Dinge aus der Hand geschlagen werden. Vieles an unserer religiösen Tradition im weitesten Sinn ist aus zweiter oder dritter Hand, vielleicht kaum mehr als verbrämter Unglaube. Haben wir nicht zu lange von Glaubens*wahrheiten* gelebt (oder meinten zu leben), die uns nicht zu Glaubens*erfahrungen* geworden sind? Jetzt fällt vieles von uns ab wie Stuck von der Decke, wie Putz von der Wand. Und dahinter wird ein ziemlich erbärmliches Gemäuer sichtbar. Es muß wohl noch mehr in Scherben gehen, bevor wir wieder fähig werden, Gottes Verzeihung und Zukunft an uns unter den Menschen wieder glaubhaft sichtbar zu machen.

Wie die enttäuschten und resignierten Menschen im Exil inmitten einer erschreckenden und zugleich faszinierenden Welt(stadt) sich auf das in der vergangenen Geschichte ihres Volkes ergangene Wort der Selbstzusage Gottes erinnerten und neu gewiß wurden, daß diese Bindung Jahwes an die Menschen nicht in die Unabwendbarkeit des Verfalls miteinbezogen war, so haben die Exerzitien in erster Linie keinen anderen Sinn, als uns an das in der Menschwerdung Gottes, in Verkündigung, Leben und Sterben Jesu von Nazaret ergangene unaufhebbare Wort der Selbstzusage zu erinnern und es in einem neuen, vielleicht sehr schmerzhaften Exodus sichtbar zu machen.

NÄCHTLICHES RINGEN (GENESIS 32, 23–32)

Jakob stand in jener Nacht auf, nahm seine beiden Frauen, seine beiden Mägde und seine elf Kinder, überschritt die Furt des Jabbok und brachte all das Seine hinüber, er selbst aber blieb allein zurück. Da rang ein Mann mit ihm, bis die Morgenröte heraufzog. Als dieser sah, daß er Jakob nicht niederzwang, schlug er ihn an die Hüfte, so daß sich die Hüfte ausrenkte, während er mit ihm rang. Und der Mann sprach: Laß mich los! Die Morgenröte zieht herauf! Jakob aber erwiderte: Ich lasse Dich nicht, es sei denn, Du segnest mich! Da fragte ihn der Mann: Wie ist Dein Name? Und er antwortete: Jakob! — Der Mann fuhr fort: Dein Name soll nicht mehr „Jakob" sein, sondern „Israel", denn Du hast mit Gott und mit Menschen gekämpft und bist Sieger geblieben! Und Jakob bat: Sage mir doch Deinen Namen! Dieser aber erwiderte: Warum fragst Du mich nach meinem Namen? Und er segnete ihn an jenem Ort. Und Jakob nannte die Stelle „Penuel", denn er sagte: Ich habe die Gegenwart Jahwes erfahren und bin am Leben geblieben! — Als er an Penuel vorüber war, ging ihm die Sonne auf und er hinkte an seiner Hüfte.
Während Jakob nun weiterzog, erhob er die Augen und schaute in die Ferne. Da sah er, daß Esau herankam in Begleitung von vierhundert Mann. (33,1)

Hinführung zum Text: Diese Erzählung reicht bis in vorisraelitische Zeiten zurück. Für alttestamentliche Autoren war es nicht außergewöhnlich, uraltes, aus (roher) heidnischer Vorzeit stammendes Vorstellungsmaterial zu verwenden, um Jahwes Handeln am Menschen darzustellen. Viele Generationen haben an diesem Text geformt und gedeutet. Er war jahrhundertelang in Bewegung, bis er die Gestalt erhielt, in der er uns jetzt vorliegt.

Angesichts der langen Geschichte und der Wandlungen des inneren Gehalts in dem Verständnis vieler Generationen ist es nicht verwunderlich, daß nicht alle Einzelelemente einer solchen Erzählung ein organisches Ganzes bilden und man den Text nicht auf *einen* Sinn hin präzis eingrenzen kann. Es bleibt ein Rest des nicht mehr Deutbaren. Das liegt auch daran, daß die biblischen Verfasser überkommenes Material gebrauchen, ohne es jeweils in eigener Konzeption ganz zu durchdringen und von daher neu zu gestalten.

Auf jeden Fall sprechen sich in dieser Geschichte Glaubenserfahrungen aus, die von der ältesten Zeit bis in die Gegenwart des Erzählers reichen, und diese Jakobserzählung hat trotz ihrer Komplexität eine Durchsichtigkeit (Transparenz) zum Typischen hin: nach dem nämlich, was Israel immer wieder von Jahwe her widerfahren ist. *Das alttestamentliche Gottesvolk hat hier seine Geschichte mit Gott als einen nächtlichen Kampf bis zum Morgen dargestellt.*

Die Geschichte steht in einem weiten Dickicht unerbaulicher Menschlichkeit und wirkt in ihrem profanen Kontext deshalb ziemlich fremd, weil hier so konzentriert von Gottes Handeln an Israels Ahnherrn gesprochen wird.

1. Jakob ist unterwegs, um sich mit seinem Bruder Esau auszusöhnen. Der Ausgang dieser Begegnung ist ungewiß ... Auch nach zwanzigjähriger Abwesenheit ist das noch keineswegs verjährt, was er Esau angetan hat. Jakob hat Angst. Während er allein zurückbleibt und dem bevorstehenden Ereignis mit banger Spannung entgegensieht, wird er unvermutet von einer weitaus gefährlicheren Begegnung erfaßt: ein Ringen auf Leben und Tod mit einem Unbekannten die ganze Nacht hindurch bis zum Tagesanbruch ... Jakob besteht diesen Kampf und erkennt im anderen die Macht des Göttlichen. Er will ihn (den Unbekannten) nicht lassen, bis dieser ihn gesegnet hat. Doch Jakob muß zuerst seinen

Namen sagen, das heißt, er muß bekennen, wer er ist: Jakob, der Betrüger.
Nach damaligem Verständnis ist im Namen immer schon etwas vom Wesen dessen enthalten, der ihn trägt. — Jakob wird darum nun von dem Unbekannten ein neuer Name gegeben: „Israel", was vermutlich bedeutet: „Gott möge sich als Herr, als Herrscher erweisen".
In der anschließenden Frage nach dem Unbekannten kommt die ganze Not und Dreistigkeit des Menschen zum Vorschein. Doch der Unbekannte entzieht sich der Zudringlichkeit Jakobs. Er läßt sein Geheimnis und seine Freiheit nicht antasten. Aber seine souveräne Freiheit erweist sich darin, daß er Jakob dennoch segnet.
In dieser Geschichte wird dem Jakob der Segen unter ganz anderen Umständen zuteil als in der Betrugsaffäre (vgl. Genesis 27). Er mußte die ganze Nacht hindurch auf Leben und Tod ringen, seinen Namen und sein betrügerisches Wesen bekennen; er mußte einen neuen Namen als Verheißung und Orientierung, als Ermöglichung eines neuen Anfangs für sich annehmen. So umschreibt dieses nächtliche Geschehnis wohl auch die innere Läuterung Jakobs.
Mit dem Empfang des Segens ist die (tödliche) Anfechtung von ihm gewichen. Er benennt den Ort der Begegnung mit einem Namen, der das enthalten soll, was in seinen Augen das Entscheidende war: Er hat die Macht des Göttlichen erfahren, ohne sterben zu müssen. Jahwe hat ihm aus Angst und Auswegslosigkeit heraus einen neuen Weg in der Geschichte ermöglicht, eine neue Zukunft verheißen.
Jakob ging aus dieser Begegnung als ein Gezeichneter hervor: er hinkte, als er sich beim Tagesanbruch auf den Weg machte . . .

2. Nicht von ungefähr hat das alttestamentliche Gottesvolk in diesem nächtlichen Ringen auf Leben und Tod seine mühsame, von tödlicher Bedrohung immer wieder angefochtene Glaubensgeschichte dargestellt gefunden.
Im biblischen Verständnis ereignet sich Offenbarung in einem Geschehen, in einem oft riskanten geschichtlichen Pro-

zeß, der darin besteht, daß sich einer menschlichen Gemeinschaft (hier: der Jakobsippe) in der Fraglichkeit und Vorläufigkeit, in der Ungesichertheit und Ausweglosigkeit des Daseins wieder ein Weg eröffnet, der ihr begründete Hoffnung gibt.

Das Offenbarungsgeschehen setzt damit ein, daß im Menschen die Er-innerung an positive Erfahrungen wachwerden und ent-sprechende, die augenblicklich bedrohliche Situation übersteigende Erwartungen geweckt werden.

Doch die harte geschichtliche Wirklichkeit bringt die aus Vergessenheit und Verdrängung ins Bewußtsein geholten Erwartungen meist wieder in die Krise.

Jakob war aufgebrochen, um sich mit seinem Bruder Esau auszusöhnen und dadurch für seine Sippe eine neue Überlebenschance zu sichern. Sein Gebet vor der Nacht bei Penuel offenbart, wie sehr seine Hoffnungen wieder in die Krise geraten sind: „Gott meines Vaters Abraham, Gott meines Vaters Isaak, Jahwe, Du hast zu mir gesagt: Zieh wieder in Deine Heimat und zu Deiner Verwandtschaft, Ich will dich begleiten (Dir Gutes tun). (Herr) ich bin zu gering für all Deine Wohltaten und für Deine Treue, die Du Deinem Knecht erwiesen hast. Denn mit meinem Stab überschritt ich diesen Jordan, und nun bin ich zu zwei Lagern geworden. Ach, errette mich aus der Hand meines Bruders, aus der Hand Esaus, denn ich fürchte mich vor ihm, er könnte kommen und mich, die Mütter über ihren Kindern erschlagen. Du hast doch selbst gesagt: Ich will Dir Gutes tun und Deine Nachkommen so zahlreich machen wie den Sand am Meer, den man nicht zählen kann" (Gen 32,10—13).

Wer darauf hofft, daß die Geschichte von einem umfassenden personalen Sinn getragen ist und daß „hesed" (Huld, Zuwendung Gottes) das erste und letzte Wort über diese Wirklichkeit, über unser Dasein ist, der muß selbst anfangen bzw. weitermachen, „in der Tat und Wahrheit" zu lieben. Deshalb gehört auch die Tat bzw. das Aushalten der bedrängenden Situation mit zum Geschehen der Offenbarung hinzu. In dieser menschlichen Aktivität erhält die Hoffnung ein Zeichen ihrer Berechtigung, nicht eine abschließende Sicherheit. In diesem von „hesed" geweckten Tun erkennt der Mensch den Gott als vorläufig gegenwärtig, der die Geschichte zur Vollendung und Erfüllung bringen will, damit er „alles in allem" sei.

So führt die Erfahrung des Menschen, in der Vor-läufigkeit, Ungesichertheit und Ausweglosigkeit seines Lebens dennoch eine ganz persönliche Zukunft zu haben und weiter-gehen zu können, in das dankende Rühmen Gottes: Jakob nannte den Ort „Penuel", denn er hatte die Gegenwart Jahwes erfahren und war am Leben geblieben.

Erst hier, gleichsam am Ende des Offenbarungsgeschehens, nach überstandenem Ringen in dunkler Nacht, kann man unmythologisch vom Wort Gottes sprechen. Hier findet es seine vom Menschen verstandene und weiter verkündbare Gestalt. Es eröffnet einen dynamischen, nach Vertiefung drängenden Prozeß.

„Als Jakob an Penuel vorüber war, ging ihm die Sonne auf und er hinkte an seiner Hüfte . . . Als Jakob seine Augen erhob, sah er, daß Esau herankam in Begleitung von vierhundert Mann." Die Ungesichertheit seines Daseins bleibt wie ein Schatten über ihm.

3. Vielleicht ist uns diese Jakobsgeschichte eine Verstehens-, eine Glaubenshilfe in der Fraglichkeit und Vorläufigkeit, in der Ungesichertheit und Ausweglosigkeit unseres Daseins, in der Nacht, in der tödlichen Bedrohung unseres Glaubens . . .

Vielleicht ist uns diese Erzählung ein Trost auch unter der Rücksicht, daß Gottesbegegnung, daß Offenbarung sich in einem breiten Kontext gemeiner Menschlichkeit ereignet und daß man im ernsten Ringen um seinen Glauben auch erst erkennt, *wer* man ist. Jakob mußte bekennen, wer er sei. Das war die Voraussetzung für den erbetenen Segen.

DER UNBEGREIFLICHE GOTT (IJOB 42, 1–6)

Da antwortete Ijob dem Herrn:
Ich habe erkannt, daß Du alles vermagst,
und nichts, was Du tun willst, ist Dir unmöglich.
(Du fragst:)
Wer verdunkelt meinen Ratschluß durch törichtes Reden?

So hab ich denn geredet ohne Einsicht
von Dingen, die zu hoch und unbegreiflich sind.
Vom Hörensagen hatte ich von Dir vernommen.
Nun aber hat mein Auge Dich geschaut!
Darum bekenne ich mich schuldig
und ich bereu' in Staub und Asche.

1. Thema: Im Buch Ijob spiegelt sich das innere Ringen des leidenden Menschen um einen letzten Halt angesichts der unauflösbaren Widersprüche, in die er sich hineingeschleudert sieht, und die alles, aber auch restlos alles in Frage stellen.

In diesem dramatischen Glaubenskampf zerbrechen alle herkömmlichen Antworten; alles theologische Reden verliert seine Glaubwürdigkeit. Hier steht die letzte Verantwortbarkeit menschlicher Existenz auf dem Spiel, die durch unverstandenes Leid in einer ausweglosen Lebens- und Glaubenskrise festsitzt.

Dennoch ist das eigentliche Thema des Buches nicht der leidende Ijob, sondern Gott. Durch das ganze Geschehen zieht sich die Frage: *„Ist Ijob umsonst gottesfürchtig?"* Woraus lebt er? Was ist die tragendste Ausrichtung seines Lebens, das Grundmotiv, das sich in den furchtbaren Erschütterungen seiner Passion durchhält?

Der unbegreifliche Gott, seine geheimnisvolle, alles Geschöpfliche relativierende Wirklichkeit, die im Leiden des Ijob in Erscheinung tritt, das ist der gemeinsame Nenner dieses unvergleichlichen Buches.

Der Leidensweg Ijobs verläuft in einem ständigen Auf und Ab, einem Hin und Her zwischen Zweifel und Gewißheit.

zwischen Glaube und Unglaube, zwischen Sehnsucht und Niedergeschlagenheit. Er versucht, sein Schicksal zu deuten, Gott aus seinem Leiden heraus zu verstehen. Aber gleichzeitig muß er erkennen, daß er überall sich in Widersprüche verwickelt, daß einfach keine Logik in dieses rätselhafte Geschick zu bringen ist.

2. *Ausgangsbild:* Nach dem (uns unbekannten) Verfasser dieser leidenschaftlichen Auseinandersetzung zwischen Mensch und Gott hat Ijob sein Hab und Gut, seine Kinder, seine Macht und sein Ansehen verloren. Von Krankheit und Schmerz entstellt, sitzt er in Asche. „Als die drei Freunde Ijobs von all diesem Unglück hörten, das über ihn hereingebrochen war, machten sie sich miteinander auf den Weg, um ihm ihr Mitleid zu bezeugen und ihn zu trösten. Als sie aber von ferne ihre Augen erhoben, erkannten sie ihn nicht mehr. Sie weinten, zerrissen ein jeder sein Gewand und streuten Asche auf ihr Haupt. Und sie saßen bei ihm auf der Erde sieben Tage und sieben Nächte lang, und keiner sprach ein Wort zu ihm, denn sie sahen, daß sein Schmerz sehr groß war" (2,11—13).

3. *Auseinandersetzung:* Dann entfaltet sich die innere Passion Ijobs in drei Gesprächsrunden mit seinen drei Freunden. Im Verlauf dieser immer leidenschaftlicher werdenden Auseinandersetzung entsteht eine unüberbrückbare Kluft zwischen Ijob und seinen Gesprächspartnern. Diese reden deshalb ständig an ihm vorbei, weil der von ihnen hartnäckig vertretene dogmatische Standpunkt weder mit seiner persönlichen Leidenserfahrung noch mit den Beobachtungen übereinstimmt, die sich ihm sonst im Leben aufdrängen. Das theologische System alttestamentlicher Weisheit hatte zum Dogma von der „Gerechtigkeit" Gottes im Sinne der doppelten Vergeltung geführt, wonach man ein Leben unter dem Gesichtspunkt von Lohn und Strafe verstehen und gestalten zu können glaubte. Diese Dogmatik zerbrach für Ijob in dem Augenblick, da er selbst in den Abgrund eines unbegreiflichen Geschicks hineingerissen wird. Vor Ijob kön-

nen die traditionellen Formeln ihre Leere nicht länger verbergen.

Doch damit bleibt die Frage offen, ob Ijob Gott wirklich ganz um seiner selbst willen sucht oder ob sein Glaube nicht doch ein frommer Selbstbetrug, ein verborgener Rest „frommer" Selbstbehauptung ist. Und bohrend bleibt die Frage, ob sein Vertrauen in Gott nicht doch eine Illusion ist. — Beide Fragen bedingen sich gegenseitig. Sie suchen zitternd und tastend, immer wieder ins Leere greifend nach einem letzten Halt, den sie selbst nicht herbeizwingen können.

In dieser sich immer mehr zuspitzenden Auseinandersetzung muß Ijob es sich gefallen lassen, von seinen Freunden nicht einmal ernstgenommen zu werden. Sie demütigen ihn. In seiner Frage nach Gott sehen sie die Zersetzung des Glaubens, in seiner erschütternden Klage vor Gott nur Heuchelei, um seine Schuld zu verbergen. Sie geben ihm zu verstehen, daß sie ihn für einen Gottlosen halten, für einen, „der Gott nicht kennt". Elifas geht schließlich so weit, Ijob im Ton persönlicher Beschimpfung schwerste Einzelsünden auf den Kopf zuzusagen, wofür er nichts anderes anführen kann als lediglich das Postulat aus seiner Lehre von der Vergeltungsgerechtigkeit Gottes. Das ist die äußerste Konsequenz doktrinärer Enge. Mit einer solchen Vergewaltigung der Wirklichkeit führt sich ihre Apologetik selbst ad absurdum.

Seine trostlose Einsamkeit vor den Menschen drängt Ijob in die nicht weniger trostlose Einsamkeit vor Gott, aus der sich ihm später das Geheimnis seiner Situation enthüllen wird.

4. *Allein:* Die böswillige Verleumdung seiner Freunde hat Ijob tief verletzt und ihn in die Haltung verzweifelter Selbstbehauptung hineingezwungen. Ganz auf sich allein gestellt faßt Ijob noch einmal (im Stil der Klagepsalmen) die ganze Tiefe und Weite seiner Not zusammen, indem er sein früheres Glück seiner jetzigen heillosen Situation gegenüberstellt. In einem (von der Kulttradition des Alten Testaments vorgegebenen) Unschuldsbekenntnis fordert er stolz Gott zur Entscheidung heraus. Dieser soll ihm die Rechtfertigung geben, die ihm seine Freunde verweigert haben. Mit dem

Wagnis dieses letzten Schritts verlangt Ijob sein „Recht".
An Gott ist es jetzt, ihm Antwort zu geben. Dieser letzte Schritt, mit dem Ijob sich an Gott heranzudrängen sucht, führt in Wirklichkeit von ihm weg, weil Ijob nur noch sich selbst sieht und sein Recht-haben-Wollen vor Gott nichts anderes ist als die Auswirkung menschlicher Ursünde, jener grund-verkehrten Haltung des Menschen, in der er unabhängig von Gott, also ohne ihn „gerecht" sein will. In dieser stolzen Selbstbehauptung seines guten Gewissens vor Gott überschreitet Ijob seine geschöpfliche Grenze . . .

5. *Theophanie:* Die Antwort Gottes fällt jedoch ganz anders aus, als Ijob sie erwartet hat. Gott erscheint als der Fragende und nicht als der, der sich vor Ijob zu verantworten hätte. Die Erwartungen, die Ijob auf seine Begegnung mit Gott gesetzt hatte, werden enttäuscht. Nicht Gott, sondern er wird in Frage gestellt. Auf Ijobs Leiden und Klagen geht Gott nicht ein. Die stolze Selbstbehauptung seines guten Gewissens wird ignoriert. Ihm manifestiert sich das Geheimnis göttlicher Schöpfung, das den Maßstäben menschlichen Verstehens und theologischer Spekulationen entgleitet. Vor dieser Selbstvergegenwärtigung Gottes verstummt der Mensch. Das Geheimnis Gottes, auch die Unergründlichkeit der erschütternden Passion Ijobs bleibt als Geheimnis bestehen! Ijob muß erkennen, daß sein stolzer Versuch, Gottes Walten aus seiner Unergründlichkeit in die Kategorien menschlicher Weisheit zu zwängen, nicht nur Irrtum, sondern Ausfluß menschlicher Urschuld ist, jener Hybris, die im Widerspruch zu Gott steht: „So hab' ich denn geredet ohne Einsicht . . . Vom Hörensagen hatte ich von Dir vernommen."
Es ist der traditionelle Gottesbegriff, der auch sein Denken bestimmt hat, — eine Vorstellung von Gott, in der menschliche Wünsche und Weisheit überwiegen und die so eher von *Ihm* wegführt. „Es gibt in des Menschen Hand keinen theologischen Schlüssel, der nicht in der Tür zum wirklichen Gott zerbrechen würde" (A. Weiser).[5]

[5] *Artur Weiser,* Das Buch Hiob (ATD 13) Göttingen 1963, 264.

„Nun aber hat mein Auge Dich geschaut! Darum bekenne ich mich schuldig und ich bereu' in Staub und Asche." Im gleichen Atemzug, da Ijob die Abgründigkeit seiner Schuld erkennt und sie bereut, muß er gestehen, daß Gottes verborgene Güte ihm mehr gibt, als er selbst je zu glauben gewagt hatte. „Nun aber hat mein Auge Dich geschaut." Gott selbst hebt die Dimensionen der Distanz zum Menschen auf . . . Und wenn Ijob nach diesen letzten Worten verstummt, so ist das nicht nur das Schweigen eines Menschen *vor* Gott, weil er aus seiner Ohnmacht nicht mehr zu reden vermag, sondern es ist auch ein Schweigen, ein Zur-Ruhe-Kommen des Menschen *in* Gott . . . Die alttestamentliche Gestalt des vom Leid gezeichneten und von Gott gerechtfertigten Gottesknechts weist innerhalb der Schrift über sich hinaus dorthin, wo Gott in einer anderen „Theophanie" die Brücke zum Menschen geschlagen hat in der Gestalt des einzigen reinen Gottesknechts: *Jesus Christus.*

6. *Wir, ich:* Nicht wenige Menschen geraten im Verlauf ihrer persönlichen Glaubensgeschichte in eine Situation, in der alles, aber auch restlos alles, was ihrem Leben bisher Sinn und Sicherheit gegeben hatte, ins Wanken gerät; eine Situation, wo sie zitternd und tastend, immer wieder ins Leere greifend nach einem letzten Halt suchen, nach einer letzten Verantwortbarkeit ihres Daseins. Das ist eine Situation, in der alle bisherigen Antworten ihre Glaubwürdigkeit verlieren und eine neue Antwort aus eigener Kraft nicht herbeigezwungen werden kann.
Diese alle Fasern unserer Existenz durchbebende fundamentale Erschütterung ist vielleicht die erste ernste Anfrage an unseren Glauben, an unser Gottesverständnis: *Woraus leben wir?* Was ist das Grundmotiv, die tragendste Ausrichtung unseres Lebens? Es ist die Frage, die sich durch das gesamte Geschehen der Ijob-Passion hindurchzieht: *Glauben wir umsonst?* Ist das, was wir als unseren Glauben ausgeben, nur ein frommer Selbstbetrug, eine religiös verbrämte Form stolzer Selbstbehauptung?

Vielleicht kann uns die doppelschichtige Antwort der Ijob-Dichtung eine Antwort sein. Wir wären nicht die ersten, deren Glaubensgeschichte in einer Ausweglosigkeit zu enden scheint ... „Es gibt keinen Christen geistlicher Erfahrung, der uns nicht berichtet ... von seiner Erfahrung des abwesenden Gottes ... Es handelt sich ... um jene grausame negative Anwesenheit, die jeder kennt, der geliebt hat, die dort entsteht, wo das geliebte Gegenüber nicht da ist" (Louis Cognet).[6]

AUFBRUCH VOM SINAI (EXODUS 33, 12–23)

Mose sagte zu Jahwe: Du sagst: Führe dieses Volk nach Kanaan! Aber Du sagst mir nicht, wen Du mit mir schicken willst. Du hast doch selbst gesagt: Ich kenne Dich mit Namen; Du hast meine Gunst gewonnen! Nun, wenn ich Gunst in Deinen Augen gefunden habe, so teile mir doch Deine Wege mit, damit ich Dich verstehe, und sieh dieses Volk an! Es ist doch Dein Volk! — Jahwe sagte: Mein Angesicht soll Dich begleiten, und an einen Ort des Friedens will ich Dich führen. Darauf sagte Mose zu ihm: Wenn Dein Angesicht nicht mitgeht, so laß uns überhaupt nicht von hier wegziehen. Woran soll man denn erkennen, daß ich und Dein Volk Gunst in Deinen Augen gefunden haben? Doch nur daran, daß Du mit uns ziehst. Dann werden ich und Dein Volk ausgezeichnet sein vor allem (sonstigen) Volk, das auf der Erde ist. Jahwe sagte zu Mose: Auch diesen Wunsch, den Du ausgesprochen hast, will ich erfüllen, weil Du Gunst in meinen Augen gefunden hast und ich Dich mit Namen kenne. — Mose fuhr fort: Laß mich doch Deine Herrlichkeit sehen! Jahwe antwortete: Ich selbst will meine ganze Schönheit an Dir vorüberziehen lassen und den Namen Jahwe vor Dir ausrufen und gnädig sein, wem ich gnädig bin, und mich erbarmen, wessen ich mich erbarme. Aber mein Angesicht

---

[6] *Louis Cognet*, zitiert nach Josef Sudbrack, Beten ist menschlich, Freiburg 1973, 156 f.

kannst Du nicht sehen. Denn kein Mensch kann mich sehen und dennoch am Leben bleiben. Und Jahwe fuhr fort: Es ist ein Platz bei mir, da sollst Du Dich auf den Felsen stellen, und wenn meine Herrlichkeit vorüberzieht, will ich Dich in die Felskluft stellen und Dich mit meiner Hand bedecken, solange ich vorüberziehe. Dann will ich meine Hand wegnehmen, so daß Du meine Rückseite sehen kannst. Aber mein Angesicht darf man nicht sehen.

Vorüberlegung: Was meinen wir, wenn wir von „Erfahrung" sprechen? Darunter verstehen wir eine Erkenntnisweise, in welcher der Erkenntnisgegenstand mir so gegeben ist, daß ich ihn nicht mehr zu erschließen, zu beweisen oder zu deduzieren brauche. Was man erst in mühsamer rationaler Reflexion durch ein Schlußverfahren beweisen muß, das *erfahre* ich nicht. Erfahrung meint in irgendeiner Weise Unmittelbarkeit, direkte Gegebenheit, Konkretheit. Erfahrung kann zwar rational reflektiert und dabei vertieft werden. Aber sie hört auf, „Erfahrung" zu sein, wenn man in einem diskursiven Denkprozeß durch verschiedene Prämissen (Voraussetzungen) zu einem neuen, vorher nicht erkannten „Gegenstand" vorstoßen muß.[7]
„Erfahrung" meint nicht nur ein objektives (gegenständliches) Element. Sie ist also nicht nur etwas, das dem Menschen widerfährt und das er passiv hinnimmt. Erfahrung schließt auch ein subjektives und aktives Element ein: Erfahrung macht man im praktischen Umgang mit der Wirklichkeit.
Erfahrung ist wesentlich endlich, nicht abschließbar und bleibt darum grundsätzlich offen. Sie kann darum immer wieder durch neue Erfahrungen in Frage gestellt werden. Erfahrung spielt sich ab in einer Bewegung von Erwartung — Erfahrung — Enttäuschung. Sie hat also immer auch ein negatives Element. Sie ist zugleich Enttäuschung von Erwartung, die aus bisheriger Erfahrung kommt.

[7] Vgl. *Erhard Kunz,* Wie kann Gott vom Glaubenden erfahren werden?, Geist und Leben 1969, 421.

1. Im 33. Kapitel des Buches Exodus geht es um das Thema der Gegenwart Gottes inmitten seines Volkes. Mose erhält den Befehl, das Volk vom Sinai wegzuführen. Dieser Befehl löst die Frage aus, wie die am Berg erfahrene Gottesgegenwart dem Volk erhalten bleiben könne, wenn es nun diese Stätte verläßt. Der Sinai wird dabei als der eigentliche Ort der Gottesbegegnung und -gegenwart angesehen und mit dem Wegzug vom Berg wird die weitere Anwesenheit Jahwes für Mose und Israel fragwürdig; sie bedarf jedenfalls einer Vermittlung. Mose verlangt handgreifliche Kriterien: „Woran soll man denn erkennen, daß ich Gnade in Deinen Augen gefunden habe, ich und Dein Volk?" Jahwe soll sein „Angesicht" so manifestieren, daß man seine Anwesenheit erkennen kann. Mose will die Herrlichkeit (kabod) Jahwes sehen.

Doch Mose muß Gott als den Unfaßbaren erfahren, der sich einem *unmittelbaren* Verständnis entzieht. Der biblische Verfasser drückt das in anthropomorpher Weise so aus, daß Mose nur die „Rückseite" Jahwes schauen durfte, und dies auch nur *nach* dem „Vorübergang" Jahwes, wobei ein begreifenwollender Zugriff nicht möglich ist. Es muß ihm genügen, zu wissen, daß die Herrlichkeit Gottes an ihm vorübergezogen ist . . .

2. Wir sind ebenso wie Mose und Israel auf der Suche nach einem neuen Ort, wo Gott in unsere Erfahrung unzweideutig eintritt, wo wir sichere Kriterien haben, daß Gott uns begegnet, daß er „mit uns ist". Aber Gott ist in unserer Welt nicht direkt gegeben und kann deshalb im Bereich unserer Erfahrung — weder in der inneren geistlichen noch in der äußeren: etwa im anderen Menschen, in der Geschichte, in der Kirche, in Jesus von Nazaret — nicht unmittelbar, direkt, konkret vorkommen. Was wir erfahren, sind innerweltliche Gegenstände und Personen, sind innerweltliche Erlebniszustände, die in einem innerweltlichen und innergeschichtlichen Zusammenhang stehen und von dort her auch erklärt werden müssen. Was innerweltlich nicht zu erklären ist, darf man nicht leichtfertig mit „Gott" ausfüllen.

Diese negative Feststellung sollte uns davon befreien, in unserem Leben nach einem Bereich zu suchen, in dem Gott doch unmittelbar gegeben ist. Alles, was wir erfahren, ist Welt, sind Menschen, sind wir selbst. Die Welt, die Menschen, wir selbst sind aber nicht Gott. Die Erfahrung Gottes mache ich nur in und unter den Erfahrungen meines Lebens und deshalb immer nur indirekt. Deshalb kann man einer Erfahrung auch nicht eindeutig ansehen, ob sie Erfahrung Gottes ist. Der Glaubende und der Nicht-Glaubende machen dieselbe Erfahrung. Der Unterschied zwischen ihnen besteht darin, daß der Glaubende in dem, was ihm widerfährt, entdeckt: Gott ist an mir „vorübergezogen" . . .

Man sollte es nicht bedauern, daß wir nirgendwo in unserer vielschichtigen menschlichen Erfahrung einen Ort angeben können, an dem uns im Jetzt Gott unzweideutig und fraglos gegeben ist. Man greift ins Leere, wenn man Gott „lokalisieren" will, wenn man ihn im Jetzt auf diese oder jene isolierte Erfahrung festlegen will. Gott kann nur in einer unverfügbaren Bewegung, in einem nicht kalkulierbaren Prozeß, im Vorübergehen, im Nachhinein wahrgenommen werden.

Wir müssen uns mit der biblischen Erfahrung zufrieden geben: „Niemand hat Gott je gesehen". Es bleibt bei der Antwort, die Jahwe dem Mose gibt, der nach unmittelbarer Begegnung mit Gott verlangt: „Mein Angesicht kannst Du nicht sehen, denn kein Mensch kann mich sehen und dabei am Leben bleiben" (Ex 33,20). Es mußte Mose genügen, zu wissen, daß die Herrlichkeit Gottes an ihm vorübergezogen ist. Erst als Jahwe vorüber war, nimmt er seine Hand von Mose's Augen, so daß dieser Jahwes „Rückseite" sehen kann . . .

AUSZUG (GENESIS 12,1–3)

Geh aus Deinem Lande,
verlaß Deine Sippe,
Deines Vaters Haus,
und zieh in ein Land,
das ich Dir zeigen will.
Ich will Dich zu einem großen Volk machen
und Dich segnen,
und durch Dich sollen alle Völker der Erde
Segen empfangen.

1. In der Heiligen Schrift wird der „Auszug" (Exodus) gesehen als eine Grundsituation aller menschlichen Existenz. Es
beginnt mit Abraham. Er soll sich aus all den genannten natürlichen Verwurzelungen herauslösen. Er soll all diese elementaren menschlichen Bindungen hinter sich lassen. *Das*
Ziel des Aufbruchs bleibt im Dunkel. Der Sinn des Weges
wird nur angedeutet. Beides wird ihm nicht als sichere Weisung und ein für allemal eindeutige Gewißheit gegeben.
Beides muß immer neu gesucht und immer neu verwirklicht
werden. Abraham *kann sich seiner Zukunft nicht mehr in*
gewohnter Weise versichern. Er hat „nur" noch eine Zukunft, wenn sein Auszug anderen zum Heil wird.
„Und Abraham machte sich auf den Weg . . ." und wurde
zum ruhelosen Fremdling. Schon in Genesis 15 zeigt sich,
wie trostlos dieser Weg aussieht. Dort stellt sich *in seinen*
Augen das Ziel des Weges als Selbsttäuschung heraus. Abraham ist noch auf diesem Weg, aber seine Zukunft hat sich
nicht einmal ansatzweise erfüllt. Er sieht sich betrogen. Sein
Leben scheint verfehlt. Und Jahwe führte ihn hinaus *ins*
Freie und sprach: „Schau den Himmel und zähle die Sterne,
wenn Du kannst. So zahlreich soll Deine Nachkommenschaft
sein" (15,5).
Aber auch dieser Hinweis hat nichts Greifbares und macht
den Weg Abrahams noch paradoxer. Doch mit der gleichen
Kargheit wie bei der Berufung Abrahams gesagt wird „er
machte sich auf den Weg . . .", heißt es hier „Abraham

glaubte Jahwe . . .", das heißt, er macht sich gegen seine Erfahrung wieder auf den Weg in die gleiche ungewisse Zukunft, in die er schon einmal aufgebrochen war.

Diese Zukunft verdichtet sich zu ausweglosem Dunkel, als
Abraham zum erstenmal einen greifbaren Beweis für die
Richtigkeit seiner Hoffnung hat und er aufgefordert wird,
diese Gewißheit wieder aus der Hand zu geben. Ihm wird in
hohem Alter noch ein Sohn geboren und diesen einzigen
soll er — gegen jede Einsicht — wieder drangeben. Abraham
macht sich wieder auf den Weg. Er glaubt an Gott gegen
Gott. Er glaubt an Gott, auch wenn Erfahrung und Denken
nichts als Enttäuschung, Leere und Sinnlosigkeit zurücklassen . . . (vgl. Genesis 22).

2. In diesem Aufbruch und ruhelosen Weg Abrahams in eine
ungewisse Zukunft — vorbei an den vielen Stationen von
Vergeblichkeit, Enttäuschung und auswegloser Dunkelheit —
sah Israel nicht nur ein Ereignis seiner frühen Geschichte,
sondern zugleich auch einen Wesenszug seines ganzen Daseins. Herausgerissen aus der Gemeinschaft der Völker und
auch in Kanaan ein Fremdling geblieben, wußte es sich einen
Weg geführt, der nicht in seine Verfügung gegeben war.
Dieser unsichere Weg konnte für Israel nur zum Heilsweg
werden, wenn es sich nicht um seine Selbsterhaltung küm-
merte, sondern alles dransetzte, den Fremden, den Außen-
stehenden, den Völkern zum Heil zu werden.
Die Erfüllung der Verheißung, die über dem Weg Abrahams
stand, liegt sogar jenseits seines Lebens. Auch der alttestamentliche Schriftsteller, der uns diesen Text überliefert,
sieht sie in seinen Tagen noch nicht erfüllt. Denn gerade er
will seinen Zeitgenossen mit aller Eindringlichkeit dieses
Ziel wieder vor Augen führen: Israel hat nur eine Existenzberechtigung, hat nur eine Zukunft als „Segen-sein-für" andere Menschen und Völker.
Theologisch steht also der Auszug (Exodus) Abrahams am
Anfang der Geschichte Israels. *Historisch* beginnt es mit dem
Auszug aus Ägypten. Dieser Exodus bildet das Ereignis, das
den Bund Jahwes mit Israel konstituiert und damit über-

haupt die Geschichte dieses Volkes begründet. — Aber auch hier bleibt die Zukunft des Weges durch die Wüste im Dunkel und ist die Nähe Gottes nicht in die Verfügung der Menschen gegeben.

So muß Israel, so müssen die Menschen, die Gott in seine unberechenbare Gemeinschaft ruft, immer wieder aufbrechen in eine ungewisse Zukunft. Sie müssen *losgelöst von allen Sicherungen die Nähe Gottes und den Sinn ihres Weges gleichsam experimentell neu einzuholen versuchen.* So bleibt dieses Volk *unterwegs.* Später folgt dann der Auszug ins Exil nach Babylon und von dort wieder die Rückkehr nach Jerusalem und schließlich, nach der Zerstörung des Tempels im Jahre 70 n. Chr., die Zerstreuung des Volkes in die ganze Welt . . . Man kann fast sagen, daß Israel von Exodus zu Exodus gelebt hat.

3. Exodus ist die Grundsituation menschlicher Existenz. In den sich wandelnden Situationen und Gegebenheiten unseres Lebens erfahren wir, daß wir ständig unterwegs sind — biographisch, soziologisch, geistesgeschichtlich, politisch —, daß wir in dieser Welt nie endgültig und geborgen festen Fuß fassen können.

Die wohl schmerzlichste Erfahrung, die wir als Glaubende in diesem ständigen Unterwegssein machen, ist: daß alles, außer Gott, vorläufig, vordergründig, im letzten gleichgültig ist. Wir können aus allem herausgerissen werden, was wir für sinnvoll und liebenswert erachten. Uns kann alles genommen werden, woran wir mit unserem Herzen hängen. Wir erleben ständig, daß selbst Dinge relativiert werden, die wir nicht relativieren dürfen. Unser Leben führt vorbei an unzähligen Stationen von Vergeblichkeit, Enttäuschung und Leere. Schließlich entschwindet uns im Tod alles . . .

Unser Leben ist ein Einüben in diese letzte Bereitschaft, dem unbegreiflichen Gott auch dann zu folgen, wenn er uns hineinnimmt in sein eigenes Licht, wo der Mensch meint, er gehe ein in ausweglose Dunkelheit. Es ist ein schmerzhafter Versuch — und ein Versuch wird es immer bleiben —, es anzunehmen, daß wir hier nirgendwo uns für immer ansiedeln können, daß Gott der immer noch Größere und Unfaßbare ist, daß unser Leben nur dann seine Existenzberechtigung nicht verliert, wenn man es für andere aus dem Auge verliert! „Ich will Dich segnen und durch Dich sollen alle Menschen Segen empfangen."

Exodus als Grundsituation und als Grundschema christlichen Daseinsverständnisses ist genau das, was wir meinen, wenn wir „Gott" sagen. Das Wort „Gott" kann ja sinnvoll immer nur im Gesamtzusammenhang menschlichen Lebens zur Sprache kommen. „Auszug" ist gleichsam das Ausbuchstabieren dieser unser ganzes Leben umfassenden, tragenden und be-anspruchenden personalen Wirklichkeit „Gott" in unser unverfügbares und unabschließbares Dasein hinein . . .

Der Hebräerbrief sieht in den Menschen, die sich wie Abraham auf das Wort der Selbstzusage Gottes eingelassen haben, den Aufbruch der gläubigen Menschheit in das „Land", das jenseits aller Sichtbarkeit liegt: „Im Glauben starben sie alle, ohne die verheißenen Güter erlangt zu haben; sie sahen sie und begrüßten sie von ferne und bekannten, daß sie Fremdlinge und Pilger auf Erden seien" (11,13).

Glauben heißt: Unterwegssein mit einer Verheißung!

AUF DER FLUCHT VOR GOTT (JONA 1)

Das Wort des Herrn erging an Jona, den Sohn Amittais: Auf! Geh nach Ninive, in die große Stadt, und predige gegen sie, denn ihre Schlechtigkeit ist zu mir heraufgedrungen. Jona aber machte sich auf, um vor dem Herrn nach Tarschisch zu fliehen. Er begab sich nach Jafo und fand dort ein Schiff, das nach Tarschisch fahren wollte. Er bezahlte das Fahrgeld und stieg ein, denn er wollte dem Herrn aus den Augen kommen. Aber der Herr warf einen gewaltigen Wind auf das Meer, und es erhob sich auf dem Meer ein großes Unwetter, so daß man meinte, das Schiff würde zerbrechen. Da fürchteten sich die Seeleute, und jeder schrie zu seinem Gott. Die Geräte im Schiff warfen sie ins Meer, damit es leichter würde. Jona aber war ins Innere des Schiffes hinab-

gestiegen, hatte sich niedergelegt und fiel in einen tiefen Schlaf. Da ging der Schiffsherr zu ihm und rief: Was schläfst Du? Auf! Rufe Deinen Gott an! Vielleicht kümmert sich Dein Gott um uns, daß wir nicht untergehen! Und einer sprach zum andern: Kommt, wir wollen losen, damit wir herausbekommen, wer schuld ist, daß uns dieses Unglück getroffen hat! So warfen sie Lose, und das Los fiel auf Jona. Da fragten sie ihn: Sage! Was ist Dein Gewerbe? Woher kommst Du? Wo ist Deine Heimat? Und er antwortete: Ich bin ein Hebräer, und ich verehre Gott, den Herrn, den Gott des Himmels, der Meer und Land geschaffen hat. Da fürchteten sich die Männer sehr und sprachen zu ihm: Was hast Du getan? Denn sie erkannten — er erzählte es ihnen —, daß er vor Gott auf der Flucht war. Was sollen wir mit Dir tun, fragten sie ihn, damit das Meer still wird und uns in Frieden läßt? Denn die See ging immer höher. Nehmt mich, erwiderte Jona, und werft mich ins Meer, so wird das Meer still werden und Euch in Ruhe lassen! Ich weiß, daß dieses große Unwetter durch meine Schuld über Euch gekommen ist. Aber die Leute wollten nicht, sondern versuchten, durch Rudern wieder ans Land zu kommen, aber es gelang ihnen nicht, denn das Meer tobte immer ungestümer gegen sie an. Da riefen sie den Herrn an: Ach, Herr, laß uns doch nicht untergehen wegen dieses Mannes und bestrafe uns nicht, wie man Mörder bestraft, denn Du, Herr, hast getan, was Dir gefiel! Da packten sie Jona und warfen ihn ins Meer, und das Meer hörte auf zu wüten. Und sie erschraken und fürchteten sich vor Gott und opferten ihm und gelobten, was sie alles (nach ihrer Rettung) tun wollten. Aber der Herr ließ einen großen Fisch kommen, der den Jona verschlang . . .

1. In der langen Glaubenstradition Israels gibt es auch eine Schrift, die sich eigens damit beschäftigt, wie aus der Notwendigkeit des Exodus die Flucht des Menschen vor dem unverfügbaren Gott der Geschichte wird. Es ist die Jonageschichte, eine Lehrerzählung, etwa zwischen 400 und 200 entstanden. Mit Jona ist kein einzelner gemeint. Jona

repräsentiert eine ganze Generation in Israel, in gewissem Sinn das Spätjudentum überhaupt.

Ninive, die Hauptstadt des assyrischen Großreiches, gab es zu der Zeit, da das Buch entstand, nicht mehr. Sie war längst dem Erdboden gleichgemacht und wurde auch nie wieder aufgebaut. Aber selbst wenn die Stadt am Ostufer des Tigris schon lange in Trümmern lag, es blieb der Name Ninive. Und dieser Name ist für den Verfasser der Jonageschichte und seiner Zeitgenossen der Inbegriff gottloser Macht und Größe, heidnischer Grausamkeit und sittlicher Verderbtheit, ein Stück verlockender und böser Welt. Ninive war überall dort, wo Israel aufhörte . . .

2. „Und es erging das Wort des Herrn an Jona: Auf nach Ninive!" Jahwe, der Israel aus allen Völkern sich zum Eigentum gemacht, der nur mit ihm einen Bund geschlossen hatte, dieser Gott schreckt Jona aus seiner Sicherheit auf. Er soll nach Ninive, das Gott nicht kennt und nichts von ihm wissen will, das gott-los und böse ist. Warum? Jona kann Jahwe nicht verstehen. Seine Umwelt, sein Glaube, seine Erfahrung, alles spricht gegen ein solches Unterfangen, gegen ein solches Experiment.

„Jona aber machte sich auf, um vor dem Herrn nach Tarschisch zu fliehen . . . fort aus dem Antlitz des Herrn." Das ist ungewöhnlich: Abraham machte sich auf, als Gott rief; Mose machte sich auf den Weg, die Propheten — alle brachen auf aus ihrer Geborgenheit in die Ungewißheit mit Gott. Nur Jona nicht. Er flieht vor dem plötzlich so unbekannt gewordenen Gott. Er will sich der unbequemen Notwendigkeit entziehen. Er hat seine Grundsätze. Er will nicht nach Ninive, in die gottlose und erschreckende Stadt, und ihr Gottes Wort bezeugen.

Jona hat das Schiff gefunden, das ihn nach Tarschisch bringen soll. Selbst an Bord des Schiffes geht die Flucht vor Gott weiter. Er steigt hinab in den untersten Schiffsraum, hinab ins Dunkel. Er kapselt sich ab. Er will seine Unruhe loswerden, seine alte Sicherheit wiederfinden. Das in Seenot geratene Schiff kümmert ihn nicht. Die vom Tode bedrohten und zu Tode erschrockenen Seeleute gehen ihn nichts an. Das sind ja Heiden. Es kann alles zugrunde gehen: das Schiff, mitsamt seiner Besatzung, wenn nötig, auch mit ihm. Er hat seine Grundsätze. Er will einfach nicht mehr denken müssen, nicht mehr antworten müssen. Er will lieber tot sein als nach Ninive gehen.

Jona hatte bei all seiner Sorge um den rechten Glauben das Wichtigste vergessen. Er hatte vergessen, daß man sich von Gott kein Bild machen darf. So war ihm seine Idee von Gott zum Gott geworden. Er hatte vergessen, daß er es mit Jahwe, dem lebendigen Gott, zu tun hat, der dem Menschen immer wieder neu und anders begegnet, als er es erwartet.

3. Der Verfasser der Jonageschichte wollte mit dieser Lehrerzählung seinem Volk einen Spiegel vorhalten, in dem es sich erkennen sollte. Es sollte erkennen, daß es auf der Flucht vor Gott war und sich immer mehr in sich selbst verschloß. Es sollte erkennen, daß es *gerade dann seine Vergangenheit,* an der es so zäh und unbeweglich festhielt, *verlieren würde, wenn es sich den Anforderungen seiner Gegenwart und Zukunft verschließt.* Israel hat nur eine Existenzberechtigung und Zukunft, wenn es immer wieder und immer neu *allen* sichtbar transparent macht, daß Jahwe ein Gott *aller* Menschen ist.

4. Dieser Spiegel ist noch nicht so alt, daß wir in ihm unser Gesicht nicht mehr erkennen könnten: Wo sind wir auf der Flucht vor Gott, der seine uns bekannten Züge verloren hat? Wo ist unsere Gemeinschaft auf der Flucht vor Gott, der Neues und noch nicht Erprobtes von uns verlangt? Sind wir gleichsam auf der Suche nach einem Ort, wo wir Gott nicht mehr hören können, wo er uns nicht mehr aufschreckt, wo wir ihm nicht mehr Antwort geben müssen, wo wir unsere alte Sicherheit wiederfinden?

Es ist schon die schmerzlichste Erfahrung, die wir mit Gott machen, daß alles außer Gott vorläufig, vordergründig, im letzten gleichgültig ist. Das Wissen um diese völlige Relativität, diese *mühsame und letzte Gelöstheit und Freiheit ge-*

genüber allem, was wir sind und womit wir zu tun haben, hatte Jona verloren. Das Wissen jedoch um diese völlige Relativität wäre tödlich, wäre unverantwortbar, wenn sie nicht zugleich jene dauernde Bereitschaft aus sich entließe, auf neue Einsichten und andere Aufgaben als die bisherigen glaubend zu hören und es immer wieder zu riskieren, aus den Gebieten, Denkgewohnheiten, Erfahrungen, Formen und Haltungen, in denen wir Wurzel geschlagen haben, aus-zuziehen. Von daher zeigt sich, daß diese letzte Reserve gegenüber allem, was wir sind und womit wir zu tun haben, das genaue Gegenteil von Skepsis oder Gleichgültigkeit ist. Wem Mißachtung von anderen ebensowenig etwas ausmacht wie ihre Zuneigung, wen der Verlust eines geliebten Menschen in gleicher Weise betrifft wie seine Nähe, wer das Scheitern einer notwendigen Aufgabe in gleicher Weise hinnimmt wie ihren Erfolg, der ist vielleicht ein Stoiker, aber kein Christ.

Die innere Freiheit und Gelöstheit von Menschen und Dingen, ihr Haben- und Lassenkönnen, kann christlich nur gewollt und verantwortet werden, wenn sie zugleich das Gottsuchen und -finden in allen Menschen und Dingen aus sich heraus entläßt. Diese Offenheit, diese Verfügbarkeit, dieser Mut, sich zu wandeln und nirgends eine bleibende Stätte zu haben als im unsteten Unterwegssein zu Gott, das sind Zeichen, die wir am Leben Jesu ablesen können. Ignatius nennt einen Menschen, der in dieser dialektischen Spannung lebt: contemplativus in actione, das heißt: einer, der meditierend in der Alltagstätigkeit steht.

Aber diese dialektische Spannung zwischen *Welt-Distanz* und *Welt-Zugewandtheit*, in der sich unser Unterwegssein, in der sich der ständige Exodus in unserem Leben vollziehen soll, diese dialektische Spannung halten die meisten von uns nicht aus. Man kapselt sich entweder in einem irgendwie frommen Binnenraum ab oder man verlegt sich ausschließlich auf aktuelle Programme und Aktionen. Aber das Aushalten dieser dialektischen Spannung ist doch wohl genau das, was christliche *Hoffnung* ausmacht.

Wenn das Alte Testament von „Hoffnung" spricht, dann gebraucht es auch ein Wort, das einen Menschen meint, der wie ein Seil ausgespannt ist, der die Spannung zwischen den Polen erträgt und sie nicht lockert. Wenn das Neue Testament von „Hoffnung" spricht, dann gebraucht es oft das Wort hypomonä, was die Bereitschaft bedeutet, „unter" einer Last, einem Auftrag, einer Spannung zu „bleiben". Hoffnung heißt: etwas aushalten und es nicht abschütteln. Nicht spontane Begeisterung sind dem Evangelium wichtig, sondern das zähe Aushalten und Vollenden dessen, was Gott an uns begonnen hat, als er uns „flott" machte, als er Gefälle in unser Leben brachte, als wir froh waren und begeistert, daß wir in eine Gemeinschaft eintraten.

Vielleicht können diese wenigen Hinweise: Weltdistanz, Weltzugewandtheit und das mühsame Aushalten dieser oft unbegreiflichen dialektischen Spannung eine kleine Orientierungshilfe sein, die Grundstruktur unserer menschlichen Existenz im Glauben zu sehen und zu bejahen. Vielleicht können sie uns eine Hilfe sein in dem Bemühen, nicht unter das schal gewordene Salz zu geraten, das nach den Worten der Schrift beiseite geworfen wird, um von den Menschen zertreten zu werden . . .

Wo sind wir auf der Flucht vor dem Gott unserer Geschichte? Gehören wir schon zu dem schal gewordenen Salz, über das die Menschen hinweggehen?

DIE OFFENE FRAGE (JONA 4)

Gott sah die Umkehr der Bewohner von Ninive. Er nahm seine Drohung zurück und ließ das Unheil nicht geschehen.

Das aber verdroß Jona, er wurde zornig und betete: Ja, das war es! Das dachte ich mir, als ich noch in meinem Land war! Darum wollte ich nach Tarschisch fliehen! Ich wußte ja, daß Du ein gnädiger und barmherziger Gott bist, langmütig und von großer Güte, der sich des (angedrohten) Unheils gereuen läßt. So nimm nun, Herr, mein Leben von mir, denn es ist besser für mich, zu sterben als zu leben.

Aber der Herr fragte ihn: Zürnst Du eigentlich zu Recht?
Dann verließ Jona die Stadt und machte sich östlich von ihr
seßhaft, baute sich dort eine Hütte und setzte sich darunter
in den Schatten. Er wollte abwarten, was in der Stadt ge-
schehe.
Und Gott ließ eine Rizinuspflanze kommen, die über Jona
emporwuchs. Die sollte seinem Haupt Schatten geben und
ihn von seinem Mißmut befreien. Und Jona freute sich sehr
über den Rizinus. In der Frühe des andern Morgens ließ
Gott einen Wurm kommen, der den Rizinus anfraß, so daß
er vertrocknete. Als die Sonne dann aufging, ließ Gott einen
glühenden Ostwind wehen, und die Sonne stach Jona auf
den Kopf, so daß ihn die Kraft verließ. Er wünschte sich den
Tod und sagte: Es ist besser für mich, zu sterben als zu
leben.
Da fragte ihn Gott: Meinst Du wohl, daß Du mir wegen
des Rizinus zu Recht zürnst? — Jona antwortete: Ja, mit
Recht bin ich zu Tode erzürnt. Und Gott sprach: Du jam-
merst um Deinen Rizinus, um den Du Dich nicht gemüht
hast, der über Nacht aufwuchs und über Nacht verdarb. Mir
aber sollte es nicht leid sein um Ninive, die große Stadt, in
der mehr als hundertzwanzigtausend Menschen leben, die
nicht zwischen gut und böse, zwischen Heil und Unheil un-
terscheiden können — und dazu noch das viele Vieh?

Jona hatte sich auf seiner Flucht vor Gott von diesem schließlich einholen lassen. Er war aus dem Abgrund seiner Selbst-
verschlossenheit freigekommen. Um so deutlicher hört er
wieder den Ruf: „Auf, nach Ninive!" Diesmal geht er, aber
nur, um der großen und schrecklichen Stadt Gericht und Untergang anzukündigen. An seinem Wort sollen die Bewohner Ninives scheitern.
Ninive aber begann, sich auf die Gerichtspredigt des Jona
zu wandeln. Jona aber war doch der alte geblieben. Er hatte
sich im Grunde nicht geändert. Er ist stocksauer, weil Ninive
sich Gott zuwandte und Gott das angedrohte Unheil nicht
über diese Stadt kommen ließ. „Ich wußte ja, daß Du ein

gnädiger und barmherziger Gott bist, langmütig und von großer Güte, der sich des (angedrohten) Unheils gereuen läßt."

Jona bleibt bei seinen Grundsätzen, bei seiner Idee von Gott. Wie er lieber mit dem Tarschisch-Schiff zugrunde gehen wollte, als nach Ninive zu gehen, so will er jetzt lieber sterben, als mit-ansehen zu müssen, wie sein Gott das Heil den Gottlosen und Sündern schenkt. Es ist für Jona prinzipiell unmöglich, daß Menschen auf eine andere Weise zum Heil finden und Zukunft haben, als *seine* Theologie und *seine* Glaubenspraxis das zulassen. ,Und so schloß er messerscharf, daß nicht sein kann, was nicht sein darf.'

Die Unbeweglichkeit des Jona wird durch die Frage Jahwes noch unterstrichen: „Zürnst Du eigentlich zu Recht?" Jona antwortet nicht. Enttäuscht und verärgert verläßt er die Stadt, der er den Untergang gepredigt hatte, um abzuwarten, ob — gegen alle Einsicht — nicht doch noch Unheil und Zerstörung über sie hereinbricht. Für diese Zeit des Abwartens baut er sich eine Hütte, ein Laubdach und setzt sich darunter in den Schatten, um zu sehen, ob er nicht doch recht behält. Denn nicht sein kann, was nicht sein darf. Im Schatten fester Grundsätze bleibt die eigene Welt heil.

Um Jona wieder in Stimmung zu bringen, läßt Gott einen Rizinusstrauch wachsen, unter dem Jona sich behaglich ausstrecken kann. „Und Jona hatte eine riesige Freude an dem Rizinus." Wie ihn vorher die zu Tode erschrockenen heidnischen Seeleute nichts angingen, so kümmert ihn in seiner Freude über den Rizinus nicht das Schicksal Ninives. Die Hauptsache ist: die eigene Welt bleibt heil.

Doch die Freude über den schattigen Strauch ist kurz. Jahwe läßt dem Jona keine Ruhe. Er möchte ihn gewinnen. Jona muß erkennen, daß er ohne den Rizinus in seiner selbstgebauten Hütte mitsamt seinen klaren Grundsätzen verdorrt. „Die Sonne stach Jona auf den Kopf, so daß ihn die Kraft verließ. Er wünschte sich den Tod und sagte: Es ist besser für mich, zu sterben als zu leben."

„Zürnst Du wohl zu Recht?" fragt Gott nun ein zweites Mal. — „Ja, mit Recht bin ich zu Tode erzürnt." Denn nicht

sein kann, was nicht sein darf. Gott ist es leid um Ninive,
um die Welt, um die vielen Menschen.
Was kann Jona schon verlieren? Seinen Rizinus, um den er
sich nicht gemüht und den er nicht aufgezogen hat; sein bißchen Ruhe und Behaglichkeit; seine theologische Meinung;
seine traditionellen Formen religiösen Lebens; seine Sicherheit durch eng gesetzte feste Grundsätze. Was kann Jona
schon verlieren? Hier aber geht es um die Welt, um eine
Unzahl konkreter Menschen.

Was können wir schon verlieren? Was ist im Schatten des
Rizinus alles am Leben geblieben, des Rizinus, der nun verdorrt, den Gott verdorren ließ? Was können wir schon verlieren? Unsere traditionellen Formen des Zusammenlebens
und der Entscheidungsfindung? Unsere bisherigen Aufgaben
und Werke in der Kirche, in der Gesellschaft? Unsere vielleicht unfruchtbar gewordenen Formen geistlicher Übungen?
Jona versteht nicht, daß Gott die ganze Welt liebt, alle Menschen. Er versteht nicht, daß Jahwe ihn liebt, weil er die
Welt liebt. Gott will Jona für die Welt beanspruchen: „Du
jammerst um den Rizinus ... Mir aber sollte es nicht leid
sein um Ninive, die große Stadt, in der mehr als hundertzwanzigtausend Menschen leben, die nicht zwischen gut und
böse, zwischen Heil und Unheil zu unterscheiden wissen —
und dazu noch das viele Vieh?" — Mit dieser offenen Frage
beschließt der Verfasser des Jonabuches seine Lehrerzählung.

Jona, was wirst Du tun?
Was werden wir tun?
Was werde ich tun?

Tun, was bleibt! Joh 15,16 heißt es: „Nicht Ihr habt mich
erwählt, sondern ich habe Euch erwählt, und ich habe Euch
dazu bestimmt, daß Ihr hingeht und Frucht bringt und Eure
Frucht bleibt. Dann wird Euch der Vater alles geben, um was
Ihr ihn in meinem Namen bittet".
Jona wird seine Vergangenheit verlieren, wenn er zäh und
unbeweglich daran festhält. Bezug zur Vergangenheit ist
nicht „rückwärts gewandte Kontemplation". Vergangenes

steht angesichts der Freiheit und Unverfügbarkeit Gottes sowie der freien, je neu abverlangten Entscheidung des Menschen unabgeschlossen vor einer offenen Zukunft.

Der letzte Grund für diese Geschichtstheologie Israels und auch des Neuen Testaments ist die Grundüberzeugung, daß Gott nicht oberhalb oder außerhalb der Geschichte ist, sondern sich gerade als Gott der Geschichte, als das unbedingte „Da" im Hier und Heute offenbart. Vergangenes muß immer wieder neu eingeschmolzen werden in die Dynamik des Gegenwärtig-Vorläufigen, in die Dynamik des Gegenwärtig-Vorübergehenden.

Jona, was wirst Du tun?
Was werden wir tun?
Was werde ich tun?

Umkehr

Zur zweiten Exerzitienphase („Erste Woche")

In den Glaubenszeugnissen von Ezechiel 37 bis Jona 4 wurde deutlich: Alles Wirken Gottes am Menschen in der Geschichte dient dazu, daß der Mensch *heil* wird in allen Dimensionen seines Lebens. Gottes unberechenbares und überraschendes Handeln will es dem Menschen immer neu ermöglichen, sich nicht in sich selbst zu verschließen, sich nicht der Gesetzmäßigkeit verkümmerter Selbstbehauptung auszuliefern und so zur Karrikatur seiner selbst zu werden.

In das unabgeschlossene, nach vorn hin offene Wechselspiel zwischen Gott und Mensch muß auch all das eingebracht werden, was Schuld und deren Aufarbeitung betrifft. Dem wollen die der zweiten Exerzitienphase (vgl. Exerzitienbuch 24—90) zugeordneten Meditationsanregungen dienen. Die biblischen Texte über Umkehr und Buße sprechen von Gottes Treue zum Menschen — durch alles Versagen und alle Zusammenbrüche hindurch: Keine Verstrickung in Schuld ist so tief, keine Entfremdung von Gott ist so radikal, daß sie nicht von seinem Erbarmen und Verzeihen eingeholt werden könnte. Aber man muß *sich finden lassen.*

Alle Selbsterkenntnis ist schädlich, wenn sie ausschließlich vom Menschen ausgeht. Sie stärkt und befreit, wenn sie von Gottes Treue zum Menschen her begriffen und erfahren wird.

Biblische Impulse

DU BIST DIESER MENSCH! (2 SAMUEL 12, 1–7)

David hatte mit Batseba, der Frau des Hetiters Urija, ein Verhältnis angefangen, und er hatte seinem Oberbefehlshaber Joab aufgetragen, Urija bei einem militärischen Unternehmen so einzusetzen, daß er fallen mußte.
In den Augen Jahwes aber war, was David tat, ein schweres Verbrechen. So sandte er Natan, den Propheten, zu David, und Natan sprach zu ihm:

In derselben Stadt lebten zwei Männer. Der eine war reich, der andere arm. Der Reiche hatte Schafe und Rinder in großer Zahl. Der Arme besaß nichts als ein einziges, kleines Lamm, das er sich gekauft hatte. Er zog es auf und es lebte mit seinen Kindern zusammen. Es aß von seinem Bissen, trank aus seinem Becher und schlief in seinem Schoß, und er hielt es wie eine Tochter.
Da kam eines Tages zu dem Reichen ein Gast von der Reise, und der Reiche brachte es nicht über sich, von seinen Schafen und Rindern ein Stück zu nehmen und es dem Gast zuzubereiten. Er nahm vielmehr dem Armen das Schaf weg und schlachtete es für seinen Gast.
Da geriet David in Zorn über den Mann und sprach zu Natan: So wahr der Herr lebt! Der Mann, der das getan hat, ist ein Kind des Todes! Und das Lamm wird er ihm vierfach ersetzen, weil er das getan hat und sein eigenes geschont hat! Natan sprach: Du bist der Mann! . . .

1. Wenn *Gebet* da anfängt, wo man beginnt, sich loszulassen — irgendwie, und wenn *Exodus* (Auszug) die im Glauben bejahte Grundsituation menschlicher Existenz sein soll, dann wird einsichtig, daß *Umkehr* (Metánoia) eine nicht ein für allemal zu erledigende Grundforderung unseres Lebens ist.

Denn der Mensch will sich nicht loslassen, das Detail ist oft von so umfassender Anziehungskraft, er ist das dauernde Unterwegssein oft so leid, er möchte im Grunde doch irgendwo endgültig und geborgen festen Fuß fassen und *sich* einrichten.

Wenn die Schrift von Metánoia (hebräisch: schub) spricht, dann meint sie die Umkehr, die Neuorientierung des *ganzen* Menschen. Kein Bereich soll dabei ausgeblendet werden. Schon das gesamte Alte Testament durchzieht die Einsicht, daß der Mensch ausnahmslos hinter dem Anspruch des Glaubens zurückbleibt, daß Unglaube eine immer mögliche Alternative bleibt, die sich immer wieder in einem gestörten Verhältnis zu den Dingen, zum jeweils Nächsten und zu Gott aktualisiert. Doch dieses nüchterne Wissen um die Brüchigkeit und Abgründigkeit des Menschen führt nicht zu Resignation oder Pessimismus, auch nicht zur Verachtung des Menschen. Der alttestamentliche Beter spricht dieses ungeschminkte Bekenntnis menschlichen Versagens und menschlicher Schuld auf dem Hintergrund seines Glaubens an Gott, der um die Verwundbarkeit des Menschen weiß, um das Böse, das ihn immer wieder beherrscht, und der ihn doch nicht fallen läßt. Gerade weil das Alte Testament um die Barmherzigkeit Gottes weiß, darum kann es so deutlich von der selbst verschuldeten Entfremdung des Menschen sprechen, ohne in Mutlosigkeit und Angst zu fallen.

Der Ruf zur Umkehr beginnt theologisch in der Schrift mit der Frage Jahwes an Adam, an den (Erst-)Menschen: „Wo bist Du?" Mit dieser Frage soll der Mensch zu sich selbst kommen. Er soll sie dort hereinlassen, wo er steht, wo er wirklich steht, dort, wo er sein wahres, unmaskiertes Leben führt. Diese Frage muß durch den komplexen und komplizierten Verhau dringen, mit dem der Mensch sich vor dem Eingeständnis seines schuldhaft gestörten oder zerbrochenen Verhältnisses zum Mit-Menschen und zu Gott abzusichern versucht. Diese Frage will den Menschen durch den Verhau hindurch erreichen als An-Ruf, der besagt, daß keine Verstrickung in Schuld so tief, daß keine Entfremdung von Gott so radikal ist, daß sie nicht von seinem Erbarmen und Ver-

zeihen eingeholt werden könnte. „Mensch, wo bist Du?"
Diese Frage setzt sich fort in der Frage Jahwes an Kain:
„Wo ist Dein Bruder?"

2. Der Ruf zur Umkehr wird besonders eindrucksvoll in der
hier behandelten Natanparabel und ihrer schonungslosen
Deutung auf König David geschildert. Der Prophet Natan
kommt zum König David und schildert ihm einen Fall
schreienden Unrechts. David ist darüber so aufgebracht, daß
er das Todesurteil über den Mann, den er (noch) nicht kennt,
ausspricht. Die verständliche Reaktion des Königs wird besonders dadurch hervorgerufen, daß das Lamm des Armen
die einzige Kostbarkeit ist, an dem seine ganze Familie
hängt. Die Maßnahme des Reichen erscheint darum nicht
nur egoistisch, sondern als brutale Gemeinheit. „So wahr
der Herr lebt: Ein Kind des Todes ist der Mann, der so etwas
tut! Und das Lamm muß er vierfach ersetzen, weil er so
etwas getan hat und ihm sein Eigentum zu schade war." Da
sprach Natan zu David: *„Du* bist der Mann!" . . .
Erst in dem Moment, da Natan seinen Fall ungeschminkt auf
den König deutet, und Gottes Strafgericht über ihn und
seine Dynastie ankündigt, erkennt David, daß er in totalem
Widerspruch zum Willen Gottes gehandelt und in gemein-
brutaler Weise Gerechtigkeit und Liebe zum Mitmenschen
verletzt hat. In diesem Augenblick weiß David, wem er das
Todesurteil gesprochen hat, und er bekennt: „Ich habe mich
am Herrn versündigt". — „Und Natan sprach zu David:
‚Dann hat auch der Herr Deine Sünde vergeben. Du brauchst
nicht zu sterben'." Dennoch bleibt Davids Vergehen wegen
seiner sozialen Dimension nicht ungesühnt. — Indem er
seine Gemeinheit nicht wegdiskutiert, sondern sich vor Gott
und den Menschen zu ihr bekennt, wird ihm die Erkenntnis
seiner Abgründigkeit und unabstreifbaren Schuld zur Be-
freiung.
Es ist schon erstaunlich, mit welch schonungsloser Offenheit
die Schrift von dem krassen Vergehen Davids spricht, von
dem großen und gefeierten König, dem Vorbild des Messias.
Sie konnte das nur, weil das Vertrauen in Gottes Verge-

bungsbereitschaft größer war als die schmerzliche Gewißheit eigener Gefährdung und Schuld.
Daß die Umkehr des Menschen letztlich nur von Gott her
möglich ist, spiegelt sich in den Worten Ezechiels (36,26 bis
29 a):

> Ich gebe Euch ein neues Herz
> und lege meinen Geist in Euer Inneres.
> Das steinerne Herz nehme ich aus Eurem Leib
> und gebe Euch ein Herz aus Fleisch.
> Meinen Geist lege ich in Euer Inneres
> und mache, daß Ihr nach meinen Satzungen lebt
> und meine Gebote getreu erfüllt.
> Dann dürft Ihr bleiben in dem Land,
> das ich Euern Vätern geschenkt.
> Ihr werdet mein Volk sein
> und ich werde Euer Gott sein.
> Ich befreie Euch von all Eurer Schuld.

3. Gott will also den Menschen fähig machen, seine Barmherzigkeit anzunehmen. Dieses Bild vom barmherzigen Gott,
der dem Menschen eine fundamentale Umkehr und Neuorientierung ermöglicht, wird im Neuen Testament noch plastischer:
Gott geht dem Menschen nach, wie ein Hirt sein verlorenes
Schaf im jüdischen Bergland sucht. Er geht ihm nach, wie
eine arme Frau ihre verlorene Münze in der fensterlosen Hütte
sucht. Gott geht dem Menschen entgegen, wie ein Vater seinem heruntergekommenen Sohn entgegengeht und ihn *als
Gleichgestellten* wieder in die Familie aufnimmt (Lk 15).
Die Menschen erfahren in der Begegnung mit Jesus von Nazaret, daß mit seinem Kommen und Wirken die für den
Neuen Bund verheißene Zeit des Wiederfindens, der Heimkehr des Verlorenen begonnen hat. Von daher ist Umkehr
(Metánoia) alles andere als eine düstere und beklemmende
Angelegenheit. Düster und beklemmend wird das Leben erst,
wenn man sich der Chance einer Umkehr und Neuorientie-
rung verschließt.

Wenn man Metánoia betreiben will, darf man es sich mit persönlicher Sünde und Schuld nicht zu billig machen. Sünde und Schuld sind eine Wirklichkeit in unserem Leben und „wir würden uns selbst betrügen, wenn wir sagten, wir hätten keine Sünde" (1 Joh 1,10). Das, was wir uns nicht eingestehen wollen und doch tun, das ist die radikale Gefährdung unseres Lebens. Manch einer hat auf seine einmal innerste Überzeugung im Laufe seines Lebens so viel Schutt an Ausreden, an Kapitulationen, an faulen Kompromissen, an Feigheit und bequemer Anpassung gehäuft, daß er schließlich meint, es sei alles in Ordnung mit ihm.

Wer sich den Fragen nach unabstreifbarer Schuld und ihren Folgen in seinem Leben, wie in dem seiner jeweiligen Gemeinschaft, Familie, seinem Orden usw. nicht stellt, verschließt sich nicht nur einem tieferen Verständnis des Lebens und seiner Geschichte, sondern handelt im letzten unverantwortlich . . .

Ignatius läßt die Meditationen über die „Umkehr" (Metánoia) mit einem „Gespräch der Barmherzigkeit" abschließen. Das ist ein Gebet mit dem in Jesus Christus zur Barmherzigkeit entschiedenen Gott. Ignatius läßt dieses Gespräch vor dem Bild des von der Passion und vom Tod gezeichneten Herrn sich entfalten. Wem dieser Hinweis eine Hilfe für sein persönliches Beten ist, der wird mit großem Gewinn auf diese Weise seine Meditation abschließen können.

WAS IHR GETAN HABT . . . (MATTÄUS 25, 31—46)

Wenn der Menschensohn in seiner Herrlichkeit kommt und alle Engel mit ihm, dann wird er sich auf den Thron seiner Herrlichkeit setzen. Und alle Völker werden vor ihm versammelt, und er wird sie voneinander scheiden, wie der Hirt die Schafe von den Ziegen scheidet. Er wird die Schafe auf seine rechte Seite, die Ziegen aber auf seine linke Seite stellen.

Dann wird der König zu denen an seiner rechten Seite sa-

gen: Kommt her, die ihr von meinem Vater gesegnet seid,
nehmt das Reich in Besitz, das am Anfang der Welt für euch
geschaffen worden ist! Denn ich war hungrig, und ihr habt
mir zu essen gegeben; ich war durstig, und ihr habt mir zu
trinken gegeben; ich war obdachlos, und ihr habt mich aufgenommen; ich war nackt, und ihr habt mich bekleidet; ich
war krank, und ihr habt mich besucht; ich war im Gefängnis,
und ihr seid zu mir gekommen. Dann werden ihm die Gerechten antworten: Herr, wann haben wir dich hungrig gesehen und dir zu essen gegeben, oder durstig, und dir zu
trinken gegeben? Und wann haben wir dich obdachlos gesehen und dich aufgenommen, oder nackt, und dich bekleidet? Und wann haben wir dich krank oder im Gefängnis gesehen und sind zu dir gekommen? Darauf wird der König
ihnen antworten: Amen, ich sage euch: Was ihr für einen
meiner geringsten Brüder getan habt, das habt ihr für mich
getan.
Dann wird er sich an die auf seiner linken Seite wenden und
zu ihnen sagen: Weg von mir, ihr Verfluchten, in das ewige
Feuer, das für den Teufel und seine Engel geschaffen ist!
Denn ich war hungrig, und ihr habt mir nichts zu essen gegeben; ich war durstig, und ihr habt mir nichts zu trinken
gegeben; ich war obdachlos, und ihr habt mich nicht aufgenommen; ich war nackt, und ihr habt mich nicht bekleidet;
ich war krank und im Gefängnis, und ihr habt mich nicht
besucht. Dann werden auch sie antworten: Herr, wann haben wir dich hungrig oder durstig oder obdachlos oder nackt
oder im Gefängnis gesehen und haben dir nicht geholfen?
Darauf wird er ihnen antworten: Amen, ich sage euch: Was
ihr für einen dieser Geringsten nicht getan habt, das habt
ihr auch für mich nicht getan.
So werden diese die ewige Strafe erhalten, die Gerechten
aber das ewige Leben.

1. Wir haben es hier mit einer apokalyptischen Gerichtsrede
zu tun. Sie ist eine Zusammenfassung des ganzen Evangeliums im Hinblick darauf, daß Gott an der Geschichte nicht
scheitert und jeder Mensch sein Leben entweder gewinnt oder

verwirkt, je nachdem, was er dem jeweils Nächsten getan oder verweigert hat.

Die Urteilsbegründung ist für *alle* überraschend: „Was immer Ihr einem von diesen meinen geringsten Brüdern getan habt, das habt Ihr *mir* getan . . ." — „Was immer Ihr einem von diesen meinen geringsten Brüdern verweigert habt, das habt Ihr *mir* verweigert . . .". Hier vollendet sich, was in den Seligpreisungen der Bergpredigt sich ankündigte und im Umgang mit Kranken und Sündern, mit Ausgestoßenen und Verachteten sich verwirklichte: Jesus verbindet sich mit diesen Geringsten unter den Menschen und nennt sie seine Brüder.

„Was immer Ihr einem von diesen meinen geringsten Brüdern verweigert habt, das habt Ihr mir verweigert." Man kann also sein Leben endgültig verfehlen, und zwar so, daß niemand anders dafür verantwortlich, daß sonst nichts dafür haftbar gemacht werden kann, außer wir allein . . .

In diesem Bekenntnis der jungen Kirche handelt es sich nicht um ein „als ob", das heißt, der andere, der Bedürftige ist nie Mittel, um Jesus anzunehmen oder sich ihm zu verweigern, sondern das umfassende Geschehen, in dem Christus geglaubt wird, ereignet sich in der unbedingten Liebe, in dem unbedingten Da-sein für den jeweils Nächsten.

2. Aber können wir mit dieser Aussage noch etwas anfangen? Wir wissen zur Genüge — wenigstens theoretisch —, daß das abgenützte Wort „Nächstenliebe" den ungeteilten Versuch meint, sich selbst auf andere hin zu verlassen — sei es in mehr direktem persönlichen Kontakt, sei es mehr indirekt über die Wahrnehmung bestimmter Aufgaben für andere. Aber sooft man uns davon gepredigt hat, so sehr man diesen Anspruch vielleicht noch hin und wieder bei sich registriert, es bleibt die skeptische Frage: Welcher Mensch, welche Aufgabe kann denn einen solchen Einsatz rechtfertigen? Steht dahinter nicht die enttäuschende und bittere Erfahrung, daß wir keinen Menschen finden, dem wir uns ohne Reserve mitteilen können, daß wir uns keiner Aufgabe ganz ungeschützt zur Verfügung stellen können, weil alles, was

wir in die Hand nehmen, doppelbödig ist, seine zwei Seiten. hat und oft genug ins Gegenteil dessen umgeschlagen ist, was wir ursprünglich angestrebt haben. Zerstören wir uns nicht selbst, wenn wir uns der Brüchigkeit und Abgründigkeit eines Menschen anvertrauen? Zerstören wir uns nicht selbst, wenn wir uns der Vorläufigkeit und Unkontrollierbarkeit bestimmter Aufgaben ausliefern?

Sind wir nicht im Grunde davon überzeugt, daß un-bedingte Liebe zum anderen unmöglich ist und daß nur sehr naive Leute, die die Zwiespältigkeit und Brutalität der Wirklichkeit noch nicht durchschauen, sich einem Menschen vorbehaltlos anvertrauen und einer Aufgabe restlos verschreiben können?

3. Wenn dennoch die Heilige Schrift als das Glaubenszeugnis der jungen Kirche hier und an anderen Stellen diese tiefsitzende und lähmende Überzeugung durchbrechen will, dann knüpft sie an eine Erfahrung an; eine Erfahrung, die ein solches vorbehaltloses Sich-selbst-Einlassen wenigstens anfanghaft gemacht hat. Das ist eine Erfahrung, wo durch den Menschen etwas Befreiendes, Sinngebendes, Friedenstiftendes wurde, wozu man selbst nicht imstande war: eine Tat, die einem als eigene gegeben wurde. Die Schrift knüpft an Erfahrung an, die sich über sich selbst wundert und die in dem geschenkten und überraschenden Tun unbedingte Liebe zum anderen hoffend weiterwagt.

Ist diese Erfahrung eigentlich so ungewöhnlich; die Erfahrung, daß wir irgendwo unrentabel, unvernünftig mit uns umgehen, daß wir irgendwie draufzahlen, ohne diese Selbstlosigkeit noch mal als heroische Leistung genießen zu wollen, und dennoch ahnen, daß wir das Richtige tun? — Ist es für uns noch eine gläubige Grunderfahrung, daß wir vom „Verlieren" leben?

Die Bibel appelliert daran, diese Erfahrung als echte anzunehmen, sie nicht zu verdrängen oder in etwas anderes aufzulösen. Sie appelliert daran, durch alle Vorläufigkeit, durch alle Abgründe, durch allen Mißbrauch, durch allen Irrtum, durch alles Mißgeschick, durch alle Enttäuschungen hindurch diese Offenheit und Verfügbarkeit für den jeweils Nächsten an uns geschehen zu lassen: „Was Ihr einem von diesen meinen geringsten Brüdern verweigert habt, das habt Ihr *mir* verweigert . . ."

Unser Text läßt aber auch keinen Zweifel daran, daß in diesem Risiko Christus als Grund mitbejaht wird, der den gewagten Einsatz annehmen, tragen, verantwortbar machen kann, ohne daß er ein den Menschen zerstörendes Abenteuer wird.

4. Auf diesem Hintergrund werden zwei Grundformen menschlichen Fehlverhaltens, menschlicher Schuld deutlich, die nach dem Glaubenszeugnis der Schrift, die nach dieser Gerichtsrede tödlich sind. Sie erwachsen aus einer letzten Angst um uns selbst. In solchem Fehlverhalten kann sich eine fundamentale Lebenslüge offenbaren. In solchem Ver-sagen können wir unser Leben verfehlen:

☐ andere für die *eigenen* Wünsche, Pläne und Programme zu vereinnahmen, andere also ausschließlich von einem selbst her bestimmen und gebrauchen zu wollen;

☐ und wo das nicht möglich ist, wo der andere sich meinem Zugriff zu entziehen oder ihn gar zu entlarven vermag, ihn zu hassen, ihm seine Eigenständigkeit abzusprechen, ihn zerstören zu wollen.

Wenn wir uns der Metánoia stellen und dem Text dieser Gerichtsrede nicht ausweichen wollen, dann müßten wir still werden und unser Leben fragend abklopfen:

☐ Wo versuchen wir — vielleicht in sehr subtiler, in sehr feiner, hintergründiger Weise —, uns anderer zu bemächtigen, sie in entwürdigende Abhängigkeit zu bringen oder darin zu halten?

☐ Wo freut es uns, wenn andere vor uns Angst haben oder wenn wir anderen unsere Überlegenheit oder Abneigung oder Verachtung spüren lassen?

Wir wollen es ja im Grunde nicht wahrhaben, daß die Gewalt des Hasses und der Verachtung in uns am Werk ist: wo wir andere diskriminieren; wo wir mit Ressentiments und gezielter Polemik eine Gesprächsatmosphäre verderben; wo wir jeglichen Gesprächskontakt aufgegeben haben und andere als „Nichts" betrachten; wo wir auch vor einem Rufmord nicht zurückschrecken; wo unser Mißtrauen anderen jede Hoffnung genommen hat; wo unsere Mitarbeit nur so weit geht, als andere sich unseren Argumenten beugen und unsere Pläne und Wünsche annehmen.

Es gibt genügend Situationen, in denen unser Egoismus sich wie Raureif auf andere legt und jedes Wachstum, jedes befreiende Auskommen zerstört. Wo haben wir Angst, daß andere unseren pervertierenden Anspruch und Einfluß auf sie durchschauen? Wo haben wir Angst, daß wir ein bestimmtes Image oder einen bestimmten Einfluß verlieren? Wo kann mein Leben mit seinen Aufgaben und Möglichkeiten scheitern, schuldhaft versanden und vertrostlosen? Wo wird unser Leben von dem verzweifelten Versuch diktiert, sich mit dem, was man hat und kann, unersetzlich zu machen? All das ist Ausdruck einer letzten Angst um uns selbst, ist Ausdruck eines fundamentalen Unglaubens.

Wenn man sich dem Gesetz der Bergpredigt, dieser Macht der Liebe ausliefern will, nach der die Gerichtsrede unerbittlich unser Leben befragt, dann möchte man erschrecken: einmal, weil wir den Egoismus und geheimen Haß in uns erkennen; und zum anderen, weil wir dieses Gesetz Christi, diese fundamentale Umkehr und Neuorientierung nicht auszuhalten bzw. durchzuhalten vermögen.

Es heißt aber im 1. Johannesbrief: „Gott ist größer als unser Herz und weiß alles". In diesem Satz spricht die gläubige Erfahrung, daß Gott größer ist als alle Angst und Ohnmacht unseres Herzens und daß der ungeteilte Versuch, „in der Tat und Wahrheit" zu lieben, die einzige reale Chance ist, sich dem Gesetz des Hasses und der Gewalt, sich dem Gesetz verkümmernder Selbstbehauptung nicht auszuliefern: „Was Ihr einem von diesen meinen geringsten Brüder getan habt, das habt Ihr *mir* getan . . ."

WARNUNG VOR FALSCHER UMKEHR (HOSEA 6, 1—6)

Kommt, wir wollen zurück zu Jahwe,
denn Er hat uns zerrissen, Er wird uns heilen;
Er hat uns geschlagen, Er wird uns verbinden,
Er wird uns am Leben erhalten.

Nach zwei Tagen, am dritten Tag,
wird Er uns aufstehen lassen,
daß wir leben vor Ihm.
Laßt uns erkennen, ja drauf aus sein, zu erkennen Jahwe.

Wie das Morgenrot kommt, so fest steht Sein Aufbruch.
Er kommt uns so sicher wie der Regen,
wie Spätregen, der das Land tränkt.

Was soll ich Dir tun, Efraim?
Was soll ich Dir tun, Juda?

Da Dein Bundessinn wie Morgennebel,
wie Tau, der früh verschwindet.

Drum schlag ich drein durch Propheten,
erschlage ich sie durch meines Mundes Worte.

Mein Recht bricht dann wie Licht hervor.
Denn Bundessinn will ich, nicht Schlachtopfer,
Wissen um Gott statt Brandopfer.

1. Hosea hat seine Zeitgenossen in den katastrophalen letzten Jahren des Nordreiches bis etwa zur Eroberung Samariens durch die Assyrer (721) mit seinem leidenschaftlichen prophetischen Wort begleitet. Es war die bewegteste Phase in der Geschichte „Efraims".
Mit unerbittlichem Ernst kündigt er seinem Volk an, daß Jahwe seinen Bund zurückzieht. Denn das Land ist von Ihm abgefallen:

Ihr seid „Nicht-mein-Volk"
und ich bin „Nicht-Jahwe" . . .
Ich zerreiße sie und gehe davon,
ich schleppe sie weg und niemand kann sie retten.
Ich ziehe mich zurück und lasse sie allein,
bis sie ihr Unrecht erkennen
und in ihrer Not nach mir fragen
und meine Nähe suchen.

Auf die Gerichtspredigt des Propheten hin wird zur allgemeinen Buße aufgerufen. Das alte Bußlied (V. 1-3) zeigt, wie weit der Jahweglaube schon in die kanaanäischen Naturreligionsvorstellungen eingeebnet ist: „Gott kommt *so sicher wie das Morgenrot*, sein Eingreifen ist *so gewiß wie der Spätregen*, der das Land tränkt."
Es war Israel abhanden gekommen, daß seine Existenz, seine Zukunft ausschließlich abhängt von dem unableitbaren und unverfügbaren Wechselspiel zweier Freiheiten, zweier nicht gleichartiger, aber doch wirklicher Freiheiten: von dem geschichtlichen Hin und Her zwischen göttlichem „Lebens"angebot und menschlicher Entsprechung. Israel hatte vergessen, daß Jahwe kein Lebensprinzip ist, dessen man sich ein für allemal versichern kann. So kann Gott die Umkehr des Volkes nicht annehmen. Sie geht nicht an die Wurzel, sie ist so schnell wieder verschwunden wie „Morgennebel" oder „Tau".
Damit es zur wirklichen und umfassenden Umkehr und Erneuerung des Volkes kommt, kann das angekündigte Gericht dem flüchtig und oberflächlich reuigen Israel nicht erspart bleiben:

Denn Bundessinn will ich, nicht Schlachtopfer,
Wissen um Gott statt Brandopfer.

Israel macht es sich zu billig. Mit frommen Bußgottesdiensten kann man die not-wendige Metánoia nicht abgelten. Um das wieder zu verstehen, muß Israel zurück in die „Nullpunktsituation" seiner Volkwerdung, zurück in die

Wüste, das heißt, es muß wieder in eine Situation kommen, in der es elementar neu erfährt, wer Gott ist und wie *alles* Leben, wie die Existenz und Zukunft des Gottesvolkes ausschließlich abhängt von seiner Gabe und ihrer menschlichen Entsprechung. Dann wird durch alle Katastrophen hindurch Israel am Leben bleiben.

„Bundessinn will ich . . . Wissen um Gott."

2. Wer sich auf den Weg macht, um in dieses „Wissen um Gott" hineinzugeraten, wer mit allem, was er ist und womit er zu tun hat, „umkehren" will, sollte sich keine Illusionen darüber machen, daß ein solcher Aufbruch nicht leicht gelingt.

Viele brechen nur scheinbar auf. Sie schicken eine Attrappe ihrer selbst vor sich her. Sich selbst bringen sie vorher auf abseits. In sicherer Distanz laufen sie hinter dem her, von dem sie meinen, sie seien es selbst. Sie treten nicht mit ihrer ganzen Person in die Erfahrung ein.

Bei dieser Umkehr aber muß man alles mitnehmen, alles, was man ist und was man hat: Fleisch und Knochen, das Gute und das Gemeine, seine sündige Vergangenheit und die Freude, die man weitergeben konnte, weil man selbst beschenkt war; die leidenschaftlichsten Triebe und die tragenden Hoffnungen, alles, was in mir Gott widerstrebt, und alles, das seine Nähe sucht. Alles müssen wir mitnehmen, damit ein Mensch dabei herauskommt, alles, damit sein „Feuer" uns wandelt und wir ihm nicht entwischen . . . alles, damit wir Mensch werden.

„Bundessinn will ich . . ." — keine Attrappe.

„Wissen um Gott . . ." — keinen Schatten Deiner selbst!

GOTT, SIEH MICH WIEDER AN ... (AUS PSALM 51)

Gott, sieh mich wieder an und sprich wieder mit mir!
Wenn Du barmherzig sein willst,
dann nimm mir mein Unrecht ab.
Wasche meinen Schmutz ab von mir,
reinige mich von meiner Verfehlung.
Denn ich sehe, was ich getan habe,
Und meine Untat steht mir dauernd vor Augen.
Ich habe ja nicht nur an Menschen Unrecht getan,
sondern an Dir.
Nicht Menschen messen das Maß der Schuld.
Was böse ist, bestimmst allein Du.
Dein Maß gilt und Dein Urteil ist recht.
Nicht Dich trifft die Schuld,
daß dies alles zwischen Dir und mir steht.
Die Schuld trifft mich allein.

Aber sieh, ich bin ein schwacher Mensch,
hineingeboren in eine Welt von Sünde.
Sieh mein Unrecht nicht an.
Schaffe es weg zwischen Dir und mir.
Gib mir statt des alten ein neues Herz.
Einen klaren, festen Geist gib mir.
Wirf mich nicht weg
und nimm mir nicht Deinen heiligen Geist.
Hilf mir, daß ich mich wieder freuen kann
an dem, was Du mir gibst.
Steh mir bei und gib mir Deinen Geist,
den Geist ungeteilter Verfügbarkeit.

Zerschlagen bin ich
und zerrissen in meinem Herzen.
Nimm das! Das bringe ich Dir.
Ich weiß, Du wirst, was ich bringe, nicht verachten.[8]

---

[8] Nach der Übertragung von *Jörg Zink*, in: Das Alte Testament,
Stuttgart—Berlin 1966.

Hier trägt der alttestamentliche Beter in einer ungetrübten Offenheit sein Denken und Fühlen vor Gott. Der Wille zur Wahrhaftigkeit gegen sich selbst läßt ihn die Dinge so sehen, wie sie sind. Er spricht vor Gott aus, wie er sich vorkommt, ungefiltert.

Indem der alttestamentliche Beter sich so vor Gott „äußert", wird er im Glauben weitergeführt, nicht durch gescheite Überlegungen, sondern durch ein Sich-Erschließen seiner vertieften Einsicht in seine (gott-)verdankte Existenz.

VERLOREN — GESUCHT — GEFUNDEN
(MATTÄUS 18, 12—18. 21 f)

Was meint ihr? Wenn jemand hundert Schafe hat und eines von ihnen sich verirrt, läßt er dann nicht die neunundneunzig auf den Bergen zurück und sucht das verirrte Schaf? Und wenn er es findet — amen, ich sage euch: er freut sich über dieses eine mehr als über die neunundneunzig, die sich nicht verirrt haben. So will auch euer himmlischer Vater nicht, daß einer von diesen Kleinen verloren geht.
Wenn dein Bruder sündigt, dann geh zu ihm und weise ihn unter vier Augen zurecht. Hört er auf dich, so hast du deinen Bruder zurückgewonnen. Hört er aber nicht auf dich, dann nimm einen oder zwei Männer mit, denn jede Sache soll durch den Mund von zwei oder drei Zeugen bekräftigt werden. Hört er auch auf sie nicht, dann sag es der Gemeinde. Hört er aber auch auf die Gemeinde nicht, dann sei er für dich wie ein Heide oder ein Zöllner. Amen, ich sage euch: Alles, was ihr auf Erden binden werdet, das wird auch im Himmel gebunden sein, und alles, was ihr auf Erden lösen werdet, das wird auch im Himmel gelöst sein.
Da trat Petrus zu ihm und fragte: Herr, wie oft muß ich meinem Bruder vergeben, wenn er sich gegen mich versündigt? Siebenmal? Jesus sagte zu ihm: Nicht siebenmal, sondern siebzigmal siebenmal.

1. In diesem Gleichnis fordert der Evangelist seine Gemeinde (-vorsteher) auf, Gottes Barmherzigkeit, der dem Verirrten,

dem sündig gewordenen Menschen nachgeht (wie ein Hirt sein verirrtes Schaf im jüdischen Bergland sucht), sichtbar und erfahrbar zu machen. Die Menschen sollen wie in der Begegnung mit Jesus von Nazaret jetzt an der Kirche spüren, daß die für den Neuen Bund verheißene Zeit des Wiederfindens, der Heimholung des Verirrten Wirklichkeit geworden ist.

Diese unermeßliche Vergebungsbereitschaft Gottes, seine entschiedene Hinwendung zum einzelnen, der sich allein immer mehr verrennt, ist das fundamentalste Moment im christlichen Bußgeschehen. So besteht unsere Antwort, unsere Umkehr im Glauben in erster Linie darin, daß wir uns von Gott einholen und finden lassen, da, wo wir sind, dort, wo wir unser wahres, unmaskiertes Leben führen . . .

Andererseits haben wir heute eine vertiefte Einsicht in die psychische Komplexität des Menschen. Wir können unsere eigene Sündigkeit oft nur unvollkommen erkennen. Das hat bedeutsame Konsequenzen für das Verständnis und den konkreten Vollzug unseres Bußgeschehens.

Da es uns schwer, wenn nicht manchmal unmöglich wird, den richtigen Anteil (Koeffizienten) unserer Verantwortung anzugeben und damit die eigene Schuld auf verläßliche Weise einzuschätzen, ist es uns oft nahezu unmöglich, das Bekenntnis in der Beichte als ein echtes Bezeichnen der eigenen Schuld zu sehen.

In der Vergangenheit wurden wichtige Elemente der profanen Rechtsprechung fast unterschiedslos auf die Beichte angewandt:

Erbringung eines detaillierten Tatbestandes;
genaue Befragung des Angeklagten;
Prüfung seiner Zurechnungsfähigkeit und
Garantien hinsichtlich seines zukünftigen Verhaltens.

Dadurch ging oft das Wesentliche des sakramentalen Bußgeschehens verloren. Die Genauigkeit des abzulegenden Sündenbekenntnisses stand so nachdrücklich im Vordergrund, daß man dabei vergaß: Die Begegnung in Bekenntnis und Lossprechung ist nur Zeichen einer viel tieferen Begegnung des Sünders mit dem in Jesus Christus zur Barmherzigkeit entschiedenen Gott. — Was der Beichtende bekennt, ist nicht die adäquate Formulierung seiner sündigen Situation, nicht eine vollkommen richtige Einsicht in das Ausmaß seiner Sündigkeit, sondern das Bekenntnis ist „nur" Zeichen dessen, was er sich nach dem Maß seiner Einsicht als Schuld vor Gott eingesteht. Ebenso ist die Antwort des Priesters auf das Bekenntnis „nur" ein Zeichen — oft ein sehr unvollkommenes Zeichen — der barmherzigen Antwort Gottes, die nicht an die Beschränkungen und Irrtümer unseres menschlichen Urteiles gebunden ist. Die Lossprechung ist *wirksames* Zeichen, das Vergebung schenkt. Beide, der Beichtende und der Priester, können im Urteil über die bekannten Sünden irren und tun das auch häufig. Aber das ist eigentlich nicht von Belang. Denn Gott vergibt nicht das im Bekenntnis Gesagte, sondern das, was durch dieses Bekenntnis *bezeichnet* wird; es geht um die aufrichtige büßende Begegnung mit dem barmherzigen Gott, der in Jesus Christus die Sünde überwunden hat, um die Bereitschaft, sich von Gottes läuternder und erlösender Nähe finden zu lassen. Von daher dürfte verständlich werden, daß Umkehr auch eine frohmachende Sache ist.

Die vertiefte Einsicht in die Komplexität unserer sündigen Situation kann uns also helfen, die Beichte wieder deutlicher in ihrem Zeichencharakter, in ihrer Sakramentalität zu sehen und zu erleben, sowohl hinsichtlich des Beichtenden wie des Priesters.

2. Wie aus der „Gemeindeordnung" im Anschluß an das Gleichnis vom Verirrten und aus dem bisher Gesagten schon sichtbar wurde — hat die christliche Metánoia (Umkehr) eine *kirchliche* Gestalt. Wie die Verfehlung eine soziale Dimension hat, so auch die Metánoia. Die Versöhnung mit der Gemeinschaft der Kirche ist das sakramentale Zeichen der Versöhnung mit Gott. Aber die Art und Weise, wie die Kirche in Erscheinung tritt, braucht nicht unbedingt immer jene zu sein, wie wir sie von der Einzelbeichte her kennen. Es gibt viele Weisen wirkmächtiger Versöhnung in der Kirche:

a) Jede Vergebung unter Christen hat kirchliche Struktur. Wenn beispielsweise jemand einen anderen persönlich verletzt hat, bleibt es sinnlos, wenn er sein Versagen in einer geheimen und anonymen Beichte bekennt, ohne daß er zuvor versucht hat, den Betroffenen um Vergebung zu bitten (vgl. Mt 5,23 f). Wenn Christen einander verzeihen, so ist in diesem Bußgeschehen Kirche gegenwärtig. Hier kommt das Wort aus dem Jakobusbrief (5,16) ins Spiel: „Bekennet einander eure Sünden", das heißt aber unter anderem: gegenseitiges Aufmerksammachen und Ermuntern, rechtes (diskretes) Kritisieren und Kritik-Entgegennehmen (vgl. Mt 18, 15 f), fürbittendes Gebet für denjenigen, der versagt, gelebter und überzeugender Hinweis auf Gottes Vergebungsbereitschaft.

b) Bei der Absicht des heutigen Christen, das Bußgeschehen erneut in religiöser Echtheit zu erleben, kann eine gemeinsame liturgische Bußfeier eine wirksame Hilfe sein: Hier wird die Gewissensforschung durch den biblischen Kontext von einer einseitigen Selbstbespiegelung abgelenkt und die kirchliche Dimension von Sünde und Vergebung mit größerer Nachdrücklichkeit sichtbar: Im öffentlichen Bekenntnis macht die Gemeinschaft deutlich, daß sie sich selbst als Sünderin, als stets zu erneuernde Kirche (ecclesia semper reformanda) versteht und ständig von der Vergebung Gottes lebt. Lossprechung und Zuspruch des Priesters werden zur Verkündigung von Gottes barmherzigem Wort, dem sich der Mensch nur auf der Ebene des Glaubens stellen kann.

c) Die Einzelbeichte im Sprechzimmer oder in der legitimen Anonymität des Beichtstuhles will dem Christen helfen, sich bei aller Zeichenhaftigkeit des persönlichen Bekenntnisses doch als unabtretbar einzelner Sünder zu wissen und sich einzugestehen: „Ich bin *dieser* Sünder". Die Einzelbeichte ist also nicht nur für den „schweren Sünder" da. Unser religiöses Leben würde verflachen, wollte man sie als regelmäßige (ein oder mehrere Male im Jahr) Praxis aussterben lassen. Beide sakramentalen Formen von Buße, die gemeinsame liturgische Bußfeier und die Einzelbeichte, müssen in unserem religiösen Leben ihren Platz haben. In beiden ereignet sich Sündenvergebung, beide setzen den Willen zur Umkehr voraus und beide müssen sich in konkreter Buße im Alltag auswirken. Es handelt sich also nicht um eine „leichtere" und eine „schwerere" Form kirchlicher Buße. In den meisten Fällen muß der einzelne Gläubige selbst entscheiden, welche Form der Buße für ihn angemessen und aufbauend ist.

Man darf jedoch folgendes nicht übersehen: Da die Versöhnung des sündigen Menschen mit Gott über die Versöhnung mit dem Bruder (Schwester) und mit der Gemeinschaft der Kirche geht, kann die Form der Buße nie nur eine Frage der persönlichen Entscheidung sein. Die Kirche hat von Anfang an bei besonders schweren, öffentlich bekannten und deshalb das Gemeindeleben schwer störenden Verstößen bestimmte Formen der Bußpraxis vorgeschrieben: vgl. die „Gemeinderegel" Mt 18,17 f und die Behandlung der Kapitalsünden (Glaubensabfall, Mord, Ehebruch) in der alten Kirche. Diese Tradition hat das Trienter Konzil aufgegriffen mit der Bestimmung, für die kirchliche Vergebung von schweren Sünden sei die sakramentale Versöhnung in der Gestalt der persönlichen Beichte erforderlich. Bei aller grundsätzlichen Richtigkeit und Gültigkeit dieser Entscheidung gibt sie allerdings für die gegenwärtige Bußpraxis nicht viel her: Auf keinen Fall sollte man aber daraus die Konsequenz ableiten, für die Vergebung der „läßlichen" Sünden genüge die gemeinsame Bußfeier, für die Vergebung der „schweren" Sünden sei die Einzelbeichte notwendig. Damit würde die Einzelbeichte faktisch zu einem öffentlichen Bekenntnis und damit in ihrer Bedeutung, die sie auch für solche haben kann, die sich nicht in schwerer Sünde wissen, abgewertet. — Außerdem kann man nicht so schnell von schweren Sünden sprechen, wie das die alten Beichtspiegel noch nahelegen. Eine total von Gott trennende Sünde ist für den Gläubigen nicht etwas Alltägliches. Sehr oft ist das meiste von dem, das traditionell als schwere Sünde bezeichnet wird, kein Verstoß, der vom „Reich Gottes" ausschließt.

Deshalb wird man die Verpflichtung zur Einzelbeichte nicht

gesetzlich regeln können, sondern nur durch Erarbeitung von *Kriterien*, die Hinweise und Hilfen für die persönliche Gewissensentscheidung geben. In diesem Sinn kann man im wesentlichen zwei Kriterien aufstellen:

☐ Wo jemand sein Leben bewußt gegen oder völlig ohne Gott entwirft und wo er in einer grundlegenden Entscheidung seines Lebens in totalem Widerspruch zum Willen Gottes getreten ist,

☐ wo jemand in grundsätzlicher Weise Gerechtigkeit und Liebe zum Mitmenschen verletzt und sich längere Zeit von der Gemeinschaft der Gläubigen ferngehalten hat, so daß er faktisch mit ihr gebrochen hat,

da muß er sich auch *als einzelner* seiner Schuld stellen und *als einzelner* wieder in die Gemeinschaft der Kirche zurückkehren, um dann erst wieder *gemeinsam* mit allen anderen Bußliturgie feiern zu können.

3. Am Ende unserer Perikope (Mt 18,21 f) heißt es, daß Petrus auf Jesus zugeht und ihn fragt: „Herr, wie oft muß ich meinem Bruder vergeben, wenn er sich gegen mich verfehlt? Bis zu siebenmal?" Petrus fragt nach der Grenze, nach der noch zumutbaren Vergebungsbereitschaft. — Jesus antwortet ihm: „Nicht bis zu siebenmal, sondern bis zu siebzigmal siebenmal", das heißt *unbegrenzt.* Jede Glaubensgemeinschaft wird damit aufgefordert, die Vergebungsmacht Gottes für alle Welt sichtbar zu machen. Am Tun der Kirche soll man ablesen können, daß Gott ein versöhnender, ein den Menschen aus seiner sündigen Verstrickung befreiender Gott ist. Darum muß die Kirche, darum müssen wir einen Beitrag leisten innerhalb einer Welt, die erfüllt ist von Unversöhnlichkeit.

> Wir bleiben einander das Vertrauen schuldig,
> die Liebe,
> die Du uns geschenkt hast, damit wir glücklich sind.
> Wir machen einander das Leben zur Qual,
> wir fügen einander Leid und Gewalt zu,
> wir belügen und mißachten einander,

wir trennen uns voneinander
und zerreißen das Vertrauen,
das unser Leben glücklich machen sollte.
Herr, vergib uns unsere Schuld.[9]

Nachbemerkung

Vielleicht haben wir in den vergangenen Meditationen —
wenigstens anfanghaft — erfahren, wie man von einem
Hörer zweiter oder dritter Hand zum Hörer erster Hand werden kann. Das scheint mit das wichtigste zu sein, daß der-
jenige, der die Exerzitien macht, sich selbst vom „Wort und
Geheimnis Gottes" betreffen läßt und fähig wird, *sein* Leben
glaubend zu entziffern und vor Gott zur Sprache zu bringen.

[9] Vgl. *Jörg Zink*, Wie wir beten können, Stuttgart 1970, 246.

Mit Christus

Zur dritten Exerzitienphase („Zweite Woche")

Das Kernstück der ignatianischen Exerzitien ist die sogenannte „Zweite Woche" (Exerzitienbuch 91–169).

1. In dieser Phase geht es um das Hinstimmen des ganzen individuellen Menschen zur uneingeschränkten Verfügbarkeit gegenüber dem Willen-Gottes-für-mich, um zu einer grundsätzlich unwiderruflichen Lebenswahl zu kommen oder — falls das schon geschehen ist — um zu einer für mein Leben sonst bedeutsamen Entscheidung zu finden.

2. Dieses Disponieren geschieht in der betenden Betrachtung der „Geheimnisse des Lebens Jesu". Ihr Überdenken wird durch vier Hauptbetrachtungen strukturiert:

- ☐ vom Ruf (Reich) Christi,
- ☐ von den zwei „Existenzialen" („Bannern"),
- ☐ über die drei Menschengruppen und
- ☐ über die drei Arten der „Demut".

In ihnen wird das Hinstimmen des ganzen individuellen Menschen zur uneingeschränkten Offenheit und Verfügbarkeit gegenüber Gottes-Willen-für-mich besonders ausdrücklich.

3. Diese Haupt- bzw. Strukturbetrachtungen sind (nichts weiter als) geraffte biblische Christo-logik, das heißt, sie wollen uns in intensiver Weise mit der neutestamentlichen Tatsache konfrontieren, daß Gott uns in Jesus von Nazaret in unwiderruflicher Weise angenommen hat, und damit für *unser* Leben spezifische und in einem gewissen Sinn unabtretbare Konsequenzen zu ziehen sind. Es geht also um die Aktualisierung (Inkarnation) der Christusbotschaft *durch mich*.

Darum kann es Exerzitien nicht ohne eine systematische Zentrierung auf den Christus der Evangelien geben.

Ignatius sieht nun die Mitte des Evangeliums im *„armen Christus"*, der jedes Privileg von sich gewiesen hat, der eine besondere Aufmerksamkeit für die Armen und Verachteten hatte, der sich nie zur Unmenschlichkeit erpressen ließ, der von *Menschen* zugrunde gerichtet wurde, weil die in ihm transparent gewordene ursprüngliche Freiheit menschlicher Existenz *sie* unglaubwürdig machte. — Ein solcher Auslegungsschlüssel bringt nicht den ganzen Reichtum der neutestamentlichen Christusbotschaft ans Licht, aber er bietet die Möglichkeit, an das Ganze heranzukommen und es zu berühren. Wenn die Meditationsanregungen bzw. die Meditationen selbst diese Grundgesetzlichkeit des armen Christus im Blick haben, können sie einen nicht ungerührt lassen. Man wird „in Bewegung kommen" und sich fragen müssen, ob man sich in diese Grundgesetzlichkeit des Lebens Jesu hineinnehmen lassen will.

Die Meditation vom Ruf (Reich) Christi

Zwei Aspekte sollen bei dieser Meditation (Exerzitienbuch 91 bis 100) deutlich werden:

1. Der Inhalt des Rufes: Zu *was* werde ich gerufen?
Diese Meditation will uns zunächst mit dem Ziel der Sendung Jesu und der daraus resultierenden Grund-Gesetzlichkeit seines Lebens illusionslos konfrontieren.

(1) Jesus will den Menschen zu sich selbst und damit zum Vater führen. Er will ihm sagen, daß er gar nicht der auf sich allein gestellte Mensch ist, für den er sich gewöhnlich hält, sondern der, bei dem Gott immer schon ist. Er will ihn damit auffordern, sich von allem, was ihn ängstigt und entfremdet, zu lösen und sich von ihm in die Gemeinschaft mit seinem Vater hineinnehmen zu lassen, das heißt konkreter: Jesus will den Menschen dazu ermutigen, ohne Fatalismus sein Dasein im prosaischen, zermürbenden Alltag, in der Hinfälligkeit und Zufälligkeit durch Krankheit, Tod und andere Schicksalsschläge, in dem Ausgeliefertsein an eigene und fremde Schuld, an die Enge und Banalität der Verhältnisse zu bewältigen, weil er sich letztlich bei einer nicht ergründbaren, aber alles umfassenden personalen Sinnhaftigkeit geborgen weiß: bei dem Vater Jesu Christi.

(2) Doch Menschen von dieser kopernikanischen Wende überzeugen zu wollen, heißt in ein komplexes Geflecht individueller und kollektiver Absicherungen zu stoßen, die sehr konkrete und sehr vitale Äußerungen einer letzten, den Menschen immer wieder überfallenden und verunsichernden Angst um sich selbst sind. Diesem Appell nachkommen, heißt: sich auf einen Weg einlassen, der — nach den Evangelien — elementaren menschlichen Interessen (Besitz = Haben-Wol-

len, Ansehen = Gelten-Wollen, Macht = Verfügen-Wollen) widerspricht, der immer als unsinnig oder bedeutungslos abgetan werden kann, ein Weg, ein Modell, das immer bekämpft wird, weil man es als bedrohliche Provokation empfindet. Dieser Weg zahlt sich nicht in greifbaren Erfolgen, in Zahlen, Titeln und Karriere aus.

„Wer (deshalb) mit mir kommen will, hat sich zusammen mit mir abzumühen" (Exerzitienbuch 95). Christus stellt immer wieder Menschen vor das Wagnis dieses Weges: sich in freier, einsam-unabtretbarer, die ganze Person fordernder Entscheidung diesem von ihm vor-gelebten Dienst an der Frohbotschaft (in seinen vielfältigen Formen, darunter auch der ausschließlichen) zur Verfügung zu stellen.

2. *Die Antwort auf den Ruf: Wie* muß ich dem Ruf entsprechen?

Wer dieses Wagnis, das man im Vergleich zu den normalen Risiken menschlichen Lebens nicht dramatisieren soll, wer dieses Wagnis eingehen will, muß trotz „Furcht und Zittern" von einer letzten Angst um sich selbst, um Erfolg frei sein. Er muß erfüllt sein von der unwiderruflichen Zusage Gottes an uns Menschen in Jesus Christus.

(1) Wer die Exezitien macht, muß den Mut und die uneingeschränkte Bereitschaft zu einer bindenden Wahl (Grund-Entscheidung) aufbringen, die sein Leben konkret trifft und bestimmt, wenn auch in einer scheinbar nur kleinen Sache.

(2) Die Bereitschaft, sein Leben ganz am Beispiel Jesu zu orientieren, muß nach Ignatius so radikal sein, daß sie das Harte und Mühevolle, das Undankbare und Skandalöse, daß sie Verachtung und Unrecht, Vergeblichkeit und Armut in diesem Leben als mögliche und zu erwartende Konsequenzen ausdrücklich in die (grundsätzlich) definitive Entscheidung mit einbezieht. — Im Augenblick mag es zwar noch offen sein, was mir konkret abverlangt wird. Aber wer diesen grundsätzlichen Willen zum Mehr nicht aufbringt, der soll nach Ignatius die Exerzitien nicht weitermachen.

Ignatius faßt die Bereitschaft zu einer solchen bindenden Wahl in ein Gebet zum Kyrios:

Ewiger Herr aller Dinge,
mit Deiner Hilfe und im Vertrauen auf Deine Güte
mache ich Dir mein Angebot:
Es ist mein überlegter Wunsch und Entschluß,
Dir nachzufolgen im Ausstehen aller Mühe und Armut,
allen Unrechts und aller Verachtung,
wenn es Dir zur größeren Ehre wird
und Du mich zu einem solchen Leben haben willst.

Biblische Impulse

DER RUF AN PETRUS UND SEINE GEFÄHRTEN
(LUKAS 5, 1—11)

Als Jesus am See Gennesaret stand, drängte sich das Volk um ihn und wollte das Wort Gottes hören. Da sah er zwei Boote am Ufer liegen. Die Fischer waren ausgestiegen und wuschen ihre Netze. Jesus stieg in das Boot, das dem Simon gehörte, und bat ihn, ein kleines Stück vom Ufer wegzufahren. Dann setzte er sich und lehrte das Volk vom Boot aus. Als er seine Rede beendet hatte, sagte er zu Simon: Fahr hinaus auf den See! Dort werft eure Netze zum Fang aus! Simon antwortete ihm: Meister, wir haben die ganze Nacht gearbeitet und nichts gefangen. Doch weil du es sagst, will ich die Netze noch einmal auswerfen. Das taten sie, und sie fingen eine so große Menge Fische, daß ihre Netze zu reißen drohten. Deshalb winkten sie den Fischern im anderen Boot, sie sollten kommen und ihnen helfen. Sie kamen, und gemeinsam füllten sie beide Boote bis zum Rand, so daß sie fast untergingen. Als Simon Petrus das sah, fiel er Jesus zu Füßen und sagte: Geh fort von mir, Herr, ich bin ein Sünder. Denn er und alle seine Begleiter waren erstaunt und erschrocken, weil sie so viele Fische gefangen hatten; ebenso ging es Jakobus und Johannes, den Söhnen des Zebedäus, die mit Simon zusammenarbeiteten. Da sagte Jesus zu Simon: Fürchte dich nicht! Von jetzt an wirst du Menschen fangen. Und sie zogen die Boote ans Land; dann verließen sie alles und folgten ihm.

Mit dieser Perikope beginnt ein neuer Abschnitt. Er schildert die breite Öffentlichkeitsarbeit Jesu unter dem Volk in Galiläa. Lukas sieht darin schon das nachösterliche Werden des neuen Gottesvolkes vorgezeichnet. Gleich zu Beginn werden auch seine wichtigsten Mitarbeiter, besonders Simon Petrus, eingeführt. Es ist wichtig zu sehen, daß in allen drei Szenen dieser Perikope die Initiative des Geschehens von Jesus ausgeht. Er schafft Kirche in der Welt. Er will alle Menschen in seine Gemeinschaft mit dem Vater hineinholen.

1. Vor dem Hintergrund dieser Perspektive ergeht die Aufforderung an Simon und seine Gefährten: „Fahre hinaus auf die Höhe des Sees und werft Eure Netze zum Fange aus!" Simon hatte alles ihm Mögliche getan, um zum Erfolg zu kommen. Sein ganzer Einsatz war umsonst geblieben. In diese Enttäuschung hinein stößt die Aufforderung, all seine bisherige Erfahrung zu überspringen, und das einzig auf das Wort eines Menschen hin, in dem sich Gottes Nähe anbietet. Er nimmt dieses Wort auf und führt mit seinen Leuten die Weisung aus, obwohl er im Moment kaum etwas Absurderes (als am hellichten Tage zu fischen) tun könnte.

2. Und als dem Simon im Unsinn der Sinn widerfährt, als er im Nach-hinein feststellen muß, daß ihm im Wort Jesu Heil angeboten und im Tun des Wortes Heil zuteil geworden ist, erkennt er und bekennt er seine Ohnmacht und Sündigkeit. — Im plötzlichen Erfahren seiner sündigen Kreatürlichkeit wird ihm die Nähe Jesu fast unerträglich. Er bittet um Aufhebung der Gemeinschaft: „Herr, geh weg von mir, denn ich bin ein sündiger Mensch!"
Diese fundamentale Selbsterkenntnis wird nicht bagatellisiert. Der Text weiß um das spätere Versagen und die Bekehrung Simons. Wenn Simon ein sündiger Mensch war — Jesus holt auch Sünder in seine Aufgabe, damals (Levi) wie heute. Die Verbindung von Auftrag und Vorhersage seiner Untreue beim letzten Abendmahl (Lk 22,31—34) unterstreicht später den gleichen Tatbestand, daß die Bedeutung des Simon Petrus sich ganz von der Gnadentat Jesu her begründet. Er holt ihn aus seiner erschrockenen Ent-mutigung heraus: „Fürchte Dich nicht" und hebt sie auf in der Verheißung: „Von nun an wirst Du Menschenfischer sein".
Um Aufhebung der Gemeinschaft hatte Simon gebeten, der Herr aber nimmt den Menschen, der um seine Sündigkeit weiß und sich dazu bekennt, in seine Gemeinschaft, in die Gemeinsamkeit seiner Sendung auf, um andere aus ihrer

Gott- und Selbstentfremdung zu lösen. Simons Leben und das seiner Gefährten wird in einen neuen, ihr eigenes Vermögen überschreitenden Zusammenhang hineingestellt.

3. „... da verließen sie alles und folgten ihm nach." Das Alles-Verlassen und Ihm-Nachfolgen gibt den vollen Glauben an Jesus als Gott-Menschen wieder und ist so nur als nachösterliches Geschehen möglich. Sie haben erlebt, welchen Erfolg das Tun des Wortes Jesu einbringen kann. Aus der Verheißung des Herrn spricht eine Gewißheit, die den ganzen Menschen so erfaßt, daß er auf dieses Wort hin sein Leben gründen und neu „ordnen" kann.

„... da verließen sie alles und folgten ihm nach." Sie lassen sich ein auf die Grundgesetzlichkeit seines Lebens: im Ausstehen aller Ablehnung und Einsamkeit, aller Armut und allen Unrechts, aller Verachtung und allen Hasses, aber auch in dem immer neu geforderten Wagnis, ihre bisherige Erfahrung hinter sich zu lassen und so Anzeichen und Verheißung einer grundsätzlich erlösten Welt zu sein.

„... da verließen sie alles und folgten ihm nach." Lukas will mit diesen Worten auch sichtbar machen, daß es für die (immer) missionierende Kirche von entscheidender Bedeutung ist, wenn sich in ihr Menschen finden, die alles verlassen und sich ausschließlich der apostolischen Tätigkeit widmen.

Ebenso wenig wie Petrus in der Lage war, seine Entscheidung für Jesus Christus zu fällen und durchzuhalten (durchzutragen) ohne das Mittun, ohne das Wagnis seiner Gefährten, so bedürfen wir auf diesem Weg des Zeugnisses der Hoffnung wider alle Hoffnung von seiten derer, die (vor uns und) mit uns den Weg zu gehen versuchen.

DER RUF AN LEVI, DEN ZÖLLNER (LUKAS 5, 27—32)

Als Jesus von dort wegging, sah er einen Zöllner namens Levi am Zoll sitzen und sagte zu ihm: Folge mir! Und Levi stand auf, ließ alles liegen und folgte ihm. Und er gab für Jesus in seinem Haus ein großes Festmahl. Viele Zöllner und andere Gäste saßen mit ihnen am Tisch. Da sagten die Pharisäer und die Schriftgelehrten voll Unwillen zu seinen Jüngern: Warum eßt und trinkt ihr mit den Zöllnern und Sündern? Jesus antwortete ihnen: Nicht die Gesunden brauchen den Arzt, sondern die Kranken. Ich bin gekommen, die Sünder zur Umkehr zu rufen, nicht die Gerechten.

1. Jesus *sieht* den Zöllner Levi bei seiner Arbeit.
Levis Art, Geld zu machen, erlaubt ihm nicht mehr, sich am religiösen Leben seiner Glaubensgenossen zu beteiligen. Er steht außerhalb . . .
Seine Art, Geld zu machen, verachten Juden wie Heiden. Allen, die an seiner Zollschranke vorbei müssen, ist er verhaßt. Nur widerwillig duldet man ihn. Er steht außerhalb . . .
Levi weiß, was die Menschen von ihm halten. Er weiß auch um seine eigene Heillosigkeit. Wie kann er sich herauswinden aus den Dunkelheiten seiner selbst? Wie kann er der Finsternis entkommen, die ihn einhüllt und durchdringt?
Jesus *sieht* den Zöllner Levi bei seiner Arbeit.
Er geht auf ihn zu und spricht ihn an. Sein Wort trifft Levi unvorbereitet mitten in seiner Alltagsbeschäftigung. Sein Wort zielt auf das, was Levi fehlt. In der Anrede Jesu wird dem Zöllner bewußt, was er eigentlich sucht. Ihm wird Gemeinschaft angeboten, wie zufällig, im Vorübergehn . . ., eine Gemeinschaft, die trägt und befreit; Gemeinschaft mit einem Menschen, Gemeinschaft mit Gott.
In der Begegnung mit Jesus erfährt Levi die Heilung seines verwundeten Gewissens. Jesu Wort wirkt Umkehr. Levi läßt sie mit sich geschehen. Er setzt einen neuen Anfang und „trennt sich von allem", von allem, was die angebotene Gemeinschaft wieder zerstören könnte. Levi steht nicht mehr außerhalb.

Mit wenigen scharfen Strichen ist das Entscheidende der Begegnung festgehalten. Mit wenigen scharfen Strichen ist das Entscheidende genannt, das gleichermaßen jedem widerfahren kann und soll, auch mir . . .

Ohne ein vorbehaltloses Ja am Anfang geht das Entscheidende verloren. Ohne ein vorbehaltloses Ja kann keine personale Bindung zur Tiefe wachsen.

2. Jesus hat Gemeinschaft gestiftet, die um sich greift.

In der Berufung Levis haben die Menschen erfahren, daß Jesus ein vorbehaltloses Ja zu einem jeden gesagt hat, ein Ja, das durch nichts und niemanden in Frage gestellt und aufgehoben werden kann. Die sich als Sünder wissen, suchen seine Nähe. *Sie* laden ihn zu Gast.

Da gibt es welche, die protestieren. Sie wollen das vorbehaltlose Ja Jesu in Frage stellen und aufheben. Sie berufen sich auf ihr theologisches Wissen. Sie verweisen auf die gemeinsame Tradition. Sie wollen klare Abgrenzungen. Sie wehren sich gegen alles, was sie unglaubwürdig machen würde, peinlich genau. Sie kennen ihre eigene Unglaubwürdigkeit nicht. Sie wissen nicht, bis in welche Tiefen ihre eigene Heillosigkeit reicht.

Jesus *hört* ihr Murren. Er kennt ihre Tradition, ihre Fragen und Argumente. Er kennt ihr „wenn" und „aber". Er weiß, wieviel Angst und Unglaube sich darin verkrustet hat. Er weiß, was sich in ihnen wehrt. Jesus *hört* ihren Protest.

Seine Antwort will ihnen helfen, ihren Standpunkt zu relativieren, über ihre Sicherheit nachdenklich zu werden. Seine Antwort will ihnen helfen, ihren Unglauben zu erkennen: „Ich bin nicht gekommen, Gerechte zu rufen, sondern Sünder *zur Umkehr*". — Wer ist vor Gott gerecht? Die Tradition, auf die sie pochen, spricht gegen sie.

Um seine eigene Heil-losigkeit nicht wissen, das ist die radikale Gefährdung unserer Existenz. — Immerhin gilt das vorbehaltlose Ja Gottes *jedem*. Man muß es nur riskieren, dieses *Wort* zu beant-worten . . .

VERKÜNDIGUNG DER MENSCHWERDUNG GOTTES
(LUKAS 1,26—38)

Im sechsten Monat wurde der Engel Gabriel von Gott in die Stadt Nazaret in Galiläa zu einer Jungfrau gesandt. Sie war mit einem Mann namens Josef verlobt, der aus dem Haus David stammte, und ihr Name war Maria. Der Engel trat bei ihr ein und sagte: Sei gegrüßt, du Begnadete, der Herr ist mit dir! Sie erschrak über diese Anrede und überlegte, was dieser Gruß zu bedeuten habe. Da sagte der Engel zu ihr: Fürchte dich nicht, Maria; denn du hast vor Gott Gnade gefunden. Du wirst ein Kind bekommen, einen Sohn wirst du gebären; dem sollst du den Namen Jesus geben. Er wird groß sein und Sohn des Höchsten genannt werden. Gott, der Herr, wird ihm den Thron seines Vaters David geben. Er wird über das Haus Jakob in Ewigkeit herrschen, und seine Herrschaft wird kein Ende haben. Maria sagte zu dem Engel: Wie soll das geschehen, da ich mit keinem Mann zusammenlebe? Der Engel antwortete ihr: Heiliger Geist wird über dich kommen, und die Kraft des Höchsten wird dich überschatten. Deshalb wird auch das Kind heilig und Sohn Gottes genannt werden. Auch Elisabet, deine Verwandte, hat noch im Alter einen Sohn empfangen; sie ist jetzt schon im sechsten Monat und galt doch als unfruchtbar. Denn für Gott ist nichts unmöglich. Da sagte Maria: Ich bin die Magd des Herrn; mit mir geschehe, was du gesagt hast. Danach verließ sie der Engel.

Vorbemerkung: Bevor Ignatius in seinem Exerzitienbuch sich den Betrachtungen der *Geheimnisse des Lebens Jesu* zuwendet, läßt er die Perikope von der Verkündigung der Menschwerdung Gottes meditieren. Die Verkündigungsszene zeigt urbildhaft, wie ein Dialog zwischen Gott und Mensch gelingt.

I. Die Heilige Schrift sieht in Maria *das* Vorbild des glaubenden Menschen. So haben Lukas und Johannes sie ge-

zeichnet. Die Verkündigungsszene ist gleichsam das Ur-
modell, wie Gottes Wort und der Glaube des Menschen
geschehen: Die Verkündigungsszene ist ein Dialog, ein Gespräch, das innerlich fortschreitet, weil die Sprechenden aufeinander eingehen. Jeder Schritt gibt den nächsten frei:

1. *Der Engel trat bei Maria ein.* Die Initiative geht von Gott
aus. Sie bricht unvermittelt herein und beansprucht den ganzen Menschen: „Sei gegrüßt, Begnadete. Der Herr ist mit
Dir".

2. *Maria aber erschrak über das Wort.* Nach der Initiative
Gottes ist der Mensch an der Reihe. Maria findet zunächst
keine Worte. Sie ist erschrocken und — so fährt Lukas fort:
„Sie sann nach, was dieser Gruß bedeuten solle". Nachsin-
nen dient dem Klären. Nachsinnen sucht nach Verständnis.
Maria hält das überraschende Wort *schweigend* fest und
nimmt es in sich hinein. Das bedeutet Offenheit, Vertrauen,
Bereitschaft zur Umwandlung. Das verlangt ein Sich-Los-
lassen, ein Sich-Ausliefern an das Gehörte. So kann das
Wort sein Ziel erreichen und sich auswirken. — Maria „sann
nach, was dieser Gruß bedeuten solle". Sie blockiert nicht.
Das Gespräch kann weitergehen.

3. *Der Engel sprach: Fürchte Dich nicht, Maria!* Hier wird
ganz persönlich gesprochen, Maria bei ihrem Namen genannt. Gott will jeden besonders und von jedem Eigenes. Er
provoziert zu persönlichem und eigenständigem Format:
„Fürchte Dich nicht, Maria, denn Du hast Gnade gefunden
bei Gott". — Das erste Neues und Zukunft verheißende An-
sprechen kehrt wieder. Gott hält den Dialog in Gang, indem
er sich wiederholt. Das Wort kann nicht verrinnen. Die Wie-
derholung vertieft das Nachsinnen und regt es neu an.
Gottes Wort konkretisiert sich: „Siehe, Du wirst empfangen und einen Sohn gebären". Gott kündigt sich selbst an:
Gott als Mensch. Von dieser Zumutung steckt etwas in jedem Gespräch, das Gott mit dem Menschen führt. „Dieser
(Sohn) wird groß sein und Sohn des Höchsten genannt wer-

den. Und Gott, der Herr, wird ihm den Thron seines Vaters David geben. Herrschen wird er über das Haus Jakob in Ewigkeit und seiner Herrschaft wird kein Ende sein."

Das Unglaubliche *wird* im Unscheinbaren. Gott verheißt sich da, wo wir stehen: in der Banalität. Er zeigt uns Möglichkeiten, die wir nicht für möglich halten.

4. Maria aber sprach: Wie wird das geschehen? Das erste Wort Mariens ist eine Frage. Sie hat sich durch das Nachsinnen, durch das Meditieren des Wortes Gottes herauskristallisiert. Es ist eine Frage, die das Gespräch offen hält. Sie geht auf das Wort Gottes, auf seine Zumutung ein. Maria fragt nicht nach einem Beweis, sondern nach einer positiven Möglichkeit, dem Anliegen Gottes gerecht zu werden. Maria ist bereits vom Worte Gottes ergriffen und läßt sich von ihm bestimmen.

Das erste Wort Mariens heißt nicht: Ja und Amen; es ist vielmehr die glaubende Frage nach dem „Wie". Diese Frage gehört zum Hin und Her, zur dialogischen Auseinandersetzung zwischen Gott und Mensch. Ein zu früh gesprochenes „Ja und Amen" würde das Gespräch abbrechen. Menschwerden kann Gott nur mit dem Menschen, nur wenn der Mensch sich zur Verfügung stellt.

Was Gott dem Menschen verheißt, ist mehr, als der Mensch von sich aus kann. Deshalb die Spannung in der Frage: „Wie wird dies geschehen, da ich keinen Mann erkenne?" Maria weiß um *ihre* Möglichkeiten. Sie fragt aus *ihrer* Sicht der Dinge, aber sie setzt diese Sicht nicht absolut.

5. Der Engel antwortet ihr: Heiliger Geist wird über Dich kommen. Die Antwort Gottes bricht die Enge menschlicher Möglichkeiten auf. Sie ist kein Beweis. Sie bleibt Verheißung — bis sie ganz durch den Menschen hindurchgegangen und von ihm ausbuchstabiert ist. „Bei Gott ist kein Ding unmöglich." Maria ergreift diese Verheißung:

6. Da sprach Maria: Siehe, ich bin die Magd des Herrn; mir geschehe nach Deinem Wort. Maria hat das letzte Wort.

Von ihm hängt ab, ob der Dialog gelingt. Das Wort Gottes und das des Menschen wachsen zusammen und werden fruchtbar: „Mir geschehe nach *Deinem* Wort". Gott gibt dem Menschen das letzte Wort. Er wird nicht Mensch ohne den Menschen. Dieses Zusammenwachsen ist Gabe, die vom Menschen nicht herbeigezwungen werden kann. Maria bleibt ganz und gar die Empfangende: „Siehe, ich bin die Magd des Herrn". Maria hat ihre endgültige Antwort gegeben. Sie ist organisch aus dem Gespräch herausgewachsen. Aus diesem Ur-Dialog zwischen Gott und Mensch ist Gott Mensch geworden. Hier haben wir gleichsam die Struktur, den Verlauf eines Dialogs, der gelingt. Vor Gott, im Gespräch mit ihm sind wir je besonders und unaustauschbar im einzelnen, und doch gleicher Art. Es hängt von uns ganz persönlich ab, ob ein Gespräch zustande kommt und ob es gelingt.

II. Lukas wollte mit dieser Verkündigungsszene bildhaft darstellen, wie die Wirklichkeit Gottes sich im Bereich menschlicher Erfahrung kundtut und der Mensch glaubend sich auf diese Erfahrung einläßt. Das greifbare Bild darf nicht mit der unbegreiflichen Wirklichkeit, auf die es hinweisen will, verwechselt werden. Die Tatsache, daß unser Leben von einer letzten personalen Wirklichkeit getragen ist und von ihr angesprochen wird, ist nur schwer in Worte zu fassen.

1. Aber als Glaubende haben wir alle schon etwas von dieser Wirklichkeit erfahren:
☐ Wo nehmen wir in unserem Leben etwas wahr, das uns absolut, unbedingt entgegentritt, etwas, das wir von uns aus nicht relativieren können, etwas, das einfach da ist und uns beansprucht — ganz gleich, ob es uns paßt oder nicht?
☐ Wo nehmen wir in unserem Leben etwas wahr, das sich in seiner Absolutheit, in seinem nicht relativierbaren Anspruch auf uns *durchhält*, etwas, das wir im Grunde für richtig halten, wo uns aber „vernünftige" Gründe immer wieder daran hindern, oder besser: wo wir immer wieder plausible Gründe finden, die uns daran hindern, daß dieses Unbe-

dingte, von uns nicht Relativierbare in uns Gestalt gewinnt und uns verwandelt?

2. Dieses absolute, uns freisetzende Geheimnis manifestiert (offenbart) sich nur im Vorübergehen, im Zufälligen und Banalen. Es ist nicht zu greifen, wenn wir uns nach Erledigung unserer erfolgversprechenden Geschäfte und unserer liebgewordenen Gewohnheiten, also wenn wir unser Schäfchen im trockenen haben, einmal großzügig dafür Zeit nehmen. Es kommt gelegen oder ungelegen. Wir können es verpassen. Und das ist das Risiko eines Lebens, das unter dem Anspruch und der Verheißung der Liebe steht und sich von ihr nicht wandeln läßt.

3. Es kommt darauf an, daß wir einmal damit anfangen, auf diese in unserem banalen Alltag sich kundtuende Initiative Gottes einzugehen, ihr schweigend nachzusinnen, sie zu meditieren, sie in uns hineinzunehmen. Das verlangt ein Sich-Öffnen, ein Sich-Loslassen auf das Gehörte hin. Vielleicht mögen wir dann auch darüber staunen und erschrekken, wenn wir entdecken, wenn *ich* entdecke, daß ich mit dieser Initiative Gottes ganz persönlich angesprochen und gemeint bin. — Es kommt darauf an, daß wir den Dialog unseres Lebens in Gang kommen lassen und daß wir dieses Gespräch nicht abbrechen, wenn wir es schon gelegentlich blockieren . . .

HEILUNG DES GELÄHMTEN (LUKAS 5,17—26)

Eines Tages, als Jesus wieder lehrte, saßen unter den Zuhörern auch Pharisäer und Gesetzeslehrer; sie waren aus allen Dörfern Galiläas und Judäas und aus Jerusalem gekommen. Da trieb ihn die Kraft des Herrn dazu, zu heilen. Zur gleichen Zeit brachten Männer einen Gelähmten auf einer Tragbahre. Sie wollten ihn ins Haus bringen und vor Jesus hinlegen. Weil es ihnen aber in dem Gedränge nicht mög-

lich war, ihn hineinzubringen, stiegen sie aufs Dach, deck-
ten die Ziegel ab und ließen ihn auf seiner Tragbahre in die
Mitte des Raumes hinunter, genau vor Jesus hin. Als er
ihren Glauben sah, sagte er: Mann, deine Sünden sind dir
vergeben. Da dachten die Schriftgelehrten und Pharisäer:
Was ist das für ein Mensch? Er lästert Gott. Wer kann Sün-
den vergeben außer Gott? Jesus aber merkte, was sie dach-
ten, und sagte zu ihnen: Was hegt ihr für Gedanken? Was
ist leichter, zu sagen: Deine Sünden sind dir vergeben, oder
zu sagen: Steh auf und geh umher? Ihr sollt aber erkennen,
daß der Menschensohn die Vollmacht hat, auf der Erde Sün-
den zu vergeben. Und er sagte zu dem Gelähmten: Ich sage
dir: Steh auf, nimm deine Tragbahre und geh nach Hause.
Vor aller Augen stand der Mann sofort auf, nahm die Trag-
bahre, auf der er gelegen hatte, pries Gott und ging heim.
Da waren alle außer sich; sie priesen Gott und sagten voller
Furcht: Heute haben wir etwas Unglaubliches erlebt.

1. „Als er ihren Glauben sah . . ." — Jesu Verkündigung wird
hier auf eine ziemlich penetrante Weise unterbrochen. Vier
Männer versuchen ungeniert gegenüber allem, was sich ihnen
in den Weg stellt, einen Gelähmten bis zu Jesus zu bringen.
Sie tragen einen Menschen, vor dessen Elend sie machtlos
sind. Sie können ihm nicht helfen. Sie können „nur" mit ihm
sein. Die Vier tragen den Gelähmten durch ihren Glauben,
durch ihren zur Tat gewordenen Glauben. Ihr Glaube wird
sichtbar. Er vermittelt sich.
Die vier Männer wissen, daß sie selbst den Gelähmten
nicht aus seinem aussichtslosen Elend herausholen können.
Aber das läßt sie nicht in Tatenlosigkeit verharren. Im Gegenteil: Sie gehen bis an die Grenze dessen, was sie tun
können. Sie tragen den Gelähmten im Glauben *bis zu*
Jesus. — Sie handeln selbst. Sie gehen gemeinsam vor. Sie
geben nicht auf, obwohl sehr viele ihnen den Weg zu Jesus
verstellen.
Glaube wird also hier gesehen als eine Wirklichkeit, die man
auch gleichsam anfassen kann, die man erleben kann als
etwas, das angesichts aussichtsloser Gewißheit in Bewegung

bringt, das bis an die Grenze des eigenen Experiments und Risikos gehen kann.

Glaube wird hier gesehen als eine Wirklichkeit, die andere Menschen trägt, wandelt, ihre Existenz erhellt, ihnen Hoffnung gibt und das Leben bestehen hilft.

Glaube wird hier gesehen als eine nicht verfügbare Gabe, die sich am Bestehenden, oft an greifbarer Zwecklosigkeit und Hoffnungslosigkeit erweisen muß.

2. „Als er — Jesus — ihren Glauben sah..." Darauf kommt es eigentlich an, daß *Er* unseren Glauben sieht. Wir haben freilich nichts vorzuweisen als das, was uns gegeben ist. Wenn wir andere im Glauben tragen, dann erfahren wir uns selbst als die Getragenen, dann sind wir die Getragenen. — Und das ist ungemein befreiend. Vor dieser zugesagten und zugemuteten Wirklichkeit zerbricht alles Krampfhafte. Wir brauchen andere nicht für uns zu gewinnen, sie nicht auf das betrübliche Maß unserer Überzeugungskraft herabzuwürdigen. Wir können getrost von uns absehen. Und das macht überhaupt erst fähig, anderen „menschlich" zu begegnen und sie dahin zu bringen, wo die vier Männer den Gelähmten ungeniert durch allen Widerstand hindurch hingetragen haben.

3. „Als Jesus ihren Glauben sah, sagte er zu dem Gelähmten: Mensch, Deine Sünden sind Dir vergeben." Diese Reaktion Jesu kommt völlig überraschend — für alle. Diese Antwort Jesu liegt so außerhalb menschlicher Erwartungen, daß sie Anstoß erregt: vordergründig in dem Sinn, daß da dieser Wanderprediger aus Galiläa das Gott allein vorbehaltene Recht, Sünden zu vergeben, in Anspruch nimmt; aber hintergründig noch in einem anderen Sinn: Sündenvergebung stört den kalkulierbaren und hantierbaren Verlauf menschlicher Beziehungen, die durch Forderung und Leistung, durch Anrechnen und Aufrechnen, durch Verdienst und Vergleich, durch Lohn und Strafe bestimmt sind, oft ohne daß man diese kalte Mechanik bei sich noch wahrnimmt. Daß Gott nicht erst in ferner Zukunft, wenn dieses Leben hinter einem

liegt, sondern schon jetzt durch diesen Jesus Sünden vergibt, das ist eine empfindliche Störung dieser harten Gesetzlichkeit. Und daran nimmt man Anstoß. Dagegen wird protestiert.

4. „Als Jesus *ihren* Glauben sah, sagte er zu dem *Gelähmten*: Mensch, Deine Sünden sind Dir vergeben." Von den Glaubenden, von den vier Männern ist nicht mehr die Rede. Sie sind — möchte man fast sagen — überflüssig geworden. Daß ein Mensch zu sich findet, indem er dem begegnet, der ihm allein seine Einmaligkeit und Unersetzlichkeit zusprechen und garantieren kann, das ist das Entscheidende. Und daß dieses „Unglaubliche" geschieht und auch bis ins Physische hinein seine Folgen hat, darüber geraten *alle* (vor Staunen) außer sich. „Sie preisen Gott", das heißt, sie entdecken in diesem Geschehen die Wirklichkeit dessen, auf die es verweist . . .
Sie geraten (vor Staunen) außer sich: „Sie werden voll Furcht", das heißt, sie erfahren dieses Geschehen als Anruf zum Glauben, daß der *ganze* Mensch „heil" werden soll, als Anruf, den es nun ins eigene Leben auszubuchstabieren gilt. Das Gelähmte in ihrer Mitte soll „heil" werden. Sie sollen selbst handeln. Sie sollen gemeinsam vorgehen. Sie sollen nicht aufgeben, auch wenn sehr viele ihnen den Weg (zu Jesus) verstellen.

5. Wo ist das Gelähmte in unserer Mitte? An welchen Menschen gehen wir gerne vorbei? An den Alten, an denen, die schon lange krank sind, an den Einsamen, an den Erfolglosen, an den Langweiligen, an denen, die grundsätzlich anderer Überzeugung sind, kurz: an allen, mit denen sich ein Kontakt für uns nicht mehr lohnt. Und schon sind wir in der alten kalten Mechanik menschlicher Beziehungen.
Wer macht sich noch die Mühe, einem kranken oder alten oder völlig ent-täuschten, lebens-müden Menschen in die zerstörten Räume seiner gequälten Gedanken zu folgen? Wer bringt noch die Zeit auf für einen Menschen, der sonst allein bleibt, mit dem niemand etwas anfangen kann, dem

niemand sagen kann, wozu es ihn gibt? Wer bringt es noch fertig, gegen alle Enttäuschung einen Menschen zu lieben, obwohl sich diese Liebe nicht mehr auszahlt, wo man seine Zeit und vielleicht sein Leben an einem aussichtslosen Fall vergeudet?

Die vier Männer gingen zu einem Gelähmten und trugen ihn durch ihren zur Tat gewordenen Glauben, und es geschah „Unglaubliches". Jesus selbst ging immer wieder dorthin, wohin andere ihren Mitmenschen nicht mehr folgten . . .

JESUS NIMMT DIE SÜNDERIN AN (LUKAS 7,36—50)

Jesus ging in das Haus eines Pharisäers, der ihn zum Essen eingeladen hatte, und setzte sich zu Tisch. Als nun eine Sünderin, die in der Stadt lebte, erfuhr, daß er im Haus des Pharisäers bei Tisch saß, kam sie mit einem Alabastergefäß voll Salböl. Sie trat von hinten an ihn heran und weinte so sehr, daß ihre Tränen ihm auf die Füße fielen. Dann trocknete sie seine Füße mit ihrem Haar, küßte sie und salbte sie mit dem Öl. Als der Pharisäer, der ihn eingeladen hatte, das sah, dachte er: Wenn er wirklich ein Prophet wäre, müßte er wissen, was für eine Frau das ist, von der er sich berühren läßt; er wüßte, daß sie eine Sünderin ist. Da wandte sich Jesus an ihn und sagte: Simeon, ich möchte dir etwas sagen. Er erwiderte: Sprich, Meister! Jesus sagte: Ein Geldverleiher hatte zwei Schuldner; der eine war ihm fünfhundert Denare schuldig, der andere fünfzig. Als sie ihre Schulden nicht bezahlen konnten, erließ er sie beiden. Wer von ihnen wird ihn nun mehr lieben? Simeon antwortete: Ich nehme an, der, dem er mehr geschenkt hat. Jesus sagte zu ihm: Du hast recht. Dann wandte er sich der Frau zu und sagte zu Simeon: Siehst du diese Frau? Als ich in dein Haus kam, hast du mir kein Wasser für die Füße gegeben; sie aber hat ihre Tränen vergossen über meinen Füßen und sie mit ihrem Haar abgetrocknet. Du hast mich zur Begrüßung nicht geküßt; sie aber hat mir unaufhörlich die Füße geküßt, seit ich hier bin. Du hast mir kein Öl aufs Haar getan;

sie aber hat mir mit Öl die Füße gesalbt. Deshalb sage ich dir: Ihr müssen viele Sünden vergeben worden sein, wenn sie mir jetzt so viel Liebe zeigt. Wem aber nur wenig zu vergeben war, der zeigt auch nur wenig Liebe. Dann sagte er zu ihr: Deine Sünden sind vergeben. Da dachten die anderen Gäste: Was ist das für ein Mensch, daß er sogar Sünden vergibt? Er aber sagte zu der Frau: Dein Glaube hat dich gerettet. Geh in Frieden!

„Es bat aber Jesus einer von den Pharisäern, er möge mit ihm speisen." Und Jesus folgte der Einladung. — Mit der Einladung zum Essen zeigt der *Pharisäer* zumindest ein wohlwollendes Interesse an diesem Wanderprediger aus Nazaret, den er als „Rabbi" anerkennt. Darüber hinaus hat er auch eine offene Bereitschaft, die Volksmeinung zu prüfen, Jesus sei Prophet.

Nun platzt in diese renommierte Gesellschaft eine (stadt-) bekannte *Sünderin*. An und für sich waren bei einem palästinensischen Gastmahl die Türen für Zuschauer offen. Aber daß nun ein solches Frauenzimmer auf diese Art in die Tischgemeinschaft des Pharisäerhauses einbricht, wird als skandalös empfunden. Der Anstoß und die instinktive Abwehr entsteht hier nicht nur aus pharisäischem Vorurteil. So etwas stößt allgemein auf Ablehnung. Diese Situation ist für alle Beteiligten peinlich. Wer das Skandalöse und Peinliche dieser unvorhergesehenen und ungewollten Szene nicht wahrnimmt, wird die Perikope nicht verstehen können.
Von Vers 47 her wird deutlich, daß die Frau in einer vorausgegangenen Jesusbegegnung die Vergebung ihrer „vielen Sünden" erfahren hat und jetzt im Zerbrechen aller Formen ihre ungeteilte Dankbarkeit, ihr Christusglaube durchbricht. Wer nicht um geschenkte Vergebung dankbar weiß, wird nicht verstehen können, was sich hier zwischen der Frau und Jesus abspielt. Sie ist im Frieden Gottes.

Wichtiger als das breit geschilderte, nach außen hin unanständig erscheinende Verhalten der Frau ist hier jedoch das nicht ausdrücklich erzählte Gewährenlassen durch *Jesus*. Dieses Geschehenlassen ist es, das die Szene im Haus des Pharisäers noch anstößiger und peinlicher macht. So sieht es aus. In Wirklichkeit ist Jesu Stillhalten sein Ja zu der Sünderin. Es ist die Bestätigung dafür, daß ihre Schuld vergeben und sie zu denen gehören darf, denen Gottes Herrschaft und Reich sich geöffnet hat.

Der korrekte *Pharisäer* entschuldigt zwar seinen ortsfremden Gast wohlwollend vor sich selbst: Wenn er wüßte, wer dies ungebetene Frauenzimmer ist, hätte er sich nicht von ihr andauernd berühren lassen. Aber er zweifelt nun, daß Jesus ein Prophet ist. Denn ein solcher Mann müßte so viel Herzenskenntnis haben, um zu wissen, wen er da vor sich hat. Doch *Jesus* manifestiert auf eine für den Gastgeber überraschende Weise sein prophetisches Wissen:

Mit dem Gleichnis von den zwei Schuldnern will er den Pharisäer aus der Reserve holen. Er stellt ihn in die Entscheidung. Für Jesus drückt in dem Gleichnis von dem großzügigen Geldverleiher und seinen zahlungsunfähigen Schuldnern das an verschiedenen Stellen im Evangelium begegnende Grundverhältnis zwischen Gott und Mensch aus. Beide Schuldner kommen in die Lage, ihre Schuld nicht zahlen zu können. Beide sind überfordert und erhalten ihre Schuld geschenkt. Gott ist nicht der harte Gläubiger, der Schuld eintreibt, sondern der vergebende Vater. Auf diesem Hintergrund läßt der kleine Schuldner mit seiner kleinen Liebe (Pharisäer) den großen Schuldner mit seiner großen Liebe (Sünderin) groß erscheinen. Es geht letztlich nicht darum, ob Jesus ein Prophet ist oder nicht, sondern darum, ob Gottes Heilshandeln im Wirken Jesu — allem Anstoß zum Trotz — liebend angenommen wird.

In seiner Frageform macht das Gleichnis den *Pharisäer* zum Befragten, der aus seiner Reserve herauskommen und Antwort geben muß. Das Gleichnis will den Blick öffnen für die große Vergebungstat Gottes, die das alle Formen und Etikette sprengende, liebende Verhalten der Frau sichtbar macht. — Die Antwort des Pharisäers fällt allerdings noch recht zaghaft aus: „hypolambáno" = „ich denke", wohl weil er erkennt, daß in der Selbstverständlichkeit seiner Antwort ein persönlicher, von ihm noch nicht eingeholter Anruf enthalten ist.

Der Gastgeber wird durchaus als korrekt — wenn auch als „nur korrekt" hingestellt. Was ihm im Vergleich mit dem Verhalten der Frau vorgehalten wird, sind eigentlich keine Unterlassungssünden der Gastfreundschaft. Es wird ihm demonstriert, daß er die große Liebe nicht hat, die notwendig ist, um Gottes Herrschaft und Reich sichtbar zu machen. — Damit löst sich die Frage vom Pharisäer und wird dem *Hörer* der Erzählung gestellt.

Die Erzählung schließt damit, daß Jesus der Frau die Vergebung Gottes erneut zusichert und sie so in Gottes Frieden entläßt. Zurück bleiben die betroffenen Tischgenossen mit der Frage: *Wer ist dieser?* — Diese Frage bleibt offen. Die Erzählung verschweigt, wie die irritierte Tischgesellschaft mit ihrem Gastgeber auf die Belehrung und das Verhalten Jesu schließlich reagiert haben.

Wer ist dieser, in dessen Verfügung wir uns gegeben haben? Eins dürfte klar geworden sein: Wer die im Gleichnis geforderte und im skandalös empfundenen Tun der Frau sichtbar gewordene „große Liebe" nicht hat, ist untauglich für die Arbeit am „Reich Gottes".

JESU MACHT ÜBER WIND UND WELLEN
(LUKAS 8,22—25)

Eines Tages stieg er mit seinen Jüngern in ein Boot und sagte zu ihnen: Wir wollen an das andere Ufer des Sees fahren. Und sie fuhren ab. Während der Fahrt aber schlief er ein. Plötzlich brach über dem See ein Sturm los, das Wasser schlug in das Boot, und sie gerieten in große Gefahr. Da traten sie zu ihm, weckten ihn und schrien: Meister, Meister, wir gehen unter! Er erwachte, drohte dem Wind und den Wellen, und sie legten sich, und es trat Stille ein. Dann

sagte er zu den Jüngern: Wo ist euer Glaube? Sie aber frag-
ten einander voll Schrecken und Staunen: Was ist das für
ein Mensch, daß ihm sogar Wind und Wasser gehorchen,
wenn er es befiehlt?

1. Im Mittelpunkt dieser Erzählung von Christi Vollmacht
über Sturm und Wellen steht die Frage nach dem Glauben der
Jünger: *„Wo ist Euer Glaube?"*
Die *Jünger* stehen hier für die Lukas-Gemeinde. Sie ist auf
„Überfahrt". Hier ist an das Schicksal der Kirche unter den
Heiden gedacht — Kirche, die ganz und gar aus Menschen
besteht und deren Bestand doch letztlich von diesen Menschen nicht garantiert werden kann. Sturm und aufgewühlte
See sind auf dem Hintergrund alttestamentlichen Schrift-
verständnisses Zeichen, Symbole für elementare Anfechtungen im Glauben.
Die Jünger, die auf Jesu Wort hin zum anderen Ufer aufgebrochen sind, geraten plötzlich in furchtbare Angst um
sich selbst, um den Bestand ihrer Gemeinschaft. Sie sind am
Ende *ihrer* Möglichkeiten. Inmitten dieser angstvollen Ausweglosigkeit wird im Bild des schlafenden Jesus eine Ruhe
sichtbar, spürbar, die alles Erschütternde transzendiert. Die
Jünger treten an Jesus heran und reden ihn mit „epistáta"
als ihren Herrn, als Herrn der Gemeinde an. Ihr Hilferuf
hat — anders als bei Markus — nichts Vorwurfsvolles: „Wir
gehen zugrunde!"
Jesus gebietet dem Wind und der aufgewühlten See, *und es*
wird Stille. In dieser Stille sind die Jünger nach ihrem Osterglauben gefragt. Lukas kommt es auf die Bewährung des
Glaubens in menschlicher Ausweglosigkeit an: *„Wo ist Euer*
Glaube?"
Jesu (Macht-)Tat und seine Frage wirken sich aus. Der
ihnen abverlangte Osterglaube wird erneut als überwälti-
gende Gabe erfahren. Die Frage der Jünger „Wer ist dieser?" meint nicht ungläubiges Entsetzen, sondern ein Erkennen und Verstehen, dem es die Sprache verschlägt. — Die in
der Welt bedrängte Gemeinde erfährt den Kyrios als sich
endgültig durchsetzende, immer neue Zukunft ermöglichende

Macht. Diese Erzählung von Christi Vollmacht über Sturm und Wellen spricht in die Gegenwart der Gemeinde, in die bedrängte Situation der Kirche unter den Heiden. Hier geschieht nachösterliche Offenbarung.

2. Wie kommt es, daß viele die Glaubensgemeinschaft, in der sie stehen, weniger als tragende und frohmachende (be-„geisternde") Orientierung, und viel mehr als eine bittere Last und eine harte Anfechtung im Glauben erleben? — Wie kommt es, daß viele von uns angesichts der Pluralität und Gegensetzlichkeit theologischer Meinungen und Interpretationen auch in zentralen Glaubensfragen sich nicht mehr zurechtfinden?
Wie kommt es, daß in den letzten Jahren so viele Initiativen im Sande verlaufen, so viele Experimente gescheitert, so viele Gutwillige und Engagierte auf der Strecke geblieben sind — in der Kirche, in den verschiedenen Glaubensgemeinschaften? — Wie kommt es, daß wir „den Geist auslöschen" können, daß es in die Hand von Menschen gegeben ist — wenn auch nicht ganz, so doch weitgehend —, das Evangelium Christi zu entstellen, so daß es sinnlos und leer erscheint? Es muß offenbar „vernünftige" Gründe geben, die einem einreden, solches zu tun. — Viele stehen heute — wie die Jünger bei der „Überfahrt" — in der angstvollen Ausweglosigkeit: „Herr, wir gehen zugrunde!" In dieser bedrängten Situation müssen wir uns die Frage gefallen lassen: „Wo ist Euer Glaube?"

3. Wir finden in unserer Kirche, in unseren Glaubensgemeinschaften immer noch und immer wieder Menschen, die den ungeteilten Versuch machen, sich dem radikalen Geheimnis Christi auszuliefern, sich von aller letzten Angst um sich selbst befreien zu lassen und — wie Jesus von Nazaret — „in der Tat und Wahrheit" zu lieben. — Wir entdecken die Wirklichkeit dieses Geheimnisses bei Menschen, die unseren gewöhnlichen, langweiligen Weg gehen, mit Hoffnung gegen alle Hoffnung, ohne zu verbittern und dem Haß zu verfallen. — Wir können es antreffen bei Leuten, die auch hart

unter dem leiden, was ihr Leben klein, erbärmlich und alltäglich macht. — Dieses Geheimnis ist als gelebte und immer wieder neu aufbrechende Erfahrung in der Kirche lebendig — eine Erfahrung, die sich dieser Welt und ihrer Geschichte, in der wir leben, stellt und dennoch nicht vor ihr resigniert oder an ihr zerbricht.

Vielleicht gehen wir ein bißchen vorsichtiger mit dem Gedanken um, uns ein Nicht-mehr-Können zuzubilligen, wo eine solche Entschuldigung nur der Deckmantel für eine letzte Lebenslüge wäre, wo wir die Mängel und Schwächen der konkreten Kirche bzw. unserer Glaubensgemeinschaft zum Vorwand nehmen, uns davon zu dispensieren, „in der Tat und Wahrheit" zu lieben. — „Wo ist Euer Glaube?"

Vielleicht beten wir um die Offenheit für das Wort und Geheimnis Jesu Christi, damit wir uns ungeteilt in seinen Stellvertretungsdienst hineinnehmen lassen. Ohne ihn gibt es kein Heil. Die Menschheit lebt davon, daß es ihn gibt. Die Kirche als Gemeinschaft der Glaubenden ist nicht alles, längst nicht, aber sie steht für alle. Sie ist „sacramentum mundi". „Wer mit mir kommen will, hat sich zusammen mit mir abzumühen ... im Ausstehen aller Mühe und Armut, allen Unrechts und aller Verachtung" (Exerzitienbuch 95,98).

Vielleicht kommen wir dann auch wieder zu dem glaubenden Staunen, dem es die Sprache verschlägt: „Wer ist denn dieser?" — Aber zuvor bleibt die Frage: *„Wo ist Euer Glaube?"*

AUF DEIN WORT HIN, HERR ...

Auf Dein Wort hin, Herr,
haben Menschen Sinnloses gewagt,
sie haben Anfänge gesetzt,
die von vornherein
zum Scheitern verurteilt schienen.

Auf Dein Wort hin, Herr ...
das allein war der Weg und die Brücke,

die Richtung und das Licht,
das Tragende und das Sichere,
wo alles finster wurde
und zu zerbrechen schien.

Auf Dein Wort hin, Herr,
ging Abraham fort in ein fremdes Land.
Noch weiter ging er fort,
als er aufbrach,
um den einzigen Sohn zu opfern,
und die Verheißung
in Deine Hand zurücklegte.

Auf Dein Wort hin, Herr,
ging Mose zum Pharao,
er sprach zu denen,
die Ohr und Herz verschlossen.
In Deiner Kraft führte er das Volk
aus der Knechtschaft
und durch die Wüste,
auch wenn es nicht wollte.

Auf Dein Wort hin, Herr,
verkündeten die Propheten das Wort,
das Du auf sie gelegt hattest,
auch wenn niemand sie hören wollte.

Auf Dein Wort hin, Herr,
kehrten einige zurück aus Babel
in das Land der Verheißung.
Sie hofften wider alle Hoffnung
auf das Kommen Deines Reiches.

Auf Dein Wort hin, Herr,
sprach Maria ihr Ja
am Morgen der Verkündigung
und am Abend des Kreuzes.

Auf Dein Wort hin, Herr,
brachen die Zeugen des Glaubens auf
und ließen sich führen,
wohin sie nicht wollten.
Sie verloren ihr Leben
und fanden es neu in Dir.

Auf Dein Wort hin, Herr . . .
Laß mich nicht taub sein für Dein Wort! Amen.[10]

---

[10] Vgl. *Marcella Welte OSB*, „Auf Dein Wort hin . . .". Meditationen zu Lk 5,4—6, in: Geist und Leben 44 (1971) 313 f.

Meditation über zwei „Existenziale" („Banner")

„Existenzial" ist ein moderner theologischer Begriff. Was ist damit gemeint?

Jeder Mensch ist von einer unaufhebbaren, seine ganze Existenz behaftenden Dialektik real mitbestimmt: Einerseits steht er unter dem Angebot (Gabe — Verheißung) göttlicher Selbstmitteilung, andererseits ist er in einer Verfassung der Verschlossenheit und Voreingenommenheit gegenüber dem göttlichen Gnadenangebot.

Diese dialektisch bestimmte Vorgegebenheit wird durch die sakramental oder außersakramental gewährte Rechtfertigung vor Gott nicht schlechthin aufgehoben. Auch der Gerechtfertigte hat es immer noch mit den Konsequenzen der „Ursünde" zu tun, das heißt, er selbst bleibt unfähig, sich total und unwiderruflich dem Heilsangebot Gottes zu öffnen. — Andererseits kann ein Mensch sich Gott gegenüber nicht so total und endgültig verschließen, daß er grundsätzlich nicht für sein Heil ansprechbar bleibt, und von daher kann er prinzipiell seine Schuld erkennen und aufarbeiten.

Jeder Mensch hat es also in seinem gegenwärtigen Dasein mit einem *negativen* und mit einem *positiven* Existenzial zu tun. Er lebt in einem „Milieu", das von beiden Wirklichkeiten bestimmt ist. Jeder steht gleichsam in diesen beiden „Bereichen", unter diesen beiden „Bannern". — Ignatius vergleicht die beiden „Bereiche" mit zwei Heerlagern, die er gemäß der biblischen Symbolik eines „in der Gegend von *Jerusalem*", das andere „in der Gegend von *Babylon*" ansiedelt (vgl. Exerzitienbuch 136—148).

DAS ZIEL DER MEDITATION

Diese Betrachtung führt die vom Ruf (Reich) Christi in der Weise weiter, daß sie den Meditierenden mit den grundsätzlichen Voraussetzungen und tatsächlichen Gegebenheiten seiner Wahlsituation für eine (subjektiv definitive) sein Leben konkret bestimmende Entscheidung vertraut machen will, damit er (in seiner uneingeschränkten Bereitschaft zur Christusnachfolge) nicht auf das falsche Pferd setzt. Er soll hier gleichsam die Richtung oder besser den Bereich „wittern", wo seine (Grund-)Entscheidung wirklich zu suchen ist.

1. Zunächst müssen wir uns darüber im klaren sein, daß wir nie aus einer neutralen, „objektiven" Position heraus uns entscheiden können. Ich selbst und meine persönliche Geschichte, das „Milieu", in dem ich stehe, und seine Geschichte sowie die nicht aufrechenbare Interdependenz beider „Bereiche" sind auch geprägt von der Unheilsgeschichte der Menschheit. Wir haben ein gebrochenes Verhältnis zu uns selbst, zu unserer Umwelt, zu Gott. Das unserer Entscheidung Vorgegebene ist also von dieser dauernden und unausweichlichen Unheilssituation real mitbestimmt. Wir haben es bei diesem *negativen Existenzial* mit einer dynamischen Größe zu tun, die überall hindrängt, die alle Bereiche und Dimensionen menschlichen Lebens miterfaßt. Es gibt nichts, wohin wir uns davor zurückziehen könnten, um einmal ganz unbehelligt zu sein. In allem und jedem — und sei es auch das Beste und Heiligste — gibt es dieses Gefälle, diese Anziehungskraft der „Mächte und Gewalten" des Bösen.

2. Konkret wird die Macht und Gewalt des negativen Existenzials für uns spürbar im *Haben- und Genießenwollen,* im *Geltenwollen* und *Absolutseinwollen* (Verfügenwollen). Im materiellen Sektor kann sich am ehesten eine allmähliche und unbemerkte Gewöhnung vollziehen. Ich kann mich sehr schnell an bestimmte, für unentbehrlich gehaltene Dinge

verlieren. Die Faszination des Greifbaren und Demonstrier-baren kann so weit gehen, daß sie meinen gesamten Horizont bestimmt. Das Habenwollen kann sich auch auf Menschen beziehen . . .

Aber persönlicher Erfolg, bestimmte Positionen mit Einfluß und Geltung nehmen uns noch mehr gefangen als materielle Bereicherung. Die Möglichkeit, seinen Ruf, sein Image oder einen bestimmten Einfluß zu verlieren, kann Menschen ungemein ängstigen. Diese Selbstverliebtheit wird von dem verzweifelten Versuch diktiert, mit dem, was man hat und kann, sich unersetzlich zu machen und sich unabhängig zu behaupten.

Hinter diesem Nicht-loslassen-Wollen steht die Angst um sich selbst. Sie ist existenziell vollzogener Unglaube, der sein Dasein nicht außerhalb seiner selbst gegründet haben will. Und doch weiß ein solcher Mensch, daß er nicht aus sich allein bestehen kann. So ist er gezwungen, sich so sehr an Dinge zu klammern, die ihm Erfüllung versprechen, daß er sich mit ihnen auf fatale Weise identifiziert.

Das Haben- und Genießenwollen, das Geltenwollen, das Absolutseinwollen kann sich auch äußern in großer Selbstzufriedenheit und Ruhe, in großer Urteilssicherheit und klarer Entscheidungsfindung. Es kann sich auf religiösem Gebiet zeigen in starker Aktivität unter dem Anschein selbstlosen Einsatzes und in der Abqualifizierung all dessen, was die anderen machen. Das alles ist nur eine sublime Form, wie man sich hier einrichtet, wie man sich weigert, gesicherte Vorstellungen und Positionen zu verlassen.

3. Ähnlich wie das unserer Entscheidung Vorgegebene von der menschlichen Unheilsgeschichte real geprägt ist, so ist unser Dasein dauernd vom Heilsangebot Gottes (zu „leben"-schaffender Gemeinschaft) real mitbestimmt. Wir haben es bei diesem *positiven Existenzial* ebenso mit einer dynamischen Größe zu tun, die alle Bereiche und Dimensionen menschlichen Lebens erfassen und erfüllen will. Sie will den Menschen von aller Selbstentfremdung lösen, indem sie ihn von allen Sicherungen des Habenwollens, Geltenwollens

und Absolutseinwollens befreien will zu einem Leben, das ganz und gar in Gott gegründet ist, zu einem Leben, das bei allem kraftvollen In-der-Welt-Stehen sich *eine letzte Distanz, eine innere Freiheit gegenüber allen Dingen, allen Menschen, allen Werten* bewahrt.

Erfahrbar und unüberholbar in seinem Anspruch und seiner Endgültigkeit wurde dieses positive Existenzial in Jesus von Nazaret. Es ist kaum etwas Großartiges in seinem Leben zu entdecken. Er geht an allem vorüber, wovon wir meinen, daß es uns eigentlich erst reich und sinn-erfüllt macht: wirtschaftliche Unabhängigkeit, politische Macht und politischer Einfluß, Ehe und Familie, berufliche Leistung. Seine Einstellung und die Kompromißlosigkeit seines Weges waren und blieben von Anfang an unverstanden und bekämpft. Er führte ein Leben in materieller Anspruchslosigkeit und menschlicher Einsamkeit, das angefeindet, verleumdet und schließlich mit Unrecht und Gewalt zur Strecke gebracht wurde. Jesus war so in Gott festgemacht, daß er von sich absehen konnte und so durch alles Sterben hindurch andere zu sich selbst befreite.

Der Weg Jesu verlangt eine klare Einstellung. Der Meditierende muß sich entscheiden, in welche Richtung er sich auf den Weg machen will, in welchem „Bereich" er den Sinn seines Lebens suchen will.

Die Meditation schließt mit einem „dreifachen Gespräch" (mit „Unserer Herrin", mit dem „Sohn" und mit dem „Vater"), in dem man darum bittet, den Weg Jesu mit-gehen zu können. Ignatius läßt diese Betrachtung dreimal wiederholen.

Biblische Impulse

VERWEIGERTE AUFNAHME IN SAMARIA
(LUKAS 9,51–56)

Als die Zeit seines Todes herankam, entschloß sich Jesus, nach Jerusalem zu gehen. Und er schickte Boten vor sich her. Diese kamen in ein samaritanisches Dorf und wollten eine Unterkunft für ihn besorgen. Aber man nahm ihn nicht auf, weil er auf dem Weg nach Jerusalem war. Als das die Jünger Jakobus und Johannes hörten, sagten sie: Herr, sollen wir befehlen, daß vom Himmel Feuer fällt und sie vernichtet? Da wandte er sich um und wies sie zurecht. Und sie gingen in ein anderes Dorf.

1. „Da sich die Zeit seiner Hinwegnahme (analámpsis) zu erfüllen begann, wandte er entschlossen sein Angesicht auf Jerusalem zu, um dorthin aufzubrechen."
Lukas zeigt seit dem morgendlichen Aufbruch von Kapernaum (4,42–44) Jesus als ständig unterwegs. Der Menschensohn ohne irdische Geborgenheit — das Bild des Wandernden, der nirgendwo eine Bleibe hat, außer im unsteten Unterwegssein zu Gott.
Der Weg nach Jerusalem wird von Lukas als Gang in die Passion charakterisiert. Jerusalem hat innerhalb des lukanischen Doppelwerkes eine zentrale Bedeutung. Es ist der Ort der Begegnung Gottes mit dem Menschen schlechthin. Darum hat auch hier der Weg Jesu sein Ziel. Sein Wort am Kreuz: „Vater, in Deine Hände empfehle ich meinen Geist" (Lk 23,46) ist der Höhepunkt des ganzen Evangeliums, der Höhepunkt seiner Armut und Offenheit, seiner Hingabe und seines Gehorsams gegenüber dem Vater. Dieses Wort zeigt, daß Jesus sich noch in dieser Stunde von Gott getragen weiß. Sein Sterben ist ein Sich-Übereignen in die Geborgenheit Gottes.
Dieser das gesamte öffentliche Wirken Jesu bestimmende Weg ist die bleibende Orientierung für wahrhaftiges

Menschsein, das sich nicht verwirklichen läßt in ängstlicher Absicherung an Vorfindliches.

„Da sich die Zeit seiner Hinwegnahme zu erfüllen begann, wandte er sich *entschlossen* nach Jerusalem, um dorthin aufzubrechen." Bei allem Vorläufigen und Zufälligen des Weges Jesu war sein Leben frei von Unentschiedenheit und Ziellosigkeit. Die Dialektik dieses Weges ist nur verstehbar und kann nur in eigener Originalität nachvollzogen werden, wenn man sie zusammengehalten und getragen sieht von einem Du, das aus den Grundnöten menschlichen Daseins befreit: aus der lähmenden Angst vor dem Tod, aus der Verzweiflung am Sinnlosen, aus der Trostlosigkeit in der Einsamkeit; zusammengehalten und getragen von einem Du, das Leben ist — jenseits von Leben und Tod, das Sinn ist — jenseits von Sinn und Unsinn, das Liebe ist — jenseits von Sympathie und Antipathie.[11] — Eine das Leben durch und durch befreiende Entschlossenheit ist nur möglich, wenn man sich ganz losläßt, sich, das eigene, kleine verkrampfte Ich.

2. Der entschlossene Aufbruch nach Jerusalem beginnt mit einer *Abweisung*, bis ihn Jerusalem selbst abweisen wird. Diese Abweisung am Anfang des Weges nach Jerusalem hat grundsätzliche Bedeutung: Jesus von Nazaret ist der, für den kein Platz, kein Raum da ist (Lk 2,7). Es gibt immer gute Gründe, ihn abzuweisen. Er bringt die „normalen" Vorstellungen und Abläufe durcheinander. Er stört den „normalen" Gang des Selbstverständlichen und Nächstliegenden.

Die Leute aus seiner Heimatstadt Nazaret fragen abwehrend, sich beruhigend „Ist das nicht der Sohn Josefs?", *und es bleibt alles beim alten.* Die Bewohner des samaritanischen Dorfes wollten an ihrer tiefsitzenden, traditionellen Feindschaft gegen die Juden festhalten. Sie nehmen Jesus nicht auf, *und es bleibt alles beim alten.* Und so geht es weiter, *damit alles beim alten bleibt.* Schließlich ist auch in Jerusa-

---

[11] Vgl. *K. v. Dürckheim*, Das Exerzitium in der Therapie, in: Image 42 (1971) 12 f.

lem kein Platz für ihn: Er wird außerhalb der Stadt beseitigt, *damit alles beim alten bleibt.*

Menschen, die aus einem so unverfügbaren Du heraus, aus einer so gebundenen Freiheit heraus leben wie Jesus, werden als Bedrohung empfunden. Sie leben gefährlich. Es gibt keinen Raum für Leute, die sich nicht anpassen.

Vielleicht ist es in diesem Zusammenhang nicht ganz abwegig, Verständnis für eine eschatologische Daseinsform wieder aufzubringen, für materielle Anspruchslosigkeit und geistige Offenheit, für Ehelosigkeit, für Gewaltlosigkeit, ein Verständnis, das nur im Glauben zuteil werden und nur aus dem Glauben verwirklicht werden kann, eine Lebensform, die sich selbst zerstört, wenn sie sich ausschließlich auf menschlich-rationale Begründung stützt oder wenn man sie mit kirchlichen Gesetzen erzwingen will.

Die Gemeinschaft, die durch Jesus entstand und die in ihm gründet, wird immer irgendwie eine Anti-Größe zum Bestehenden, zum Allzu-Vernünftigen bleiben. Jesu Menschsein zeigt uns die Grenzen unserer Wahrhaftigkeit und Glaubwürdigkeit. Die Radikalität seines Lebens erwächst aus seinem Gottesbild und aus seiner Gottesgewißheit. In dieser Radikalität wird die ursprüngliche Freiheit menschlicher Existenz sichtbar. Jesus hat seine Unbedingtheit einer Welt ausgesetzt, die nur Bedingtheit zuläßt. Daran ist er — vordergründig betrachtet — gescheitert. Die Wirklichkeit des unwahrhaftigen Menschseins erträgt ihn nicht. In seinem Scheitern vor der Welt (Kreuz) ist Gott trotz seiner Unbegreiflichkeit die einzige Wirklichkeit, an der Jesus festhält und an der er nicht zerbricht.

3. *Die Reaktion der beiden Jünger* (Jakobus und Johannes) auf die abweisende Haltung der Samaritaner zeigt noch die ganze Oberflächlichkeit ihres Jesusverständnisses, macht noch ihre ganze Untauglichkeit für den Weg nach Jerusalem deutlich. Ihre triumphalistischen Messiasvorstellungen von Macht, Geltung und Ansehen müssen erst noch gekreuzigt werden: „Jesus drehte sich um und wies sie zurecht." — Jesus hat sich nie zur Unmenschlichkeit erpressen lassen. Mit

Gewalt kann niemand von der Freiheit überzeugt werden, zu der Jesus die Menschen provozieren will. Wer das Angebot seiner Freiheit ablehnt, bleibt sich selbst überlassen. So geschah es den Leuten von Nazaret. So überläßt er die abweisenden Samaritaner sich selbst und zieht weiter ... Diese Erzählung zielt auf die Zurechtweisung der Jünger. Ihre Treue zum Weg Jesu, die in ihnen Gestalt gewordene Freiheit Jesu sind die einzige Voraussetzung für ihre Glaubwürdigkeit. So wendet Jesus ihre Kritik an den Samaritanern auf sie zurück, und damit möglicherweise auf uns ... Wie stehen *wir* zu dem Weg Jesu nach Jerusalem? Wie stehe *ich* zu dem Weg Jesu nach Jerusalem?

VERSUCHUNG JESU (LUKAS 4,1–13)

Erfüllt vom heiligen Geist verließ Jesus die Jordangegend. Darauf wurde er vom Geist vierzig Tage lang in der Wüste umhergetrieben und vom Teufel in Versuchung geführt. Die ganze Zeit über aß er nicht; am Ende aber hatte er Hunger. Da sagte der Teufel zu ihm: Wenn du Gottes Sohn bist, so befiehl diesem Stein, zu Brot zu werden. Jesus antwortete ihm: Es steht geschrieben: Nicht nur von Brot lebt der Mensch.

Da führte ihn der Teufel auf einen Berg hinauf und zeigte ihm in einem einzigen Augenblick alle Reiche der Erde. Und er sagte zu ihm: All diese Macht und die ganze Herrlichkeit dieser Reiche will ich dir geben; denn sie sind mir überlassen, und ich gebe sie, wem ich will. Wenn du mich anbetest, soll dir alles gehören. Jesus antwortete ihm: Es steht geschrieben: Du sollst den Herrn, deinen Gott, anbeten und ihm allein dienen.

Darauf führte ihn der Teufel nach Jerusalem, stellte ihn auf das Dach des Tempels und sagte zu ihm: Wenn du Gottes Sohn bist, so stürz dich von hier hinab; denn es steht geschrieben: Seine Engel bietet er auf für dich, damit sie dich behüten, und sie werden dich auf Händen tragen, damit dein Fuß nicht an einen Stein stößt. Da antwortete ihm Jesus:

Die Schrift sagt: Du sollst den Herrn, deinen Gott, nicht versuchen.
Und als der Teufel mit keinem Versuch, Jesus zu verführen, zum Ziel kam, ließ er für eine gewisse Zeit von ihm ab.

Hinführung zum Text: In Form einer Erzählung (Midrasch auf Dtn 6—8) wird hier eine Erfahrung mit dem irdischen Jesus festgehalten, eine Erfahrung, die in der Begegnung mit ihm und seinem Geschick den Menschen aufgegangen ist: Jesus ist ohne Einschränkung wahrhaftig und glaubwürdig. Er findet seine Identität aus der ungeteilten Offenheit und Verfügbarkeit dem gegenüber, den er seinen *Vater* nennt.

Aus diesem vertrauenden Gehorsam heraus kann er ganz von sich absehen und sich den Menschen zuwenden, die darunter leiden, daß sie unwahrhaftig und unglaubwürdig sind, die darunter leiden, daß sie *ihr* Gesicht, ihre Identität verloren haben.

Jesus kann mit allen mitfühlen, die sich um ihre Lebenserwartungen betrogen haben. Denn er ist in allem versucht worden wie wir. Er war in allem uns gleich, außer der Sünde (Hebr 4,15). Weil er uns im Glauben vorangegangen ist, kann er uns Orientierung sein im Anziehungsfeld der „Mächte und Gewalten". Jesus steht wie wir im Spannungsfeld menschlicher Heils- und Unheilsgeschichte . . .

Drei Versuchungen zur Un-Menschlichkeit

Die Erzählung von der Versuchung Jesu macht deutlich: Von drei Seiten her sind wir in Gefahr, die im vertrauenden Gehorsam gegenüber Gott gründende Freiheit uns zerstören zu lassen und unsere Identität zu verlieren.

1. Die Versuchung, vom Brot *allein* zu leben
Vom Brot *allein* zu leben heißt: der Frage nach dem Sinn meines Lebens ausweichen; keine Distanz zu den Dingen haben; das ergreifen, was mir augenblicklich Erleichterung verschafft. — Wer vom Brot *allein* lebt, vertraut nur den

Dingen, die er greifen kann. Wer vom Brot *allein* lebt, gerät in die Eigengesetzlichkeit der Dinge. — Wo geschieht das in unserem, in meinem Leben?

Vom Brot *allein* zu leben, heißt: andere verzwecken, sie nur unter der Rücksicht meines eigenen Vorteils sehen und gebrauchen; aus der Solidarität mit ihnen ausbrechen; Leben verweigern. — Wo geschieht das in unserem, in meinem Leben?

„Der Mensch lebt nicht vom Brot allein, sondern von allem, was das Wort des Herrn schafft" (Dtn 8,3). — Habe ich diese Erfahrung gemacht?

2. Die Versuchung, sich Macht und Einfluß (Ansehen) auf un-menschliche Weise zu verschaffen

Wer sich daran gewöhnt hat, vom Brot allein zu leben, wird dem Sog zur Autonomie (Selbstbehauptung) immer mehr verfallen ... Allmählich entfesselt sich die kalte Eigendynamik der Mittel und Wege, von denen man seine Selbstbehauptung erhoffte. Das Geflecht der eingegangenen Verpflichtungen wird immer spürbarer. Man ist wie in einem Netz eingefangen. Der Ausverkauf der eigenen Autonomie hat längst begonnen, bevor ich es wahrhaben will.

„Du sollst den Herrn, Deinen Gott, anbeten und ihm *allein* dienen" (Dtn 6,13). — Die Freiheit, sich als verdankte Existenz zu wissen, die Freiheit, von mir absehen zu können, — hat sie in mir einen Spielraum?

3. Die Versuchung, ohne Passion auszukommen

Ohne Passion auskommen heißt: *unter dem Schein des Guten* sich erpressen lassen. *Man* tritt ja schließlich ein für die Sache Gottes. Man will ja die Sache Jesu zum Erfolg bringen. Man repräsentiert ja auch das Ansehen der Kirche. Man hat doch Verantwortung für andere.

Dahinter steckt die *Angst*, bestimmten Erwartungen nicht zu entsprechen, nicht mehr verstanden zu werden, andere enttäuschen zu müssen, als Störfaktor zu gelten, belächelt zu werden, allein gelassen zu werden, einen eigenen Weg gehen zu müssen, seinen Einfluß zu verlieren ...

„Du sollst den Herrn, Deinen Gott, nicht versuchen" (Dtn 6,16). — Die Versuchung, unter dem Schein des Guten allmählich zu korrumpieren, ist groß!

NACHFOLGEBEDINGUNGEN (LUKAS 9,57—62)

Unterwegs begegneten sie einem Mann. Er redete Jesus an und sagte: Ich will dir folgen, wohin du auch gehst. Da antwortete ihm Jesus: Die Füchse haben ihren Bau und die Vögel ihr Nest; der Menschensohn aber hat nichts, wo er sein Haupt hinlegen kann.
Zu einem anderen sagte er: Folge mir nach! Der erwiderte: Laß mich zuerst heimgehen und meinen Vater begraben. Jesus sagte zu ihm: Laß die Toten ihre Toten begraben; du aber geh und verkünde das Reich Gottes.
Wieder ein anderer sagte: Ich will dir nachfolgen, Herr. Zuvor aber laß mich von meiner Familie Abschied nehmen. Jesus antwortete ihm: Keiner, der die Hand an den Pflug legt und nochmals zurückblickt, taugt für das Reich Gottes.

„Und als sie dahinzogen auf dem Weg ...". — Das Motiv des Weges setzt sich fort und die drei Logien vom Wege muten wie ein harter, kompromißloser Refrain zum vorhergehenden Abschnitt (9,51—56) an.

1. Wer sich auf den Weg Jesu begeben will, muß sich — so sagt dieses Jesuswort — darauf gefaßt machen, seine neue Freiheit möglicherweise in Heimatlosigkeit, Ungeborgenheit, in Ablehnung und Scheitern konkretisieren zu müssen. Die harte Wirklichkeit dieses Wortes wird heute wieder unmittelbarer verständlich. Zu der Wurzellosigkeit eschatologischer Existenz kommt die Unbeweisbarkeit dessen, wofür man lebt und wovon man überzeugen möchte.

2. Am anstößigsten ist das zweite Logion. „Auf dem Weg", „im Vorübergehen", wie „zufällig" fordert Jesus einen Menschen auf, ihm zu folgen. Der Angesprochene ist dazu

bereit, will jedoch vorher seine Sohnespflicht wahrnehmen, die ihm der Tod des Vaters auferlegt. Totenbestattung ist in Israel heilige Pflicht. Sie besteht selbst für Priester und Leviten bei Blutsverwandten. Sie entbindet vom Studium der Tora (Gesetz) und von allen Geboten, die die Tora auferlegt. Totenbestattung und Totengeleit sind dazu eines der wichtigsten Liebeswerke. Die Antwort Jesu muß in diesem Zusammenhang als schockierend empfunden werden: „Laß die Toten ihre Toten begraben, Du aber geh hin und verkünde das Reich Gottes."

Das ist prophetische Rede. In ihrer Schroffheit gibt sie eine neue Sicht auf Leben und Tod frei: Das, was Menschen Leben nennen, ist für Jesus Tod, weil alles Leben unter der Macht des Todes steht. Wer so spricht und dabei alle bisherigen Pflichten für den Gerufenen aufhebt, weiß um Leben, das nicht von der Gewalt des Todes ausgelöscht wird. Jesu Ruf in die Nachfolge ist *Ruf in dieses unzerstörbare Leben, vor dem alle Totenklage verstummt und alle Totenbräuche irgendwie unwirklich werden.* Der Gerufene soll nicht in die übliche Totenklage einstimmen, sondern Leben, „Reich Gottes" verkündigen, mit verwirklichen.

3. Noch von einem dritten ist die Rede, der in die Nachfolge Jesu aufgenommen werden möchte. Mit seinem Angebot verbindet er die Bitte, Abschied nehmen zu können von denen, die seine Hausgenossen sind. Jesus antwortet mit dem Bild des Pflügenden, der nur gerade Furchen ziehen kann, wenn er vorwärts und nicht rückwärts schaut.

Auch das ist prophetische Rede. Sie will unmißverständlich deutlich machen: Unbrauchbar für die Mitarbeit am „Reich Gottes" ist, wer den notwendigen nächsten Schritt in die unabsehbare Zukunft nicht setzt, sondern noch ein wenig beim alten verweilen möchte.

Bei allen drei Kandidaten bleibt ungenannt, wie sie auf die Antwort Jesu reagiert haben. Damit sind wir, damit bin ich gefragt: Stehen wir mit unserem Angebot, mit unserer Antwort (noch) auf dem Weg Jesu?

Das Entscheidende ereignet sich „am Weg", „im Vorüber-

gehen". Es gibt endgültig verpaßte Lebenschancen. Es gibt endgültig vertane Gelegenheiten . . .
Das Entscheidende ist: unzerstörbares Leben zu empfangen und weiterzugeben . . . Kann das ohne eine tiefe Freude geschehen?

Herr, wir danken Dir,
daß Du unserem Leben
diesen großen Sinn gegeben hast:
mit Dir zu wirken.
Wir sollen ohne Gewalt,
ohne Anspruch und Befehl,
in Glauben und Geduld
Dein Beispiel denen vermitteln,
die allein gelassen sind . . .
die von Gott nichts mehr erwarten . . .
Manchmal möchten wir aufstecken.
Wir sehnen uns nach dem Ende unserer Mühe.
Herr, wir wissen, daß Deine Ferne täuscht
und daß Du bedrängend nahe bist.
Wir bitten Dich um die Stille,
in der Du nahe bist,
damit etwas reift auf Deinem Feld
und etwas sichtbar wird von Deinem Reich.
Gib uns Deinen lebendigen Geist,
damit etwas greifbar wird von Deinem Reich
in seinen kleinen Anfängen hier.
Denn Dein Reich ist mitten unter uns —
bis es sich vollendet
und wir Dich schauen in Ewigkeit.[12]

[12] Kombiniert aus *Jörg Zink*, Wie wir beten können, Stuttgart 1970.

JÜNGERAUSSENDUNG (LUKAS 10,1—12.17—20)

Danach wählte der Herr noch siebzig andere aus und schickte
sie zu zweien voraus in alle Städte und Ortschaften, in die
er selbst gehen wollte. Er sagte zu ihnen: Die Ernte ist groß,
aber es gibt nur wenig Arbeiter. Bittet daher den Herrn der
Ernte, Arbeiter für seine Ernte zu schicken. Geht! Ich sende
euch wie Schafe mitten unter die Wölfe. Nehmt keinen Geld-
beutel mit, keine Vorratstasche und keine Schuhe! Grüßt
niemand unterwegs! Wenn ihr in ein Haus kommt, so sagt
als erstes: Friede diesem Haus! Und wenn dort ein Mann
des Friedens wohnt, wird der Friede, den ihr ihm wünscht,
auf ihm ruhen; andernfalls wird er zu euch zurückkehren.
Bleibt in diesem Haus, eßt und trinkt, was man euch anbietet; denn wer arbeitet, hat Anspruch auf seinen Lohn. Wech-
selt nicht von einem Haus in ein anderes! Wenn ihr in eine
Stadt kommt und man euch aufnimmt, so eßt, was euch vorgesetzt wird. Heilt die Kranken, die dort sind, und sagt den
Leuten: Das Reich Gottes ist euch nahe. Wenn ihr aber in
eine Stadt kommt, in der man euch nicht aufnimmt, da stellt
euch auf die Straßen und ruft: Selbst den Staub eurer Stadt,
der an unseren Füßen klebt, lassen wir euch zurück. Doch
das sollt ihr wissen: Das Reich Gottes ist nahe. Ich sage
euch: Sodom wird es an jenem Tag nicht so schlimm ergehen wie dieser Stadt.
Die Siebzig kehrten zurück und berichteten voll Freude:
Herr, sogar die Dämonen gehorchen uns, wenn wir deinen
Namen aussprechen. Da sagte er zu ihnen: Ich sah den Satan
wie einen Blitz vom Himmel fallen. Seht, ich gab euch die
Macht, auf Schlangen und Skorpione zu treten und allen
feindlichen Gewalten zu trotzen. Nichts wird euch schaden
können. Doch freut euch nicht darüber, daß euch die Geister
gehorchen, sondern freut euch, daß eure Namen im Himmel
verzeichnet sind.

Wir haben es hier mit einem ziemlich doppelbödigen Text zu tun: Das Objektiv schwenkt dauernd zwischen vorösterlichem Kontext und nachösterlicher Missionskirche hin und her.

1. Von junger missionarischer Kirche ist die Rede, die jede Stadt und jeden Ort erreichen soll. Die Zahl 70 (72) weist nämlich auf die Mission der Völker hin. Nach alttestamentlicher Auffassung (Gen 10; vgl. Dtn 38,8) gab es 70 (72) nicht-jüdische Völker. — *Der Weg nach Jerusalem* ist der Weg in die universale, Israel überschreitende Wirksamkeit, die Lukas von Anfang an im Auge hat.

2. Unter der Rücksicht, daß Kirche überall Wirklichkeit werden soll, ist die Ernte groß. Es ist — menschlich gesehen — aussichtslos. In der Ungesichertheit ihres Lebens und missionarischen Wirkens sollen sie die Macht (dýnamis) des Evangeliums dokumentieren. Sie sollen nichts haben, worauf sie sich verlassen können: keinen Vorrat, keinen Ersatz, keine Kompensation, keinen Beweis ... Die junge Kirche kann ihre missionarische Kraft nur entfalten, wenn sie — bildlich gesprochen — auf dem Weg nach Jerusalem bleibt; das heißt, wenn sie ihre Herrschaft von der Ohnmacht Jesu her begreift und praktiziert. Am Kreuz ist Jesus ganz der „Mensch für andere".

3. „Und wenn Ihr in eine Stadt hineinkommt und sie nehmen Euch auf, eßt, was Euch vorgesetzt wird, und heilt die Kranken in ihr und sagt ihnen: ‚Nahegekommen ist zu Euch das Reich Gottes'." — Auf den ersten Blick bedeutet die bedenkenlose Annahme fremder, nichtjüdischer Gastfreundschaft die Aufforderung, das Evangelium durch die Beobachtung der Speisegebote nicht zu gefährden. Im Grunde ist mit dieser Weisung ausgesagt, daß alle gewachsenen Formen, alle Bräuche und Riten, in denen *christlicher Glaube* sich ausdrückt, sich verleiblicht, immer von der Dynamik des Evangeliums her zu relativieren sind und niemals *damit* gleichgesetzt werden dürfen. Alle Glaubensvermittlung hat

sich nach den *Anknüpfungsmöglichkeiten* der Adressaten zu richten.

4. „Heilt die Kranken!" Das Evangelium Jesu will den *ganzen* Menschen heil machen. Es gibt Krankheiten, die aus psychischer Unordnung, die aus seelischer Not, aus Identitätsverlust den Körper ruinieren. Darauf werden wir heute mit aller Deutlichkeit hingewiesen. — Eine Glaubensgemeinschaft muß es dem sinn-suchenden Menschen ermöglichen, wieder zu sich und damit zu Gott zu finden. Das erfordert neue Formen zwischenmenschlicher Kommunikation. „Heilt die Kranken!"

5. Stößt der ungeteilte Dienst am Evangelium auf Ablehnung, dann soll man weiterziehen und diese Leute sich selbst überlassen, wie es Jesus mit Nazaret und dem samaritanischen Dorf getan hat. Auch eine demonstrative Trennung kann Provokation zum Heil sein. So ist sie hier gemeint. Das abschließende Gerichtswort hat den Charakter eines Rufes zur Umkehr, wie die Gerichtsrede des Jona über Ninive. „Jener Tag" ist der Gerichtstag, der im heilsgeschichtlichen Verständnis des Lukas die Geschichte abschließt.

6. An die Instruktion schließt sich die freudige Rückkehr der 70 (72) an. Sie durften die Wirksamkeit des Evangeliums erfahren. Sie durften erleben, daß Jesu Wort sich als tragfähig erwies, daß man daran seine ganze Existenz wagen konnte. Jesus vertieft ihre Freude noch: Sie sind Freunde Gottes und den „Mächten und Gewalten" nicht unterlegen. Die aus drei in sich selbständigen Logien zusammengesetzte Antwort Jesu verheißt der Kirche ihre Unzerstörbarkeit. Das ist zugleich Aufforderung zur Hoffnung „wider den Augenschein der Welt":

„Freut Euch, daß Eure Namen im Himmel eingeschrieben
sind!"

Wir sind unterwegs zu einem *Leben*, das bleibt,
das nicht vom Tod aufgebraucht wird.
Wir sind unterwegs zu einem *Leben*,
in dem wir geborgen sind —
trotz unserer Abgründigkeit und Brüchigkeit.
Wir sind unterwegs zu einem *Antlitz*,
in dem wir uns wiedererkennen
durch alle Verkümmerung und Zerstörung hindurch,
zu einem *Antlitz*, in dem wir uns wiederfinden,
uns selbst,
den Namen, den wir bei Dir haben,
das Bild, das Du von uns bei Dir aufgehoben hast
als eine Möglichkeit, für die es nie zu spät ist . . .
Wir sind unterwegs zu diesem Antlitz . . .

„Freut Euch, daß Eure Namen im Himmel eingeschrieben
sind!"

HERR, LEHRE UNS BETEN (LUKAS 11,1—13)

*An einem andern Ort war Jesus einmal beim Gebet; und
als er es beendet hatte, sagte einer seiner Jünger zu ihm:
Herr, lehre uns beten, wie schon Johannes seine Jünger beten gelehrt hat. Da sagte er zu ihnen: Wenn ihr betet, so
sprecht:*

Vater,
dein Name werde geheiligt.
Dein Reich komme.
Gib uns täglich das Brot, das wir brauchen.
Und erlaß uns unsere Sünden; denn auch wir
erlassen jedem, was er uns schuldig ist.
Und führe uns nicht in Versuchung.

Dann sagte er zu ihnen: Einer von euch hat einen Freund
und geht um Mitternacht zu ihm und sagt: Freund, leih mir
drei Brote! Denn einer meiner Freunde, der auf Reisen ist,
ist zu mir gekommen, und ich habe ihm nichts anzubieten.
Wird dann der Mann drinnen antworten: Laß mich in Ruhe,
die Tür ist schon verschlossen, und meine Kinder sind mit
mir zu Bett gegangen; ich kann nicht aufstehen und dir et-
was geben? Ich sage euch: Wenn er auch nicht deswegen
aufsteht und ihm seine Bitte erfüllt, weil er sein Freund ist,
so wird er doch wegen seiner Zudringlichkeit aufstehen und
ihm geben, was er braucht.
Darum sage ich euch: Bittet, dann wird euch gegeben; sucht,
dann werdet ihr finden; klopft an, dann wird euch geöffnet.
Denn wer bittet, der erhält; wer sucht, der findet; und wer
anklopft, dem wird geöffnet. Oder ist unter euch ein Vater,
der seinem Sohn eine Schlange gibt, wenn er um einen Fisch
bittet, oder einen Skorpion, wenn er um ein Ei bittet? Wenn
nun schon ihr, die ihr böse seid, euren Kindern gebt, was
gut ist, wieviel mehr wird der Vater im Himmel denen, die
ihn bitten, den heiligen Geist geben.

Dieser Gebetsparänese geht das Gleichnis vom barmherzigen Samariter (im Gespräch mit den Schriftgelehrten) und
Jesu Besuch bei den Schwestern Marta und Maria voraus.
Beide Perikopen gehören eng, das heißt hier „dialektisch"
zusammen: Ungeteilte Gottesliebe, die sich in Nächstenliebe
ohne Hintergedanken äußert, muß sich immer neu dem
Wort Gottes erschließen. Man verliert notwendig die geistliche Orientierung, wenn man in noch so nützlicher Geschäf-
tigkeit aufgeht.
Die sich nun anschließenden Worte über das Beten sind Bei-
spiele für das „Wort" Jesu, auf das Maria hört; ihre Ein-
fügung in den Reisebericht unterstreicht die Bedeutung des
Sich-Zeit-Nehmens für das Leben und Schicksal der Jünger,
das heißt der Christen. Dieses Hauptstück vom Beten ist in
seiner theologischen Aussage einheitlich und stellt einen
Höhepunkt lukanischer Glaubensreflexion dar.

1. Jesus hat gebetet. Da tritt einer aus dem Kreis seiner Jünger an ihn heran mit der Bitte, er möge auch ihnen das Beten beibringen: „Herr, lehre uns beten!". Die Bitte entspringt der Faszination, die von Jesus auf die Jünger ausgeht dadurch, daß er ein Betender ist. Sie entspringt wohl auch der Ahnung oder gar der Erkenntnis, daß die bekannten, traditionellen Gebete der jüdischen Gemeinde nicht die betende Antwort auf das in der Botschaft Jesu Gehörte darstellen. Das neu Erfahrene sucht nach einem eigenen Ausdruck. „Herr, lehre uns beten!"

Damit ist auch ein bedeutsames Moment einer Jesus eigenen Gemeinde gegeben. — Jesus beginnt mit der Anrede „Vater". Er nimmt die Jünger in sein eigenes Gottesverhältnis hinein. Im abba-Vater-Sagen findet ihr neues (durch Jesus ermöglichtes) Verhältnis zu Gott und untereinander seine Antwort.

Wann immer Christen miteinander beten, geben sie voreinander Zeugnis von dem Glauben, den sie wagen, von der Hoffnung, aus der sie leben, von der Liebe, die sie drängt und hinter der sie so schmerzlich zurückbleiben. So wird das gemeinsame Beten zur Verkündigung. Es vermittelt eine Atmosphäre, in welcher der im Gebet sich aussprechende Glaube von den Beteiligten mitgetragen und ermutigt wird. — Wenngleich niemand es einem abnehmen kann, in unabtretbarer Eigenständigkeit selbst zu glauben, so scheint es doch heute eine von vielen gesuchte Notwendigkeit zu sein, die Restbestände unseres Glaubens aus der Vereinzelung und Isolierung herauszuholen.

2. Die von Lukas überlieferte Form des Herrengebetes wirkt ursprünglicher und weniger theologisiert als die uns geläufige Fassung des Mattäus, wie das auch von den Seligpreisungen gilt. Die Anrede ist einfacher, die Brotbitte auf das wirklich Not-wendige bezogen. Die Vergebungsbitte formuliert uneingeschränkte Vergebungsbereitschaft. Um die Zusage der Vergebung wissend, kann der Jünger nicht anders denn als Vergebender zu handeln *gegenüber jedem*, der gegen ihn schuldig geworden ist.

Die im „Vater-unser" ausgesprochene neue Gemeinschaft mit Gott schafft neue Gemeinschaft der Menschen untereinander. — Die letzte Bitte weiß um die Schwachheit des Menschen und um die Macht, um die Faszination des Bösen . . .

3. Mit einem neuen Einsatz beginnt die Erzählung eines Gleichnisses, das *einen* Aspekt des Bittgebetes betrachtet — möglicherweise den, der uns am meisten Schwierigkeiten macht. Im Mittelpunkt steht hier nicht der bittende Freund, sondern der von diesem um Hilfe Gebetene. Die Art und Weise, wie der im Schlaf gestörte Freund reagiert, ist der menschlich unzureichende Hinweis für das Verhalten Gottes: Wenn schon ein Mensch, selbst wenn er mitten in der Nacht mit seiner ganzen Familie aus dem Schlaf gerissen wird, die beharrliche Bitte seines in Verlegenheit geratenen Freundes erfüllt, um wieviel mehr wird Gott die Bitten derer erfüllen, die ihn in ihrer Not unermüdlich um Hilfe angehen.
Die Aufforderung zu unermüdlichem Beten wird noch unterstrichen durch die folgenden Imperative: „Bittet und Euch wird gegeben werden! Suchet und Ihr werdet finden! Klopfet an und es wird Euch geöffnet werden!"
Bei dem Bitten, zu dem Jesus ermuntert, geht es um die durch den Geist Gottes gewirkte Gemeinschaft mit ihm und der Jünger untereinander, mit anderen Worten: um den Anbruch des Reiches Gottes, um die Ermöglichung von Kirche, also um etwas, das der Mensch aus sich selbst allein nicht schaffen kann.
Das Bitten, zu dem Jesus auffordert, setzt Indifferenz voraus — ein letztes Haben- und Lassenkönnen. Es will alles ausschließen, das der Verwirklichung des Reiches Gottes im Wege steht, alles, das die Gemeinschaft mit Gott trübt.
Jesus hat uns keine Theologie des Bittgebetes gegeben. Er hat uns das schwerste Bittgebet vor-gebetet: „Vater, wenn Du willst, dann nimmt diesen Kelch (des Leidens) von mir. Aber nicht mein Wille geschehe, sondern der Deine".
Da es sich oft unserem Verstehen entzieht, wie sich der Wille Gottes in unserem Leben vollziehen soll, kommt es

nicht von ungefähr, daß Paulus im Römerbrief sagt: „Was wir beten sollen, wie es sich gehört, wissen wir nicht; aber der Geist legt Fürsprache für uns ein — mit unaussprechlichem Seufzen" (8,26).

Dieses Hauptstück vom Beten hat als durchlaufendes Thema die „Ansprechbarkeit" Gottes, die Ansprechbarkeit für das, was der Mensch von sich aus nicht zuwege bringt. Es will den Beter öffnen für die Gabe des Geistes, der weht, wo er will . . .

AUFFORDERUNG ZU ZUVERSICHT UND GLAUBEN
(LUKAS 12,1—12)

Unterdessen strömten Tausende von Menschen zusammen, so daß es ein gefährliches Gedränge gab. Jesus wandte sich zuerst an seine Jünger und sagte: Hütet euch vor dem Sauerteig der Pharisäer, das heißt vor der Heuchelei. Nichts ist verhüllt, das nicht enthüllt wird, und nichts ist verborgen, das nicht bekannt wird. Deshalb wird man alles, was ihr im Dunkeln redet, am hellen Tag hören, und was ihr einander hinter verschlossenen Türen ins Ohr flüstert, das wird man auf den Dächern verkünden.

Meine Freunde, ich sage euch: Fürchtet euch nicht vor denen, die den Leib töten, euch aber sonst nichts tun können. Ich will euch zeigen, wen ihr fürchten sollt: Fürchtet euch vor dem, der nicht nur töten kann, sondern die Macht hat, euch auch noch in die Hölle zu werfen. Ja, ich sage euch: Ihn sollt ihr fürchten. Verkauft man nicht fünf Spatzen für ein paar Pfennig? Und doch vergißt Gott nicht einen von ihnen. Bei euch aber sind sogar die Haare auf dem Kopf gezählt. Fürchtet euch nicht! Ihr seid mehr wert als alle Spatzen zusammen. Ich sage euch: Wer sich vor den Menschen zu mir bekennt, zu dem wird sich auch der Menschensohn vor den Engeln Gottes bekennen. Wer mich aber vor den Menschen verleugnet, der wird auch vor den Engeln Gottes verleugnet werden. Jedem, der etwas gegen den Menschensohn sagt, wird vergeben werden; wer aber den heiligen Geist lästert,

dem wird nicht vergeben. Wenn man euch vor die Synago-
gengerichte und vor andere Behörden und Ämter schleppt,
dann macht euch keine Sorgen, wie ihr euch verteidigen
oder was ihr sagen sollt. Denn der heilige Geist wird euch
in der gleichen Stunde eingeben, was ihr sagen müßt.

Lukas gibt in 12,1—53 eine große Redekomposition, die die
Stellung der Jüngergemeinde in der Welt umschreibt. Den
ersten Teil (12,1—12) dieses Abschnitts strukturiert er
durch eigene Zwischenbemerkungen zu einer dreigliedrigen
Rede:

1. Warnung vor Heuchelei und die Verheißung, daß echtes
Glaubenszeugnis einer Gemeinde nicht im Verborgenen blei-
ben wird (V. 1—3): „Hütet Euch vor dem Sauerteig der Pharisäer, der nichts als Heuchelei ist." Unmißverständlich wird
vor einer Lebensweise gewarnt, deren äußere Form nicht der
(noch) verborgenen Wirklichkeit entspricht. Verstellung,
Rückgratlosigkeit bleiben furchtbare Möglichkeiten für jeden Christen, das Evangelium zu diskreditieren.
„Es ist nichts verborgen, was nicht offenbar, und nichts ge-
heim, was nicht bekannt werden wird." Der hohle Beken-
ner kann seine Rolle nicht durchhalten.
Andererseits gilt aber auch, daß überzeugend gelebter Glaube
aus dem Verborgenen in die Öffentlichkeit drängt. Die kleinen Zahlen und die Begrenztheit ihres Wirkens soll eine Gemeinde nicht schrecken. Ihre „Sache" trägt sich durch. Sie
braucht den Offenbarungseid, den die Menschen ihr abverlangen, nicht zu scheuen.

2. Furchtlosigkeit vor Menschen und Vertrauen in Gott
(V. 4—7): Die Christen werden hier als Freunde Jesu ange-
redet. Sie dürfen sich ganz und gar in Gott geborgen wissen: Keiner von ihnen wird übersehen, keiner gerät bei ihm
in Vergessenheit. Darum brauchen sie letztlich vor nichts
und niemandem zu bangen.
Andererseits aber müssen sie damit rechnen, daß ihnen
nichts erspart bleibt. „Wer mit mir geht, muß sich zusam-

men mit mir abmühen (Exerzitienbuch 95) ... im Ausstehen aller Mühe und Armut, allen Unrechts und aller Verachtung" (ebd. 98; vgl. 146). Das Leben einer christlichen Glaubensgemeinschaft bleibt an Wort und Tat Jesu orientiert und gebunden. So wird sie auch — die durch ihn entstand und in ihm gründet — immer irgendwie quer zur bestehenden Ordnung, zum allzu Funktionalen und „Vernünftigen" stehen. Jesu Menschsein zeigt uns die Grenzen, wo wir nicht mehr mitmachen können. Die Radikalität seines Lebens erwächst aus seinem Gottesbild und seiner Gottesgewißheit. In dieser Radikalität wird die ursprüngliche Freiheit menschlicher Existenz sichtbar. Weil Jesus die radikale Ausnahme ist, wird an ihm die Chance all dessen transparent, was nach den Maßstäben der „Welt" als belanglos und verachtet gilt. Jesus hat seine Unbedingtheit einer Welt ausgesetzt, die nur Bedingtheit zuläßt. Darum mußte er beseitigt werden.

3. *Aufforderung zu furchtlosem Bekennen* (V. 8—12): „Jeder, der sich zu mir vor den Menschen bekennt ..." — Es ist nicht unserem privaten Belieben anheimgegeben, ob wir uns der Unbedingtheit Jesu stellen oder nicht. Das Bekenntnis zu ihm ist immer fällig — „gelegen oder ungelegen" (2 Tim 4,2). Seine Legitimität hat es nicht von den Zeitumständen und menschlichen Berechnungen, sondern von der Forderung Jesu her.

Das Wort Jesu hier ist vor allem Verheißung, daß nämlich das Bekenntnis zu Jesus erst vor Gott als letzte Identifizierung Jesu mit uns offenbar sein wird.

Doch sollten wir uns davor hüten, bei der Aufforderung Jesu zum Bekenntnis an die falschen Dinge zu denken, zum Beispiel an das apostolische Glaubensbekenntnis, an die Bekenntnisformeln über die Realpräsenz, das Petrusamt oder über die Begnadigung Mariens. Zweifellos gibt es Situationen, in denen auch ein solches Bekenntnis uns abverlangt wird. Aber hier sind nicht verbale Äußerungen der Treue zu ihm gemeint. Wir müssen vielmehr damit rechnen, daß er vielen, die in seinem Namen dogmatisch richtig gepredigt haben, an „jenem Tag" sagen wird: „Ich habe Euch nicht gekannt" (Lk 13,25.27). Er kann sich nicht zu ihnen bekennen, obwohl sie dauernd richtig von ihm geredet haben.

Es kommt also in erster Linie nicht darauf an, bestimmte Bekenntnisformeln zu wiederholen, sondern darauf, daß wir — entsprechend — öffentlich sagen und tun, was er gesagt und getan hat. Er hat den Menschen gezeigt, wie man im Vertrauen auf Gott leben und glauben, beten und sterben kann. Wer sich daran hält, bekennt sich vor den Menschen zu Jesus. Ein solches Bekenntnis ist weitaus riskanter und konfliktreicher als das Bekenntnis zu kirchlichen Glaubenssätzen.

Dennoch brauchen wir uns vor den Konsequenzen eines solchen Bekenntnisses nicht zu fürchten, denn es gelten die Verheißungen von V. 6—7. Alle, die *um Jesu willen* mit seiner Unbedingtheit Ernst machen, erleben zwar, daß bestehende Bindungen und Kontakte abreißen; sie machen aber auch die Erfahrung, daß sie neue Freunde und Brüder gewinnen. „Wird auch unser äußerer Mensch aufgerieben, so wird doch der innere von Tag zu Tag neu" (2 Kor 4,16). Darum „fürchtet Euch nicht!" — Die Gabe des Heiligen Geistes überwindet die Unterdrückung seiner Botschaft.

GLEICHNIS VON DER EINLADUNG (LUKAS 14,15—24)

Als einer der Gäste das hörte, sagte er zu Jesus: Wohl dem, der im Reich Gottes am Mahl teilnehmen darf! Jesus sagte zu ihm: Ein Mann veranstaltete ein großes Festmahl und lud viele dazu ein. Als das Fest beginnen sollte, schickte er seinen Diener und ließ denen, die er eingeladen hatte, sagen: Kommt, es ist alles bereit. Aber einer nach dem andern ließ sich entschuldigen. Der erste ließ ihm sagen: Ich habe einen Acker gekauft und muß jetzt gehen und ihn besichtigen. Bitte, entschuldige mich! Ein anderer sagte: Ich habe fünf Paar Ochsen gekauft und bin auf dem Weg, sie mir anzusehen. Bitte, entschuldige mich! Wieder ein anderer sagte: Ich habe geheiratet und kann deshalb nicht kommen. Der

Diener kehrte zurück und berichtete alles seinem Herrn. Da wurde der Herr zornig und sagte zu seinem Diener: Geh sofort auf die Straßen und Gassen der Stadt und hole die Armen und die Krüppel, die Blinden und die Lahmen! Bald darauf meldete der Diener: Herr, dein Befehl ist ausgeführt; aber es ist immer noch Platz. Da sagte der Herr zu dem Diener: Dann geh auf die Landstraßen und vor die Stadt hinaus und nötige die Leute zu kommen; denn ich will, daß mein Haus voll wird. Das aber sage ich euch: Keiner von denen, die eingeladen waren, wird an meinem Mahl teilnehmen.

„Und Jesus zog durch Städte und Dörfer und lehrte und machte seine Reise nach Jerusalem" (13,22). — Mit diesem neuen Einsatz, der die Wandersituation von 9,51 wieder aufnimmt, leitet Lukas den zweiten Abschnitt des Zuges Jesu nach Jerusalem ein.

Auf diesem Weg wird er an einem Sabbat in das Haus eines führenden Pharisäers geladen, um dort am abendlichen Mahl teilzunehmen. „Und sie waren darauf aus, ihn zu beobachten." Die Ereignisse und Gespräche — wenig schmeichelhaft für die Selbstsicherheit gesetzeskundiger Heilsgewißheit — enden in einem Gleichnis. Es wird ausgelöst durch den Ausruf eines Gesprächsteilnehmers (beim Mahl): „Selig, wer im Reiche Gottes am Mahl teilhaben darf". Er sieht diesen Zeitpunkt in noch unbestimmter Zukunft liegen. Zudem war es der versammelten Tischgesellschaft selbstverständlich, daß nur die Gesetzestreuen aus Israel daran teilnehmen dürfen.

Jesus nimmt in seiner Erwiderung das Bild auf, beschreibt aber nicht das Festmahl, sondern das Verhalten der Eingeladenen:

Der *Gastgeber* der Parabel folgt einer in vornehmen Kreisen Jerusalems üblichen Sitte. Er sendet eigens seinen Knecht vor Beginn des Mahles, um die bereits Geladenen zu erinnern: „Kommt, es ist jetzt so weit!". Damit bekommt das Gleichnis eschatologische (endzeitliche) Dringlichkeit: Im Wort und Handeln Jesu ergeht die Einladung, deren Annahme oder Verweigerung über Heil und Unheil des Menschen entscheidet.

Die *Geladenen* aber fangen nun alle, einer nach dem anderen, an, sich zu entschuldigen. „Es geht jetzt nicht!" Zwei wollen größere Einkäufe zu Ende bringen, bevor es jäh dunkel wird. Es sind Menschen, denen erfolgversprechende Geschäfte vorgehen. Der Gastgeber soll warten. Sie kommen später. — Einer will seine neu angetraute Frau nicht allein lassen. Zu Gastmählern wurden nur Männer geladen. Es sind also alles plausible Gründe, nur: Die Geladenen wußten bereits seit längerem von der Einladung. Die Botschaft von der Basileia Gottes ist als eine Wirklichkeit verstanden, die durch nichts relativiert werden darf.

Der *Hausherr* ist erbost darüber, daß *alle* Geladenen ihn sitzenlassen. Er gibt Weisung, schnell von den Plätzen und Gassen der Stadt selbst die herbeizuholen, die von der Tempel- und Qumrangemeinde ausgeschlossen sind: Arme, Krüppel und Blinde. — Und da noch Platz ist, läßt er auch vor der Stadt nach Gästen Ausschau halten. Einladen heißt im Orient „nötigen", weil auch die Ausgestoßenen und Ärmsten sich aus Höflichkeit gegen jede Bewirtung so lange sträuben, bis sie mit sanfter Gewalt ins Haus komplimentiert werden.

Wenn dann jemand von den *Erstgeladenen* nach Sonnenuntergang sich doch noch herbequemt, findet er seinen Platz besetzt und das Haus voll. Darauf zielt die Maßnahme des erbosten Hausherrn: „Keiner von denen, die (zuerst) geladen waren, soll von meinem Mahl kosten".

Dieser Vers 24, der die Antwort auf das Verhalten der Geladenen darstellt, ist der Schlüssel zum Verständnis der Parabel. Die Geladenen sind sich ihres Heiles sicher. Deshalb — so meinen sie — können sie aus guten Gründen den Gastgeber warten oder auch sitzenlassen. Doch sie werden nicht einmal eine Kostprobe vom Mahl bekommen. Die Meinung des Gesprächsteilnehmers, das Reich Gottes liege noch in unbestimmter Zukunft, ist also falsch. Die Gnadengemeinschaft mit Gott ist in Jesu Kommen bereits angebrochen. Die Zeit des messianischen Mahles ist da. So ist dieses

Gleichnis eine (überzeitliche) Aufforderung, den Ruf der Stunde nicht zu verpassen. Sonst ist die Tür verschlossen, sind die Plätze vergeben und die nicht befolgte Einladung wird zum Gericht.

Wer zum Beispiel Exerzitien macht oder meditiert, ist in der Situation der „Geladenen". Man kann sich mit frommen Gedanken und plausiblen Gründen an der „Einladung" vorbeimogeln: „Es geht jetzt nicht".

> Herr, ich weiß, daß ich nur lebe,
> wenn ich mich von Dir rufen,
> von Dir wandeln lasse.
>
> Herr, gib mir Mut, zu ändern,
> was ich ändern kann.
>
> Gib mir Gelassenheit,
> das hinzunehmen,
> was ich nicht ändern kann.
>
> Und gib mir Weisheit,
> das eine vom andern zu unterscheiden.
>
> Herr, rufe mich noch einmal.
> Ich will mich von Dir wandeln lassen,
> daß ich lebe.

ENTSCHLOSSENHEIT ZUM CHRISTSEIN
(LUKAS 14,25—35)

Viele Menschen begleiteten ihn; da wandte er sich an sie und sagte: Wenn jemand zu mir kommt, muß er Vater und Mutter, Frau und Kinder, Brüder und Schwestern, ja sich selbst gering achten, sonst kann er nicht mein Jünger sein. Wer nicht sein Kreuz trägt und mir nachfolgt, kann nicht mein Jünger sein.

Wenn einer von euch einen Turm bauen will, setzt er sich dann nicht zuerst hin und rechnet, ob seine Mittel dafür aus-

reichen? Sonst könnte es geschehen, daß er das Fundament gelegt hat, den Bau aber nicht fertigstellen kann. Und alle, die es sehen, würden ihn verspotten und sagen: Der da hat einen Bau begonnen und konnte ihn nicht zu Ende führen. Oder wenn ein König gegen einen anderen in den Krieg zieht, setzt er sich dann nicht zuerst hin und überlegt, ob er sich mit seinen zehntausend Mann dem entgegenstellen kann, der mit zwanzigtausend gegen ihn anrückt? Kann er es nicht, dann schickt er eine Gesandtschaft, solange der andere noch weit weg ist, und bittet um Frieden. Keiner von euch kann mein Jünger sein, wenn er nicht auf seinen ganzen Besitz verzichtet.

Das Salz ist etwas Gutes. Wenn aber das Salz seinen Geschmack verliert, womit kann man ihm Würze wiedergeben? Es taugt weder für den Acker, noch für den Misthaufen, man wirft es weg. Wer Ohren hat zum Hören, der höre!

Die hier genannten „Bedingungen" stehen in einer deutlichen Beziehung zum vorausgehenden Gleichnis von der Einladung zum abendlichen Mahl. Lukas versteht die Forderungen nicht als an einen besonderen Jüngerkreis gerichtet, sondern als Anweisungen für das Leben des Christen überhaupt. *Alle* sind gemeint.

1. Das Wort von der christlichen Freiheit in und von allen Bindungen persönlicher und gesellschaftlicher Art:
Der Sinn des Wortes misein ist entscheidend. Es bedeutet so viel wie hintansetzen als Gegensatz zu vorziehen. Die Grundaussage des Logions ist dann: Wer Christ sein will, muß von der Bindung an Christus her, von seinem Wort und Beispiel her alle menschlichen Bindungen und Kontakte relativieren.
Lukas verschärft seine Aussage noch gegenüber Mattäus, indem er der dort erwähnten Reihe „Vater, Mutter, Sohn und Tochter" Frau, Brüder und Schwestern und „das eigene Leben" hinzufügt. Dieser letzte Gedanke wird noch durch das Logion vom Kreuztragen radikalisiert. Sein ursprüng-

licher Sinn dürfte sein: Wer sein Leben nicht bereitwillig um meinetwillen einsetzt, ja, wer dem Einsatz überhaupt eine Grenze setzt, kann nicht Christ sein. Die Gemeinschaft mit Christus (vgl. Lk 6,40) umfaßt *alles.*

Das klingt sehr anspruchsvoll, doch wer meint, ihn würde das wirklich angehen? Wer einmal damit anfängt, soziale Schranken zwischen Menschen zu ignorieren, wer konsequent seine Ziele fair und gewaltlos durchsetzen will, wer aussichtslosen „Fällen" immer wieder eine Chance gibt, der wird schon merken, wie furchtbar wahr und konkret das Logion von der christlichen Freiheit in allen persönlichen und gesellschaftlichen Beziehungen sein kann . . .

2. Das Doppelgleichnis vom Turmbau und vom Kriegführen will darum vor aller Leichtfertigkeit und Oberflächlichkeit warnen. Die Konsequenzen, die sich für den einzelnen Christen aus seiner uneingeschränkten Bindung an Christus ergeben, müssen ernst genommen werden. Man kann das Wagnis des Glaubens nicht auf ein überschaubares Risiko herunterspulen.

Bei allem Ernst, mit dem unser Text spricht, darf man nicht vergessen, daß es hier um christliche Freiheit geht, also um etwas, das den Menschen durchtragend froh machen soll. — Hier werden die „Bedingungen" für den Aufbau einer Gemeinschaft genannt, in der man innerlich frei werden kann, in der das erhoffte „Reich Gottes" anfänglich Wirklichkeit wird, ein Stück realisierte Anti-Größe zur bestehenden Unfreiheit. Und in diese Freiheit muß auch das Haben- und Lassen-Können materieller Bindungen eingebracht werden (V. 33).

3. Das Logion vom Salz ist eine noch härtere Warnung als das Doppelgleichnis. Salz soll erhalten und vor Fäulnis bewahren. Verliert es seine Würze, gefährdet es alles, was es erhalten und vor dem Verfaulen bewahren sollte. Schales Salz ist völlig wertlos. Man wirft es hinaus auf die Straße. Das Bild rückt dem Christen ins Bewußtsein, wie unentbehrlich er für seine Umwelt ist. Wird er jedoch unglaubwürdig,

ist er wertloser als alle Menschen. Das gleiche gilt für jede
christliche Glaubensgemeinschaft.

Salz sein, heißt:
☐ tun, was bleibt,
☐ tun, was Zukunft hat:
durch alles Unverständnis und alle Ohnmacht,
durch alles Mißverständnis und alle Enttäuschung hindurch;
gegen alle niveaulose Offenheit;
unter der Last von Traditionen,
die keineswegs unter der Verheißung angetreten sind,
für immer gültig zu sein.

Salz sein, heißt:
☐ Hoffnung geben den Niedergeschlagenen,
☐ Freiheit denen, die schuldig geworden sind,
☐ ein Wort des Vertrauens den Mißtrauischen.

Salz sein, heißt:
☐ einen „Raum" schaffen, eine Atmosphäre,
in der man äußern kann, was man denkt und meint und
fühlt —
auch Unglauben . . .,
☐ jenseits aller Eindimensionalität den anderen auch dann
noch achten und „tragen",
wenn man ihn nicht mehr versteht
und ihm auch nicht mehr folgen kann.

Vielleicht haben wir, habe ich längst eingesehen, daß wir
manch einem ein Stück von unserem Leben und „Herzen"
verweigern, worauf er ein Anrecht hat. Jeder braucht zum
Leben etwas von dem, was ein anderer für sich behalten
will und so verdirbt.
„Wenn das Salz schal wird . . ."

HEILUNG DER ZEHN AUSSÄTZIGEN
(LUKAS 17,11—19)

Auf dem Weg nach Jerusalem zog Jesus durch das Grenz-
gebiet von Samaria und Galiläa. In einem Dorf kamen ihm
zehn aussätzige Männer entgegen. Sie blieben in der Ferne
stehen und riefen laut: Jesus, Meister, hab Erbarmen mit
uns! Als er sie sah, sagte er zu ihnen: Geht und zeigt euch
den Priestern! Sie gingen, und unterwegs wurden sie rein.
Einer von ihnen aber kehrte um, als er sah, daß er geheilt
war; und er pries Gott mit lauter Stimme. Er warf sich vor
Jesus nieder und dankte ihm. Und dieser Mann war aus
Samaria. Da fragte Jesus: Sind nicht alle zehn rein gewor-
den? Wo sind die übrigen neun? Ist denn keiner umgekehrt,
um Gott zu ehren, außer diesem Fremden? Und er sagte zu
ihm: Steh auf und geh! Dein Glaube hat dir geholfen.

Den dritten Abschnitt des Zuges Jesu nach Jerusalem leitet
Lukas ein mit der Heilung der zehn Aussätzigen. Es ist ein
einheitlicher Wunderbericht mit lehrhaftem Charakter. Hier
ist weniger das Wunder als das unterschiedliche Verhalten
der Geheilten und das darauf bezogene Wort Jesu von Bedeutung.

1. Lukas nimmt die Wandersituation Jesu wieder auf: „Auf
dem Weg nach Jerusalem zog Jesus durch das Grenzgebiet
von Samaria und Galiläa". Beim Betreten eines Dorfes begegnen ihm zehn Aussätzige. Sie bleiben von weitem stehen
und rufen: „Jesus, Meister, erbarme Dich unser!".
Aussätzige galten nach dem Urteil der Rabbinen als von
Gott gezeichnete Sünder. Ihr Ausschluß aus der Gemeinde
ist Lev 13,35 f angeordnet. In späterer Zeit waren außer
Jerusalem nur die seit alters her mit Mauern umgebenen
Städte für Aussätzige gesperrt. In allen übrigen Ortschaften
des Landes durften sie sich aufhalten. Nur „gesondert" (Lev
13,46), das heißt im Sinn der jüdischen Schriftgelehrten „für
sich allein" sollten sie wohnen. Die Aussätzigen sollten ihre
Kleider einreißen, ihr Haupthaar ungepflegt lassen, ihren

Bart verhüllen und andere Menschen durch lautes Warnrufen („unrein!") von sich fernhalten (Lev 13,35).
Die Aussätzigen waren also von der sozialen und kultischen Gemeinschaft, also von der Heilsgemeinschaft des Gottesvolkes ausgeschlossen. Auf diesem Hintergrund gewinnt die Erzählung erst ihre Kontrastfarben. — „Jesus, Meister, erbarme Dich unser!" Die Aussätzigen bitten um *Leben*, um Leben mit den Menschen und mit Gott . . .

2. Als Jesus sie erblickt, als er das Elend dieser entstellten Gestalten sieht, schickt er sie zu den Priestern. Diese haben nach Lev 14,2 ff die erfolgte Reinigung zu bestätigen.
Indem sie sich im Vertrauen auf Jesu Weisung und Verheißung „auf den Weg machen", werden sie rein. *Einer* von ihnen kehrt zu Jesus zurück, als er gewahr wird, daß er geheilt ist, und preist *Gott* mit lauter Stimme. Ein unbekannter Fremder hat verstanden, wie und wo Gott zu preisen ist: wo Gott sich am Menschen handelnd geoffenbart hat: in Jesus.
Alle zehn Aussätzigen machen dieselbe Erfahrung, aber nur einer erfährt Gott darin. Man kann Gottes Wunder am eigenen Leib erfahren und dennoch nichts von Gott entdecken. Nur dieser eine Geheilte hat in dem, was ihm widerfahren ist, einen Fingerzeig gesehen für etwas „ganz anderes", das sich ihm erschließen möchte: Leben in und mit Gott. — Betont wird gesagt: Und dieser Mann war aus Samaria. Neben den barmherzigen Samariter (Lk 10,30—37) tritt der glaubende und dankende Samariter, der ebenfalls den Zuhörern Jesu, den Orthodoxen, als Vorbild gegeben wird.
Zu Beginn des 17. Kapitels hatten die Apostel Jesus gebeten: „Stärke unseren Glauben". Hier wird ihnen dazu gesagt, daß Glaube sich als dankbares Empfangen und nicht als selbstverständliches und forderndes Hinnehmen erweist. — Glaube ist die menschliche Antwort auf das sich in Jesu Taten offenbarende Handeln Gottes am Menschen.

3. „Und er sagte zu dem Geheilten: Steh auf und geh! Dein Glaube hat Dir geholfen." — Dem Samariter, dem unbe-

kannten Fremden ist die Gemeinschaft mit Gott und den Menschen zurückgeschenkt. Er kann wieder „leben". Die Zeit des langsamen, immer grausameren Dahinvegetierens ist vorbei. Er ist der einzige, der wirklich zu Jesus gefunden hat, der einzige, dem so seine Heilung zum Zeichen des eschatologischen Heilswirkens Gottes unter den Menschen wurde.

Aussätzige sind wie Menschen,
deren Weg im Schatten einer aussichtslosen Gewißheit liegt,
deren Weg eigentlich kein Ziel mehr hat,
auf deren Weg sich die Spuren Gottes allmählich
verloren haben . . .

Aussatz kann sein wie ein feiner Staub,
der im Laufe der Zeit in uns eingedrungen ist
und alle Organe angefressen hat,
die es zu tun haben mit Spontaneität und
schöpferischer Phantasie,
bis unser Auge starr,
unser Ohr taub,
unser Gefühl kalt
und unsere Schritte müde geworden sind . . .

„Jesus, Meister, erbarme Dich unser!"

Die Aussätzigen wurden erst rein, als sie sich im Vertrauen auf Jesu Wort „auf den Weg gemacht hatten" . . . Jesus wollte ihnen den Weg zum Glauben offen halten . . . *Nur einer* fand *den* Weg, indem er umkehrte. — „Jesus, Meister, erbarme Dich unser!"

Besinnung über die drei Menschengruppen

VORBEMERKUNG

In dieser Besinnung (Exerzitienbuch 149—157) wird jenes formale Element besonders häufig genannt (vgl. 149, 151, 152, 155 2 x), das Hans Urs von Balthasar als den „offenen Komparativ" bezeichnet. Er durchzieht das ganze Buch von Anfang bis Ende und „ist als die nach oben offene Steigerung der eigentliche Lebens- und Denkrhythmus des Gründers der Gesellschaft Jesu, der, jedem statischen Positiv und Superlativ abhold, in der Unabschließbarkeit des Mehr das unterscheidend Göttliche (Deus semper major), aber auch das unterscheidend Geschöpfliche Gott gegenüber (ad majorem Dei gloriam) ausgedrückt sieht. So wird dieser offene Komparativ, der auch alle Briefe Ignatius' und seine Kostitutionen formt, zum geistigen Kennwort der Exerzitien ..." [13].

Dieser Komparativ ist häufig für eine Leistungs- und falsch verstandene Willensaszese mißbraucht worden. Um anzudeuten, was mit dem ignatianischen Komparativ gemeint ist, möchte ich ein Beispiel aus den Texten des Tschuang-Tse, herausgegeben von Thomas Merton [14], anführen. Der Text trägt die Überschrift: Wenn man gewinnen will.

> Wenn ein Bogenschütze um nichts schießt,
> trifft er ins Schwarze.
> Schießt er um einen Messingbecher,
> wird er schon nervös.

[13] *Hans Urs von Balthasar*, in: Ignatius von Loyola, Die Exerzitien, Einsiedeln 1959, 95.
[14] *Thomas Merton*, Sinfonie für einen Seevogel und andere Texte des Tschuang-tse, aus dem Englischen übertragen von J. Hoffmann-Herreros, Düsseldorf 1973, 84.

Schießt er gar um einen Goldpokal,
sieht er zwei Schießscheiben,
oder er sieht gar nichts mehr.
Er ist nicht mehr er selbst.

Seine Geschicklichkeit ist unverändert.
Aber der Preis spaltet ihn: Er strengt sich an.
Er denkt mehr ans Gewinnen
denn ans Schießen,
und die Zwangsvorstellung:
Du mußt unbedingt gewinnen!
lähmt ihn, und er schießt
daneben.

ZIEL DER BESINNUNG

Diese Betrachtung will die vom Ruf (Reich) Christi und die
von den zwei „Existenzialen" (Bannern) in der Weise wei-
terführen, daß sie die Voraussetzungen für meine konkrete
Wahl noch klarer ans Licht bringt. Wenn man die Betrachtung von den zwei „Existenzialen" und die über drei Menschengruppen miteinander vergleicht, so kann man sagen:
die erste „ist heilsgeschichtlich orientiert und stellt unsere
Wahl in einen theologischen, und zwar heilsgeschichtlichen
Rahmen hinein"; die zweite „ist mehr individual-psycho-
logisch, beschreibt die inneren Mechanismen der Wahl"
(Karl Rahner) [15].
Es geht hier zunächst darum, Vorentscheidungen aufzuspü-
ren, die den Meditierenden an der *uneingeschränkten* Bereitschaft zur Christusnachfolge hindern. Solange es in seinem Leben noch wesentliche Punkte gibt, die einer ungeteilten Offenheit und Verfügbarkeit im Weg stehen; solange es
noch diese Fremdkörper auf der Landkarte seines Lebens
gibt, kann er Gott nicht „in *allen* Dingen" finden. Solange
es noch diese geheimen Reservate gibt, bleibt seine Bereit-

[15] *Karl Rahner*, Einübung priesterlicher Existenz, Freiburg 1970,
188.

schaft eine gefährliche Täuschung. Diese Betrachtung will helfen, zwei falsche Weisen, wie man mit solchen Fremdkörpern fertig werden könnte, von vornherein auszuschließen. Es geht hier also noch nicht um die konkrete (grundsätzlich) definitive Wahl, sondern allein um die dafür notwendige *Disposition*:

1. Wer die Absicht, eine solche fragwürdige Vorentscheidung aufzugeben, immer unverwirklicht läßt, wer diese Entscheidung immer vor sich herschiebt, geht an der eigentlichen Frage seines religiösen Lebens vorbei. Er setzt dem alles be-anspruchenden Impuls Gottes einen letzten Vorbehalt entgegen (= erste Gruppe: Exerzitienbuch 153). — Wer in einer solchen Unentschiedenheit verharrt, soll nach Ignatius mit den Exerzitien nicht weitermachen.

2. Es hat auch keinen Sinn, die Exerzitien fortzusetzen, wenn man dem Ruf zur Nachfolge nur im Rahmen einer schon gefällten, aber sicher wenigstens relativierbaren Vorentscheidung nachkommen will. Das würde doch bedeuten, daß man Gott nicht in allen, sondern nur in ganz bestimmten „Dingen" finden will. Noch bevor man (Gott) fragt, hat man schon eigenmächtig darüber entschieden, *wie* man seine Gottesliebe realisieren will (= zweite Gruppe: Exerzitienbuch 154).

3. Diese Betrachtung soll helfen, Klarheit darüber zu schaffen, ob die bisher geäußerte Bereitschaft nicht doch eine sehr sublime Form von Selbstsucht ist. Man muß sich so sehr (auf Gott hin) verlassen, man muß so sehr von sich *absehen* (das ist das biblische Verständnis von „sich selbst verleugnen"), daß man auch zufrieden ist, wenn Gott an dem großherzigen Angebot (die fragwürdige Vorentscheidung aufzugeben oder zu relativieren) vorübergeht. Erst dann können sich Gottes Liebe zum Menschen und die Liebe des Menschen zu Gott *überall* treffen, erst dann kommt die Bereitschaft zu einer letzten Selbst-losigkeit, erst dann hat sie das rechte Gefälle (= dritte Gruppe: Exerzitienbuch 155).

Am Ende des Gesprächs mit einem Schriftgelehrten sagt Jesus zu ihm: „Du bist nicht fern vom Reiche Gottes" (Mk 12, 34). Damit fordert er ihn auf, mit seinem Leben nicht hinter seiner Einsicht zurückzubleiben. Er fordert ihn auf, den letzten Schritt zu tun, ganz aus seiner Reserve herauszukommen: Er soll nicht auf das Hereinbrechen von Gottes Herrschaft und Reich warten, sondern mit aller Rückhaltlosigkeit an seinem Kommen wirken. — Das ist Verheißung.

Ignatius läßt auch diese Betrachtung mit einem „dreifachen Zwiegespräch" wie nach der Meditation von den zwei „Existenzialen" (Bannern) schließen.

Biblische Impulse

BESITZVERZICHT UND NACHFOLGE (LUKAS 18,18—30)

Ein vornehmer Mann fragte ihn: Guter Meister, was muß
ich tun, um das ewige Leben zu gewinnen? Jesus antwortete:
Warum nennst du mich gut? Niemand ist gut außer dem
einen Gott. Du kennst doch die Gebote: Du sollst nicht die
Ehe brechen, nicht töten, nicht stehlen, nicht falsch aussagen;
du sollst Vater und Mutter ehren. Er erwiderte: Diese Ge-
bote habe ich alle von Jugend an befolgt. Als Jesus das hörte,
sagte er: Eins fehlt dir noch. Verkauf alles, was du hast, und
verteil das Geld an die Armen, und du wirst einen Schatz
im Himmel haben; dann komm und folge mir nach! Der
Mann aber wurde sehr traurig, als er das hörte; denn er war
sehr reich. Jesus sah ihn an und sagte: Wie schwer ist es für
Leute, die viel besitzen, in das Reich Gottes zu kommen!
Denn eher geht ein Kamel durch ein Nadelöhr, als daß ein
Reicher in das Reich Gottes gelangt.
Die Leute, die das hörten, fragten: Wer kann dann noch ge-
rettet werden? Er erwiderte: Was für Menschen unmöglich
ist, ist für Gott möglich. Da sagte Petrus: Du weißt, wir ha-
ben unser Eigentum verlassen und sind dir nachgefolgt.
Jesus antwortete ihnen: Amen, ich sage euch: Jeder, der
Haus oder Ehefrau, Geschwister, Eltern oder Kinder um des
Reiches Gottes willen verläßt, wird dafür das Vielfache in
dieser Welt empfangen und in der kommenden Welt das
ewige Leben.

1. „Was muß ich tun, um ewiges Leben zu erlangen?" Der
Fragesteller wird hier von Lukas als árchon eingeführt, das
heißt, er ist Vorsteher einer örtlichen Synagogengemeinde
oder Ratsmitglied des Synedriums, also eine reiche und ein-
flußreiche Persönlichkeit. Der Mann fragt nach *seinem* Weg
zum ewigen Leben. Eine seltsame Frage von einem Menschen, der die Antwort doch schon kennt: Den Weg zum

Leben zeigt Gottes Gesetz, das sich in den einzelnen Geboten ausdrückt. So haben es die Propheten gesehen, so hätte jeder Schriftgelehrte geantwortet und erwartungsgemäß beantwortet Jesus auch so zunächst die Frage.

Der Fragesteller gibt sich jedoch mit dieser Antwort nicht zufrieden, wenn er sagt: „Das alles habe ich von Jugend auf gehalten". In dieser Feststellung spricht sich ein bohrender Zweifel an der traditionell verstandenen Heilsgewißheit und mehr noch am herkömmlichen spätjüdischen Gottesbild aus. In dieser Bemerkung formuliert er seine ganz persönliche Unruhe nach Heil. — „Als Jesus das hörte, sprach er zu ihm: *Eines fehlt Dir noch:* Verkaufe *alles*, was Du hast und verteile es unter die Armen, dann wirst Du einen Schatz im Himmel haben, und (dann) komm und folge mir nach!"

„Eines fehlt Dir noch . . ." Diese Antwort Jesu ist wohl kein bloßer „Rat" mehr, sondern bindende Weisung. Ohne sie zu befolgen, wird der Mann ewiges Leben nicht erlangen. Diese Weisung trifft aber nur *diesen* Mann in *seiner* Situation, weil für ihn die Hauptgefahr auf dem Weg zum Leben in seinem Besitz liegt.

Für die Radikalität dieser Forderung gibt es im Neuen Testament, in der Urkirche keine vergleichbare Stelle. Hier soll *alles* verkauft und *alles* den Armen gegeben werden. Doch diese Drangabe ist nicht Selbstzweck, sondern bezogen auf Nachfolge, das heißt auf das völlige Freiwerden für den Dienst an der Frohbotschaft von Gottes Herrschaft und Reich.

2. Es gibt Situationen, in denen ein Mensch — durch was für einen Anstoß auch immer — einen unbedingten Sollensanspruch wahrnimmt, der ihn in eine neue Richtung, auf einen neuen Weg, auf ein neues Experiment verweist. Und dieses Neue ist nicht schon wieder durch allgemeingültige Gebote und Hinweise abgesteckt. Ich glaube, ein solcher Ruf — wie immer er geartet sein mag — darf nicht als die große Ausnahme angesehen werden. Die Hindernisse aber, die das Verwirklichen eines solchen Anstoßes gefährden, können unüberwindbar erscheinen. Hier sind sie am Beispiel des

Reichtums dargestellt: „Der Mann aber wurde, als er das hörte, überaus traurig (sauer!). Denn er war sehr reich".

In irgendeiner Weise hat „Nachfolge" im nachösterlichen biblischen Verständnis des Wortes immer mit Los-lösungen zu tun. Aber es können sich in unserem Leben Vorentscheidungen angereichert und festgesetzt haben, die es uns faktisch unmöglich machen, noch eine uns neu abverlangte kopernikanische Wende zu riskieren . . .

„Als Jesus ihn (so traurig) sah, sprach er: Wie schwer gehen die, die Besitz haben und reich sind, in die Herrschaft Gottes ein. Denn leichter geht ein Kamel durch ein Nadelöhr als ein Reicher in die Herrschaft Gottes". Reichtum ist für jeden heilsgefährdend.

3. Der letzte Abschnitt geht besonders auf die Situation der Zwölf ein. Petrus sagt: „Sieh, wir haben unser Eigentum verlassen und sind Dir nachgefolgt". In dieser Feststellung melden sich Zweifel und Ungewißheit, ob der Weg Jesu, auf den sie sich eingelassen haben, sich durchsetzen wird. Dieser Zweifel und diese Ungewißheit wird jeden immer wieder überfallen, der ohne Macht und Einfluß sich auf Sein Wort der Zusage einläßt, auf ein Wort, das nur durch das Leben verifizierbar und doch nie endgültig einholbar ist. Dem Kreis der Jünger wird hier nur gesagt, daß Gott sich an Großmut nicht übertreffen läßt.

„Eines fehlt Dir noch . . .". Was?

GLEICHNIS VOM SKRUPELLOSEN VERWALTER (LUKAS 16,1—8)

Er sagte zu den Jüngern: Ein reicher Mann hatte einen Verwalter. Diesen verklagte man bei ihm, daß er sein Vermögen verschleudere. Er ließ ihn rufen und sagte zu ihm: Was höre ich über dich? Leg Rechenschaft ab über deine Verwaltung! Du kannst nicht länger mein Verwalter sein. Da überlegte der Verwalter: Mein Herr entzieht mir die Verwaltung; was soll ich jetzt tun? Zu schwerer Arbeit tauge ich nicht; zu

betteln, schäme ich mich. Doch — ich weiß, was ich tun muß,
damit mich die Leute in ihre Häuser aufnehmen, wenn ich
als Verwalter abgesetzt bin. Und er ließ die Schuldner sei-
nes Herrn der Reihe nach zu sich kommen und fragte den
ersten: Wieviel bist du meinem Herrn schuldig? Er antwor-
tete: Hundert Bat Öl. Da sagte er zu ihm: Nimm deinen
Schuldschein, setz dich gleich hin und schreibe: Fünfzig.
Dann fragte er einen andern: Wieviel bist du schuldig? Der
antwortete: Hundert Kor Weizen. Da sagte er zu ihm: Nimm
deinen Schuldschein und schreibe: Achtzig.
Und Jesus lobte die Klugheit des unehrlichen Verwalters und
sagte: Die Kinder dieser Welt sind im Umgang mit ihres-
gleichen klüger als die Kinder des Lichts.

1. Jesus erzählt *seinen Jüngern* ein Gleichnis:
Er spricht zu denen, die bis jetzt mit ihm gegangen sind.
Er spricht zu denen, die bis jetzt zu ihm gehalten haben.
Er spricht zu Zaudernden und Unentschlossenen . . .
Sie spüren die wachsende Opposition seiner Gegner.
Sie spüren die wachsende Verhärtung seiner Gegner.
Sie spüren die Last der Auseinandersetzung.
Es ist mühsam, Vertrautes und Liebgewonnenes
aufzugeben.
Es ist mühsam, immer unterwegs zu bleiben.
Es ist mühsam, immer wieder aufzubrechen . . . ins
Ungewisse.
Es ist mühsam, herauszutreten aus aller Täuschung — aus
dem Kreislauf einfältiger Zuversicht.
Jesus spricht zu Zaudernden und Unentschlossenen.
Er spricht zu Phantasielosen und Kleingläubigen.
Er spricht zu solchen, die stehen bleiben wollen . . .
Er spricht zu uns.

2. Jesus erzählt *seinen Jüngern* ein Gleichnis — ein Anti-
Gleichnis:
Da ist ein „Verwalter", der von seinem Herrn gefeuert wird.
In der ihm *noch verbleibenden Frist* setzt er *alles* ein. Er
spielt mit hohem Einsatz. Er macht die Schuldner seines

Herrn zu Komplizen. Er geht umsichtig voran — mit ziel-
bewußter Energie. Er hält das Risiko möglichst gering. In
der noch verbleibenden Frist setzt er alles ein — und gewinnt
eine neue Existenz.

Jesus spricht zu denen, die bis jetzt mit ihm gegangen sind.
Er spricht zu solchen, die stehen bleiben wollen . . . :

„Handelt in Eurer Situation ebenso klug und entschlossen
wie der Verwalter, *solange Ihr dazu noch Gelegenheit habt,*
sonst verliert Ihr alles . . ."

> „Bleib nicht zurück auf Deinem Weg.
> Kehr nicht um und verlaß nicht den Weg.
> Wer nicht vorangeht, bleibt zurück."

(Augustinus)

Die drei Arten der „Demut"

Unmittelbar vor der „Wahl" legt Ignatius dem, der die Exerzitien macht, einige Punkte (Gedanken) vor, die er in die Form einer Erwägung (consideratio) gefaßt hat (Exerzitienbuch 164—168). Wie in den bisherigen „Strukturbetrachtungen" geht es hier darum, eine innere Grundhaltung, die für den weiteren Verlauf der „Übungen" von entscheidender Bedeutung ist, so bewußt zu machen, daß sie den Menschen in seiner Ganzheit durchdringt und somit auch während der Wahl reflex wirksam wird.

Die Grundhaltung, um die es in dieser Erwägung geht, ist das Ergebnis, das alle vorausgegangenen Übungen hervorbringen sollten. Ignatius spricht hier von drei Arten eines Verhaltens zu Gott, zu Jesus Christus, und nennt sie die drei Weisen der „Demut". Er hätte sie genau so gut als drei Arten der Liebe oder der Entschiedenheit für Gott bezeichnen können.

Während die erste und zweite Weise der „Demut" die Haltung umschreiben, die im „Prinzip und Fundament" (Exerzitienbuch 23) schon angedeutet ist und die deshalb den Ausgangspunkt des ganzen Exerzitiengeschehens bildete, faßt die dritte Weise kurz zusammen, was im bisherigen Verlauf aus dieser Haltung geworden sein sollte.

„Alle drei Weisen sind positiv zu werten, sind zueinander offen, bilden in ihrer dreifachen Einheit die eine ganze Grundhaltung des Menschen und sind immer wieder gegenseitig aufeinander angewiesen. Sie sind drei immer wieder ineinander übergehende Lebensbewegungen des einen selben Menschen Gott gegenüber, die sogar nur in ihrer gegenseitigen Offenheit und Abhängigkeit, in ihrem Ineinanderübergehen die eine, ganze, heilige, gesunde Haltung des Menschen zu Gott ausmachen" (Karl Rahner) [16].

---

[16] Einübung priesterlicher Existenz, Freiburg 1970, 215.

In dieser Erwägung wird die „Wahl" unmittelbar vorbereitet. Sie (die Erwägung) enthält keinen neuen Gedanken; sie verdeutlicht nur, was als Mitte alle anderen „Übungen" dynamisiert und verbindet. Es geht sowohl um ein Sich-erfassen-Lassen von dem je größeren Gott (Deus semper maior), wie um ein konkretes Sich-Einüben in das Hauptgebot (der Gottes- und Menschenliebe) oder — wie Ignatius sagt — in die „wahre Lehre Christi" (Exerzitienbuch 164).

DIE ERSTE WEISE DER „DEMUT"

Sie schildert die Situation dessen, der seine Grundentscheidung für Gott getroffen hat, der aber sein *gesamtes* personales Verhalten von dieser Grundentscheidung her noch nicht hat durchdringen lassen. Er hat sich noch nicht entschlossen, sein Leben *restlos* von Gott her zu gestalten (ordinare). Er verbleibt damit in einem gewissen Zwiespalt: Die freie Bewegung zu Gott hin wird noch behindert durch eine von Gott wegführende Bewegung, die bis zu einem gewissen Grad ebenfalls frei gewollt ist. Doch hat die Bewegung zu Gott hin die Tendenz, die gegenläufige Bewegung immer mehr zu überwinden.

Der Mensch „kann auf weiten Strecken seines Lebens nicht anders handeln ... Er kann beim besten Willen nicht einfach darangehen, diese letzte, sublimste Integration der ganzen menschlichen Wirklichkeit in die Liebe Gottes von sich aus hic et nunc bewerkstelligen zu wollen. Diese Macht über uns selber haben wir nicht ... Das Gefährliche dieser Situation ist, daß diese noch unreflexe, nicht bis ins Letzte durch Indifferenz geläuterte, selbstverständlich positive Haltung zu den Geschöpfen bis an jenen Punkt, wo die Sünde eindeutig als schwere auftaucht, ihre Gefahren hat" (Karl Rahner) [17].

[17] Ebd. 217.

DIE ZWEITE WEISE DER „DEMUT"

Sie charakterisiert das Verhalten dessen, der versucht, mit aller Entschiedenheit sein Leben *restlos* von Gott her zu gestalten. Hier ist der innere Zwiespalt zwischen der eindeutigen Grundausrichtung auf Gott und der noch verbliebenen „Fahrlässigkeit" überwunden.

In der zweiten Weise der „Demut" hat das Gottesbild schärfere Konturen bekommen. — Man soll sich keinen Illusionen darüber hingeben, daß diese zweite Weise den Menschen ganz und gar beansprucht. Sie ist geschenkte und zugleich mühsam errungene, aber doch nie gesicherte Freiheit. Man kann vor der „Wahl" nicht an ihr vorbeigehen. Noch weiß der „Übende" nicht, welchen Weg er persönlich (durch die Welt) gehen soll. Die zweite Weise der „Demut" will ihn innerlich so frei halten, daß er von sich aus keine Vorentscheidung in dieser oder jener Richtung trifft. Er soll fragend vor Gott stehen und bereit sein, die Antwort Gottes — wie immer sie ausfallen mag — anzunehmen.

„Dabei bleibt immer zu sagen, daß diese absolute, aktive Indifferenz ... etwas ist, das wir nie vollkommen haben, sondern worauf wir uns im besten Fall hinbewegen ... Überdies ist es natürlich im menschlichen Leben immer so, daß ihm durch eine Planung, durch eine Führung, die nicht die seine ist, immer neue Situationen vorgegeben sind, immer neue Güter ihm begegnen, immer neue Erfahrungen der Freiheit vorausliegen und alle diese Dinge zweifellos eine Anziehung ausüben und unvermeidlich ein Stück unserer aktiven Indifferenz schon weggezehrt haben, bevor wir wirklich unsere Freiheit einsetzen können ... Wie spät merken wir erst, wie sehr wir an etwas hängen, mit ihm uns schon restlos identifiziert haben" (Karl Rahner) [18].

---

[18] Ebd. 218 f.

DIE DRITTE WEISE DER „DEMUT"

Wenn der Exerzitand bei nüchterner Betrachtung seines Charakters und seiner Lebensgeschichte kaum sagen kann, daß er die erste Weise von „Demut" wirklich *habe* (Wer könnte sich schon zutrauen, einen Abfall von Gott im „Ernstfall" mit Sicherheit auszuschließen?), und die zweite Weise wohl noch weniger eine Freiheit ist, über die man ständig und selbstverständlich verfügen kann, wie ist ihm dann noch eine weitere Steigerung überhaupt zuzumuten? Ignatius will mit der dritten Weise der „Demut" noch einmal den springenden Punkt des gesamten Exerzitiengeschehens herausstellen: Es soll nach dem Maßstab des mensch-gewordenen Gottes, nach dem Maßstab Jesu von Nazaret „gewählt" werden, der im Vertrauen auf die Treue des Vaters die Verlorenheit alles Geschöpflichen durchschritten hat. Sich in das Schicksal Jesu hineinnehmen lassen, heißt die stolze Selbstbehauptung des eigenen Ich überwinden, „aufheben" lassen.

Mit dieser Haltung uneingeschränkter Ansprechbarkeit und Verfügbarkeit gegenüber dem souveränen Willen Gottes für mich ist der innerste Kern der dritten Weise von „Demut" umschrieben. Dabei ist zu beachten, daß die Haltung totaler Verfügbarkeit immer die „Schlagseite" (Vorliebe) impliziert, Jesus Christus *ähnlicher* zu werden in Armut, Unrecht und Verachtung, „auch wenn dadurch die Verherrlichung Gottes nicht vermehrt wird" (Exerzitienbuch 167).

Warum realisiert sich — nach Ignatius — diese Haltung des Mitsterbens mit Christus in einer Vorliebe für wirkliche Armut, Unrecht und Verachtung? Zunächst wird man sagen müssen, daß die Gestalt des Todes, die wir während unseres ganzen Lebens bereits zu übernehmen haben, sehr mannigfaltig sein und von uns aus nicht bestimmt werden kann. Daraus folgt, daß man die Haltung der dritten „Demuts"-weise auch beschreiben kann, ohne ausdrücklich von Armut, Unrecht und Schande zu sprechen. Unter Umständen trifft man den neuralgischen Punkt bei uns viel eher, wenn man beispielsweise an die Stelle von Unrecht und Schande das ernsthafte Bemühen um soziales Verhalten setzt. Denn auch dieses Bemühen kann durchaus eine Form sein, wie wir das Mitsterben mit Christus zu vollziehen haben. Grundsätzlich ist jede aus dem Glauben geschehene Überwindung („Aufhebung") einer egozentrischen Sicherung, an der sich ein Mensch festklammert, eine (wenigstens anfängliche) Akzentuierung der dritten Weise der „Demut". Eine solche Sicherung kann sehr subtiler und geistiger Natur sein. Selbst Verzicht und Leid können dazu dienen, daß sich der Mensch in sich selbst zu begründen sucht.

Mit der Vorliebe für wirkliche Armut, Unrecht und Verachtung, das heißt für das Aufgeben von Dingen, die meinen Freiheitsraum gewöhnlich einschränken und den Weg mit Christus immer wieder erschweren, mit dieser Vorliebe will Ignatius verdeutlichen, daß unser Glaube immer unterwegs zur Vollendung und darum immer bedroht ist. — Man kann sich deshalb nicht mit einer bloß inneren Gesinnung der Verfügbarkeit an Gott zufrieden geben, sondern muß sich je neu bemühen, diese Gesinnung in konkreter Loslösung zu vollziehen.

Was bedeutet die „gleichbleibende Verherrlichung Gottes"? Was meint Ignatius mit dieser einschränkenden Bedingung: „sofern das Lob und die Ehre der Göttlichen Majestät gleichbleibt"? Damit soll ausdrücklich festgehalten werden, daß die aus der Christusnachfolge resultierende Vorliebe für eine bestimmte äußere Lebensform noch einem höheren Kriterium unterworfen ist, das heißt: Sollte bei der zur Wahl stehenden unterschiedlichen Konkretisierung der inneren Gesinnung uneingeschränkter Offenheit und Verfügbarkeit Gottes Verherrlichung gleichbleiben, so soll die Vorliebe für Armut, Unrecht und Verachtung den Ausschlag geben. Damit hat Ignatius die dritte Weise der „Demut" von der zweiten Weise unterschieden.

Was in den ersten beiden Weisen der „Demut" schon greifbar wurde, wird bei der dritten Weise noch klarer: Man würde sie völlig mißverstehen, wollte man sie als Gegenstand einer partikulären Entscheidung ansehen. Sie ist vielmehr Voraussetzung und Möglichkeitsbedingung einer auf

partikuläre „Gegenstände" ausgerichteten Wahlentschei-
dung. Man entschließt sich daher nicht zur dritten Weise
der „Demut", wie man sich dazu entschließt, einen bestimmten Beruf zu ergreifen oder eine Familie zu gründen. Man
kann sich nicht vornehmen, von einem bestimmten Tag an
diese Weise von Gottesliebe zu verwirklichen. Ein solcher
Vorsatz würde verkennen, daß es sich hier um eine Haltung
handelt, die wir nur aus freier Gabe Gottes heraus entgegen-
nehmen und verwirklichen können. Diese Haltung ist eine
so totale Verfügbarkeit, eine so radikale Auslieferung an
Gott, daß sie für mich nur möglich und verantwortbar wird,
wenn ich mich in meiner miserablen Endlichkeit von Gott
unwiderruflich angenommen, bejaht und geborgen weiß.
Man kann verantwortbar darum nur bitten, wenn man
darin die einzige Möglichkeit seiner Freiheit erblickt.

Weil die dritte Weise der „Demut" die ersten beiden Weisen mit-einschließt, werden im Gebet um die dritte Weise
auch die beiden ersten Weisen mit-realisiert. Sie partizipie-
ren am selben Gnadencharakter.

Von daher läßt sich auch die Frage beantworten, wieso man
zur dritten Weise „aufsteigen" könne, obwohl man die beiden ersten Weisen noch nicht verwirklicht. Ein solches Vorgehen wäre tatsächlich unsinnig, wenn es sich hier um einen
aus eigenen Kräften zu leistenden aszetischen Aufstieg han-
delte. Erst die in der Betrachtung der Geheimnisse des Lebens Jesu gewonnene und vertiefte Glaubenserfahrung, daß
ich in meiner eigenen (furchtbaren) Endlichkeit und Leere
von Gott durch Jesus Christus unendlich angenommen bin,
ermöglicht es mir, diese meine Endlichkeit und Leere als
Möglichkeit personaler Freiheit und Entfaltung anzunehmen und so die erste und zweite Weise der „Demut", um
die ich mich vergeblich bemüht habe, als Geschenk, als freie
Gabe Gottes bei mir zu entdecken.

Die „Erwägung" (Consideratio) schließt wieder (wie nach
den vorausgegangenen „Strukturbetrachtungen") mit einem
„dreifachen Zwiegespräch". Ignatius gibt die Anweisung,
man solle den Inhalt der Consideratio den ganzen Tag hindurch überlegen.

Biblische Impulse

DOPPELGLEICHNIS VON SCHATZ UND PERLE
(MATTÄUS 13,44–46)

Mit dem Himmelreich ist es wie mit einem Schatz, der in einem Acker vergraben war. Ein Mann entdeckte ihn, grub ihn aber wieder ein. Und in seiner Freude verkaufte er alles, was er besaß, und kaufte den Acker.
Auch ist es mit dem Himmelreich wie mit einem Kaufmann, der wertvolle Perlen suchte. Als er eine besonders kostbare Perle fand, verkaufte er alles, was er besaß, und kaufte sie.

Vielleicht kann uns dieses Doppelgleichnis einen guten Einstieg in die Consideratio über die drei Weisen der „Demut" vermitteln.
Beide Gleichnisse sind als Einheit überliefert. Sie wollen dasselbe sagen. Mit dem Reiche Gottes verhält es sich wie mit der Geschichte von einem im Acker verborgenen Schatz. Der Finder des Schatzes ist vermutlich ein Tagelöhner, da er auf fremdem Acker den Schatz entdeckt, und da sein ganzer Besitz gerade ausreicht, den Acker zu kaufen. Dabei wird betont, daß er „mit Freude" *alles* verkauft, was er hat, um den Acker zu erwerben. Der Finder nimmt die einmalige Gelegenheit, aus seinem Elend herauszukommen, entschlossen und freudig wahr. Es ist hier selbstverständlich vorauszusetzen, daß er den Schatz nicht als totes Kapital behält. Auch der reiche Kaufmann nützt den glücklichen Zufall und verkauft seine ganze Habe, um die kostbare Perle zu erstehen.
Beide also, der Tagelöhner wie der Reiche, verhalten sich gleich: Sie ergreifen die einmalige Gelegenheit, die sich ihnen zu ihrem Vorteil bietet, entschlossen und unter Einsatz all ihres Vermögens. In diesem Verhalten hat das Doppelgleichnis seine Pointe: Das Reich Gottes ist die einmalige Gelegenheit, die sich seit Jesu Kommen und Wirken jedem, ob arm oder reich, zu seinem „Vorteil", zu seinem Heil bie-

tet. Und diese Gelegenheit gilt es entschlossen und unter
Einsatz aller zur Verfügung stehenden Mittel freudig zu ergreifen. Das einmalige Angebot von Gott her will einen
Freiheitsraum vermitteln, der alle bisherigen Möglichkeiten weit hinter sich läßt. Es geht hier darum, entschlossen
und freudig sich von *allem* zu lösen, was dieser Freiheit im
Wege steht. Wird unser Verhalten dem des Tagelöhners
oder des reichen Kaufmanns gleichen?
Wenn man den Inhalt der Consideratio über die drei Weisen der „Demut" in einem Wort zusammenfassen wollte,
dann in dem Wort *Freude*.

DER BLINDE VON JERICHO (LUKAS 18,31—43)

*Dann nahm er die Zwölf beiseite und sagte zu ihnen: Wir
gehen jetzt nach Jerusalem hinauf; dort wird sich alles erfüllen, was bei den Propheten über den Menschensohn geschrieben steht: Er wird den Heiden ausgeliefert, wird ver-
spottet, mißhandelt und angespuckt werden, und man wird
ihn auspeitschen und töten. Aber am dritten Tag wird er
auferstehen. Doch die Jünger verstanden das alles nicht; der
Sinn der Worte war ihnen verschlossen, und sie begriffen
nicht, was er sagte.
Als Jesus in die Nähe von Jericho kam, saß ein Blinder an
der Straße und bettelte. Er hörte, daß eine große Menschenmenge vorüberging, und fragte, was das zu bedeuten habe.
Man sagte ihm, Jesus von Nazaret gehe vorüber. Da rief er
laut: Jesus, Sohn Davids, hab Erbarmen mit mir! Die Leute,
die vorausgingen, wurden ärgerlich und befahlen ihm zu
schweigen. Er aber schrie noch viel lauter: Sohn Davids, hab
Erbarmen mit mir! Jesus blieb stehen und ließ ihn zu sich
herführen. Als der Mann vor ihm stand, fragte ihn Jesus:
Was soll ich für dich tun? Er antwortete: Herr, ich möchte
wieder sehen können. Da sagte Jesus zu ihm: Du sollst wieder sehen. Dein Glaube hat dir geholfen. Im gleichen Augenblick konnte er wieder sehen. Er pries Gott und folgte Jesus.
Und alle Leute, die zugesehen hatten, lobten Gott.*

Hinführung zum Text: Diese beiden Perikopen bilden eine dialektische Einheit: Das Ende der Wanderung nach Jerusalem, der Weg in die Passion als Durch-gang zur „Vollendung" rückt in greifbare Nähe. Der Menschensohn kommt ans Ziel seines von Gott bestimmten und von den Propheten vorausgesagten Weges. In einer dreifach wiederholenden Aussage wird bei Lukas vom *Unverständnis der Zwölf* gesprochen. Ihr Unverständnis bezieht sich nicht auf den Inhalt der in sich eindeutigen Prophetie Jesu. Vielmehr kommen die Zwölf erst in der Begegnung mit dem Auferstandenen zum Verständnis der Schrift und zur Erkenntnis des von Jesus gegangenen Weges zum Vater. Noch sind sie blind, untauglich für Jesu Werk, die Menschen zu befreien von ihrer Selbstentfremdung. „Sie aber verstanden nichts von diesen Dingen, das Wort war vor ihnen verborgen, und sie begriffen das Gesagte nicht."

Die Zwölf stehen hier für die Gemeinde, wie Lukas sie erlebt, für die Kirche der zweiten Generation, die Gefahr läuft, beim Ausbleiben der Wiederkunft Christi, der Parusie, ihre Dynamik zu verlieren und sich ihrem Auftrag für die Menschen zu verschließen.

1. *An* diesem „Weg" nach Jerusalem vor den Toren Jerichos sitzt ein Blinder, ein nach rabbinischer Auffassung von Gott gezeichneter Sünder, ein von der Hoffnung auf das „Reich Gottes" Ausgeschlossener. Der Blinde schreit nach Jesus, er möge ihm die Augen öffnen, ihn aus seiner Finsternis befreien: „Jesus, Sohn Davids, erbarme Dich meiner!" Doch die Vorüberziehenden bedrohen ihn. Sie wollen unbelästigt und gedankenlos weitergehen. Aber der Blinde schreit noch lauter: „Jesus, Sohn Davids, erbarme Dich meiner".

Im blinden Bettler vor den Toren Jerichos wird der Mensch gesehen, der am Rande des Weges Jesu *wartet* und leidenschaftlich nach Glaubenseinsicht verlangt, um diesen Weg mit dem Herrn gehen zu können. Lukas geht es hier um mehr als physische Heilung, ihm geht es um Glaube, um Christsein.

Schließlich wird der Blinde von Jesus gerufen. Die Leute,

die ihn eben noch an seinem Schreien hindern wollten, werden zu Übermittlern des Rufes Jesu.

Der einzige, der um seine Blindheit weiß und nach Einsicht in die Notwendigkeit der Passion mit Jesus schreit, bekommt die Augen geöffnet. „Dein Glaube hat Dich gerettet", sagt Jesus zu ihm, und auf der Stelle folgte er ihm nach — Gott preisend — auf dem Weg, das heißt, er wird Jünger (Christ) auf der unwegsamen Straße nach Jerusalem in die Passion. Die anderen, die den Hilflosen, allein am Wegrand Sitzenden bedroht hatten, verbleiben in ihrer selbstgewählten Blindheit. Der Blinde ist in einem umfassenden Sinn sehend geworden. Ihm wurden die Augen dafür geöffnet, daß der Weg Jesu in die Passion der Weg ist, an dem sich Jüngerschaft, an dem sich Christsein entscheidet. Wer sich auf diesen Weg begibt, muß irgendwie draufzahlen. Dieser Weg rentiert sich nicht. Man ist am Ende der Betrogene und Blamierte. Der Gott, auf den man gehofft hat, greift nicht ein. Der Gott, auf den man gehofft hat, war eine Projektion, ein Produkt menschlichen Wunschdenkens, nicht der Vater Jesu Christi. Die bittere Enttäuschung klingt noch nach in den späteren Worten der Emmausjünger: „Wir aber hatten gehofft . . ." (Lk 24,21).

Ist es nicht doch besser, sich *hier* anzupassen und sich zu arrangieren?

2. An diesem Heilungsbericht wird deutlich, daß der Weg in die Passion (vgl. Exerzitienbuch 167) uns allein nicht möglich ist. Wir können bestenfalls — wie der Blinde von Jericho — bis an den Rand des Weges Jesu kommen und durch allen Widerstand hindurch leidenschaftlich um Glaubenseinsicht bitten. Aber der Weg selbst ist Gnade: *Er* ruft den Blinden, *Er* öffnet ihm die Augen, *Er* nimmt ihn auf in seine Gemeinschaft und behält ihn darin. — Der Blinde hat seine eigene Verantwortung in den Grenzen, die ihm gegeben sind, wahrgenommen. Er ist bis an den Rand des Weges Jesu gegangen, der in die Passion führte. Aber der Herr mußte ihm die Augen öffnen, wo er tatsächlich überfordert war.

Bevor nun in Jerusalem der große Abfall und die Flucht der Jünger angesichts des Weges Jesu zum Kreuz beginnt, stellt Lukas der Gemeinde in dem Blinden ein Vorbild des christlichen Jüngers, ein Vorbild des Christen vor Augen. In dieser Gestalt wird all das greifbar, was auf dem langen Unterwegssein mit dem Herrn ohne irdische Geborgenheit als grundsätzliche Ausrichtung und Orientierung für eine christliche Daseinsweise ausgesprochen war. Damit drängt der Evangelist die erlahmende junge Kirche wieder auf die Profilierung der Jüngerexistenz, der christlichen Existenz hin: auf Glaube, Nachfolge. Dieser abschließende Höhepunkt ist als Anruf und Aufforderung zu verstehen.

Wenn wir den Weg unseres Christseins zu Ende gehen wollen, bis zum manchmal erfolglos scheinenden Ende, dann müssen wir — wie der Blinde vor den Toren Jerichos — hartnäckig, durch allen Widerstand hindurch um Glaubenseinsicht bitten, daß unserem oft sinnlos erscheinenden Tun, daß unserem oft sinnlos und trostlos erscheinenden Leben eine ebenso endgültige Sinnhaftigkeit eröffnet und beschieden wird wie dem „Todesweg" Jesu.

3. Vielleicht aber bleibt es uns nicht erspart, daß uns die Augen in ähnlich schmerzhafter Weise geöffnet werden wie den Zwölf, als der Herr sie mit hineinzog in seine Passion und sie in Getsemane zu Fall kamen . . .

Der Unglaube weigert sich mitzugehen. Der Blinde von Jericho folgt Jesus auf dem Weg. Warum? Weil er in einem umfassenden Sinn sehend geworden ist. — Was hindert uns daran, uns die Augen öffnen zu lassen? „Was bei den Menschen unmöglich ist, ist möglich bei Gott" (Lk 18,27). Wenigstens darum können wir bitten, daß möglich werde, wozu uns die Kraft und Dynamik (noch) fehlt.

Wir dürfen nicht übersehen, daß der von seiner Blindheit Befreite sich *Gott preisend* auf den Weg Jesu machte. Seinem Leben hatte sich Grund und Sinn erschlossen. Er wurde seines Lebens — vielleicht zum ersten Mal — froh. Warum sollte es uns nicht auch so gehen, wenn wir uns nur die Augen öffnen lassen . . .

GLEICHNIS VON DEN ANVERTRAUTEN GOLDSTÜCKEN
(LUKAS 19,11–27)

Weil Jesus schon nahe bei Jerusalem war, meinten die Menschen, die ihm zuhörten, das Reich Gottes werde sofort erscheinen. Daher erzählte er ihnen ein weiteres Gleichnis.
Er sagte: Ein Mann aus fürstlichem Haus wollte in ein fernes Land reisen, um die Königswürde zu empfangen und
dann zurückzukehren. Er rief zehn seiner Diener zu sich,
verteilte unter sie zehn Goldstücke und sagte: Macht Geschäfte damit, bis ich wiederkomme. Da ihn aber die Ein-
wohner seines Landes haßten, schickten sie eine Gesandtschaft hinter ihm her und ließen sagen: Wir wollen nicht,
daß dieser Mann unser König wird. Dennoch wurde er zum
König gemacht. Nach seiner Rückkehr ließ er die Diener,
denen er das Geld gegeben hatte, zu sich rufen. Er wollte
sehen, welchen Gewinn jeder bei seinen Geschäften erzielt
hatte. Der erste kam und sagte: Herr, dein Geld hat sich
verzehnfacht. Da sagte der König zu ihm: Sehr schön, du
bist ein guter Diener. Weil du im Kleinen zuverlässig warst,
sollst du Herr über zehn Städte werden. Der zweite kam und
sagte: Dein Geld, Herr, hat sich verfünffacht. Zu ihm sagte
der König: Du sollst über fünf Städte herrschen. Nun kam
ein anderer und sagte: Herr, hier hast du dein Geld zurück. Ich habe es in ein Tuch eingebunden und gut aufbe-
wahrt; denn ich hatte Angst vor dir, weil du ein strenger
Mann bist; du hebst ab, was du nicht eingezahlt hast, und
erntest, was du nicht gesät hast. Der König antwortete:
Nach deinen eigenen Worten will ich über dich urteilen. Du
bist ein schlechter Diener. Du hast gewußt, daß ich ein strenger Mann bin? Daß ich abhebe, was ich nicht eingezahlt
habe, und ernte, was ich nicht gesät habe? Warum hast du
dann mein Geld nicht auf die Bank gebracht? Dann hätte ich
es mit Zinsen bei meiner Rückkehr abheben können. Und
zu anderen, die dabeistanden, sagte er: Nehmt ihm das Geld
weg und gebt es dem, der die zehn Goldstücke hat. Sie sagten zu ihm: Herr, er hat doch schon zehn. Ich sage euch:
Wer hat, dem wird gegeben werden; wer aber nichts hat,

dem wird auch noch das, was er hat, weggenommen werden. Doch meine Feinde, die nicht wollten, daß ich ihr König werde — bringt sie her und macht sie vor meinen Augen nieder!

Hinführung zum Text: Mit diesem Gleichnis schließt Lukas seinen „Reisebericht" ab. — Vermutlich wird hier in der „Bildhälfte" an die Ereignisse bei der Thronbesteigung des Archelaos, des Sohnes Herodes' des Großen, im Jahre 4 nach unserer Zeitrechnung angeknüpft. Als der Kronprätendent zu Kaiser Augustus nach Rom reiste, um das Erbe seines Vaters anzutreten, versuchte eine fünfzigköpfige Abordnung einflußreicher Juden, dies zu hintertreiben. Archelaos wurde deshalb nur Ethnarch („Vierfürst", d. h. Viertelskönig) von Judäa, Samaria und Idumäa, nicht König von ganz Palästina. Aus Rom zurückgekehrt nahm er nach Art orientalischer Despoten blutige Rache an seinen Gegnern und deren Anhängern.

1. Die Parabel beginnt damit, daß ein als „edelgeboren" eingeführter Mann vor seiner Abreise in ein fernes Land zehn seiner Leute zusammenruft und ihnen einen Teil seines Vermögens treuhänderisch übergibt: jedem eine „Mine". Bis zu seiner Rückkehr sollen sie damit Geschäfte machen.
Damit ist ganz deutlich auf die Situation der jungen Kirche angespielt, für die der zeitliche Abstand zu den Ereignissen des Lebens Jesu allmählich größer geworden war und die Gegenwart das Gesicht eines Alltags angenommen hatte, dessen Ende nicht abzusehen war.
Bei der Verteilung des Geldes klingen verschiedene theologische Gesichtspunkte an:
☐ Jeder der zehn Vertrauten bekommt *dieselbe Summe*, das heißt, jeder hat vor Gott dieselbe Chance, jeder ist von ihm angenommen, bejaht.
☐ Es ist nur eine *kleine Summe*, die jedem anvertraut wird, das bedeutet, die Aufforderung, sein Leben nach dem Beispiel und unter der Verheißung Jesu zu „ordnen", ist eine Zumutung, die uns nicht überfordert, ist eine Möglichkeit,

die in uns Wirklichkeit werden will gegen alle Hoffnung auf unserem gewöhnlichen und oft langweiligen Weg — in Liebe, Freude, Frieden, Geduld, Freundlichkeit und Güte, wie Paulus im Galaterbrief (5,22), sagt. Die „kleine Summe" ist die uns tragende Hoffnung . . . trotz allem.

Die „kleine Summe" ist zugleich eine Ernüchterung für alle, die in einem Anfall großer Begeisterung meinen, gleich alles auf einmal zwingen zu können. Dazu reicht das „Geld" nicht. Es gibt viele Situationen von Vergeblichkeit und Leere, und die Versuchung, resigniert und verbittert aufzugeben, ist groß.

☐ Man kann die „kleine Summe" nur mit Gewinn ins Spiel bringen, wenn man sich und seinen eigenen Vorteil dabei aus dem Auge verliert. Die zehn Leute in dem Gleichnis sollen *für ihren Herrn* „Geschäfte machen". Bei diesem Handel kann man sich nie zur Ruhe setzen, man würde sonst alles wieder verlieren.

2. Nach seiner Rückkehr hält der Herr zunächst Abrechnung mit seinen Leuten. Er will „erfahren, was für Geschäfte *ein jeder* gemacht hat". Auf dieser Abrechnung liegt der Schwerpunkt der Parabel.

Die beiden zuerst Gerufenen haben das anvertraute Geld beträchtlich vermehrt. Doch sie vermeiden es, von eigener Leistung zu sprechen: „Herr, *Deine* Mine hat zehn Minen eingebracht." — „Herr, *Deine* Mine hat fünf Minen eingebracht." Es sieht so aus, als habe sich das eingesetzte Geld selbst vermehrt. Beide erhalten wegen ihrer Umsicht, Energie und wegen ihrer Treue im Kleinen überreichen Lohn. Ihnen wird Großes anvertraut.

Der negative Höhepunkt des Gleichnisses liegt in der Verhandlung mit dem letzten Knecht, der zurückgibt, was er von seinem Herrn überlassen bekommen hatte. Ängstlich um sich besorgt, konnte er sich zum Einsatz der „kleinen Summe" nicht aufraffen. Er hatte nicht begriffen, daß man *dieses* Geld und damit seine (christliche) Existenz nur retten kann, wenn man es in Umlauf bringt, und zwar den jeweiligen Gegebenheiten entsprechend. Dazu braucht man

Phantasie, Energie, Dynamik. Diesem „Knecht" wird vorge-
worfen, daß er dieses Geld sich überhaupt hat anvertrauen
lassen, wenn er schon von vornherein sich der Ungemütlich-
keit eines solchen Auftrags entziehen wollte. Vielleicht hat
Jesus selbst mit diesem Knecht die Frommen nach Art der
Leute von Qumran im Auge gehabt, die sich in ihr eigenes
Getto, in ihre heile, reine Welt zurückgezogen und vor den
anderen verschlossen haben.
Dem ängstlichen, farblosen Knecht wird das anvertraute
Geld abgenommen und dem übergeben, der sich am erfolg-
reichsten dem Auftrag seines Herrn zur Verfügung gestellt
hatte. — Von einer weiteren Strafe ist nicht die Rede.

3. Das letzte Wort ist ein Bild, das wohl aus der Erschütterung über das Ende Jerusalems seine erschreckenden Konturen bekam, jener Stadt, die der Inbegriff der Fürsorge Gottes
für sein Volk war:
„Jerusalem, Jerusalem, Du tötest die Propheten
und steinigst, die zu Dir gesandt sind.
Wie oft habe ich Deine Kinder sammeln wollen
wie eine Vogelmutter ihre Brut unter die Flügel sammelt.
Ihr aber habt es nicht gewollt.
Siehe, Euer Haus wird Euch zur Öde werden" (Lk 13,34 bis
35 a).
Im Kontext des Lukasevangeliums ist damit der Einzug Jesu
in Jerusalem prophetisch vorbereitet . . .
Mit diesem Gleichnis am Ende des Weges nach Jerusalem
soll noch einmal versucht werden, die Hörer zu der fundamentalen Erkenntnis oder zu der entscheidenden Wende zu
führen, die sie noch nicht vollzogen haben. Ob es dazu
kommt oder nicht, liegt nicht in der Hand des Erzählers,
sondern in der Freiheit der Angesprochenen. Sie sollen sich
durch das Gleichnis mitnehmen lassen auf den „Weg", den
der Gleichnisredner selbst geht und immer neu erschließt.
So wird „Gottes Herrschaft und Reich", das den dritten Abschnitt des lukanischen „Reiseberichts" thematisch durchzieht, als Wegstück, als Kirche schon anwesend mitten unter
den Hörern.

Anmerkungen zur „Wahl" in den Exerzitien

Die vier Haupt- oder Strukturbetrachtungen der „Zweiten
Woche" vom Ruf (Reich) Christi, von den zwei „Existenzialen" („Bannern"), über die drei Menschengruppen und über
die drei Arten der „Demut" strukturieren die betende Meditation der Geheimnisse des Lebens Jesu, in deren Mittelpunkt der „arme Christus" steht. Es ging also um das Hinstimmen des *ganzen* Menschen zur uneingeschränkten Verfügbarkeit gegenüber dem Willen-Gottes-für-mich, und
zwar in einer immer tieferen Differenzierung und Spezifi-
zierung der inneren Haltung gegenüber dem einmaligen
Von-Gott-so-und-nicht-anders-Gewollten gegenüber der nur
diesem konkreten individuellen Menschen und sonst niemanden so angebotenen Gnade.
Dieses Hinstimmen, dieses Hinfinden zum Willen Gottes ist
ein Vorgang — das sei noch einmal ausdrücklich betont —,
der den *ganzen* Menschen betreffen und erfassen muß.
Wenn wir also im Verlauf dieser Anmerkungen von „Erkennen" (des Willens Gottes) sprechen, dann nur in diesem
gesamtmenschlichen Sinn, wie uns das von der Heiligen
Schrift her bekannt ist.
Die vier Strukturbetrachtungen sind also gleichsam die immer weiter differenzierenden Transformatorenstationen, die
den Meditierenden zu der inneren Haltung führen sollen,
die allein die Voraussetzung ist für das Erkennen des für
mich spezifischen Willens Gottes.
Die Betrachtungen der „Zweiten Woche" sind einerseits
Voraussetzung, Vorbereitung, andererseits schon integrie-
render Bestandteil der „Wahl" (Exerzitienbuch 169—189).
Hier wird nämlich schon ein entscheidendes Kriterium für
die „Unterscheidung der Geister" und die „Wahl" wirksam:
eine *Übereinstimmungserfahrung* mit der Grundgesetzlichkeit des armen Lebens Jesu.

Als erstes wird ein Angesprochensein erlebt, indem eine Perspektive sich eröffnet, eine Bewegung in Gang kommt. Dieses Angesprochensein kann sich intensivieren, wenn der Exerzitand im weiteren Verlauf der Christusmeditationen darauf zurückkommt. In dieser wachsenden Übereinstimmungserfahrung ist die eigene Individualität (Begabung, Veranlagungen), Lebensgeschichte und aktuelle Lebenssituation immer schon integriert: Nur weil ich so (geworden) bin, mache ich diese Erfahrung so.

Der Exerzitienleiter wie der Exerzitand müssen wissen, daß unsere religiösen Erfahrungen untrennbar durchsetzt sind von psychologischen Kausalitäten. Und wer darum weiß, wie unser Verstand und unsere psychischen Mechanismen arbeiten, wenn unsere Interessen, Wünsche und Ängste ins Spiel kommen, kann ermessen, wie schwer es ist, zu der geforderten Offenheit und Verfügbarkeit, zu dieser unbegrenzten Weite des Interesses zu finden, selbst bei intensiver Selbstprüfung und ausgedehntem Gebet.

Aus der Erfahrung der Übereinstimmung mit dem „armen Christus" der Evangelien, versucht der Meditierende seine Möglichkeit abzutasten mit der Frage: „Herr, was willst Du, das ich tun soll?" Dieses experimentelle Bemühen — das sei noch einmal ausdrücklich betont — kann nur Erfolg haben, wenn man von vornherein entschlossen ist, auch zu *tun*, was man erkennen wird.

I. DREI VORBEMERKUNGEN

1. *Exerzitien als Weg zur Freiheit*

Die ignatianischen Exerzitien sind existenzielle Einübungen, in die sich ein Mensch hineinbegibt, um seinen (vielleicht allerersten) ganzheitlichen Akt der Freiheit zu setzen. Sie haben keinen anderen Sinn, als einen endgültigen Einsatz der Freiheit für Gott zu ermöglichen. In dieser Entscheidung wird die Welt „gott-durchlässig"; durch die sich ganz Gott zuwendende Freiheit strömt gleichsam Gott selbst in die Welt ein.

2. „Mein" Weg zu Gott

Weil es einen allgemeinen, von allen „begehbaren" Weg zu Gott nicht gibt, eben weil es das Allgemeine nicht gibt, sondern nur das Einmalige, das Von-Gott-so-und-nicht-anders-Gewollte und darum in einem gewissen Sinn Unersetzbare, darum kommt es bei der zu fällenden Entscheidung auf die „Erkenntnis" des für mich spezifischen Willens Gottes an.

3. Das christliche Leben als „Charisma"

Unser Leben ist also ein Charisma, das heißt, eine individuelle, nur diesem und sonst niemandem angebotene Gnade und damit eine eigene, von niemandem sonst zu erfüllende Aufgabe, die von den institutionell-kirchlichen Organen nicht vorausgesehen, aus allgemeinen moraltheologischen und dogmatischen Richtlinien nicht abgeleitet werden kann und die mit dem sakramentalen Leben nicht ohne weiteres gegeben ist. Diese Gabe und Aufgabe, die dem Heil der Menschen dienen soll, gilt es zu entdecken und mit (grundsätzlich unwiderruflicher) Entschiedenheit auf mich zu nehmen. Das ist der Sinn der ignatianischen „Wahl". Die individuelle Berufung hat also ihre notwendige Entsprechung im spezifischen Dienst in und an der Gemeinschaft.

II. DIE „WAHLREGELN"

1. Die letzten Beweggründe (Exerzitienbuch 169)

Ignatius bringt zu Beginn der Wahl — um jede Selbsttäuschung und noch so sublime Form von Selbstsucht auszuschließen — noch einmal das Ziel des ganzen Exerzitienbemühens ins volle Licht. Mit diesen einleitenden Sätzen stoßen wir wieder unmittelbar auf den Grundriß des „Fundaments" (Exerzitienbuch 23).

2. Die „Gegenstände" der Wahl (Exerzitienbuch 170–174)

Wir müssen zunächst noch einmal voneinander abheben:

☐ das *Ziel* der zu fällenden Entscheidung: Verherrlichung Gottes im Dienst an den Menschen (Einheit von Gottes- und Menschenliebe);

☐ die für die Entscheidung konstitutive *Haltung*, mit der ich mich auf dieses Ziel ausrichte: uneingeschränkte Verfügbarkeit gegenüber dem Willen Gottes;

☐ das *„Mittel"*, den kategorialen „Gegenstand", für das ich mich entscheide.

Es geht (Exerzitienbuch 170) um die zunächst grundsätzliche Bestimmung dieses von mir zu wählenden „Mittels", dieser von mir zu wählenden Alternative. Es scheidet alles aus, was nicht in sich neutral (indifferent) oder gut ist und was nicht positiv zur Verwirklichung des göttlichen Heilswillens innerhalb der sichtbaren — auch institutionell verfaßten — Kirche beiträgt. Das ist an sich eine Binsenwahrheit, denn das Leben eines engagierten Christen kann nur als zugleich kirchliches verstanden werden, sonst verliert es den Anspruch, im neutestamentlichen Sinne christlich zu sein.

Schließlich gehört zu den Grenzen, innerhalb derer das Ziel der zu fällenden individuellen Entscheidung und die Haltung, mit der ich mich auf dieses Ziel ausrichte, liegen, die immer wieder betonte Tatsache, daß sich die „im Auf und Ab von Trost und Trostlosigkeit zu vollziehende Wahl immer im Blick auf die gleichzeitig betend betrachteten Mysteria vitae Christi formen und vollenden müsse" (Hugo Rahner) [19].

Es ist ferner zu unterscheiden zwischen einer *grundsätzlich* unwiderruflichen Lebenswahl (Ehe, Orden, Priester) und von vornherein rückgängig zu machenden oder modifizierbaren, nicht das ganze Leben bestimmenden Entscheidungen (vgl. dazu Exerzitienbuch 171—174).

Die grundsätzlich unwiderrufliche Entscheidung für einen bestimmten Lebensentwurf ist insofern relativ, als sie sich an der Wirklichkeit und den Erfahrungen, die einer macht, bewähren muß, das heißt, man würde sich selbst zerstören, seine Identität verlieren, wenn man *von sich aus* an diesem Entschluß nicht *bis zum Beweis des Gegenteils* festhält. Der „Endgültigkeitscharakter" einer solchen Entscheidung liegt

---

[19] *Hugo Rahner*, Ignatius von Loyola als Mensch und Theologe, Freiburg 1964, 318.

darin, daß einer in der Wahl, im Entwurf seiner Freiheit es mit Gott zu tun hat, der allein endgültig ist. Eine solche Entscheidung hat die Verheißung an sich, daß Gott die Möglichkeit gibt, an diesem Entschluß festzuhalten, oder im anderen Fall, daß die Treue Gottes zum Menschen und die Treue des Menschen zu Gott auch dann wirksam ist, wenn sich ein Aufgeben der bisherigen Lebensform ergibt, die in letzter Verantwortung erkannt und vollzogen wird.

3. Die drei Zeiten für eine gesunde und gute Entscheidung

a) Die Zeit der „Gott-Unmittelbarkeit" (Exerzitienbuch 175)
In der hier gemeinten Situation ist eine jede Täuschung ausschließende und allen Zweifel aufhebende Gewißheit gegeben. Sie stützt sich darauf, daß der registrierte Anstoß ohne Zögern als von Gott kommend erkannt wird.
So selten diese erste Wahlzeit sein mag, sie bleibt doch nicht nur Ausnahmefällen vorbehalten. Ignatius ermuntert den Exerzitanden, diese Wahlzeit nicht von vornherein auszuschließen und erst, wenn Gott ihn in dieser Weise nicht bewegt, zur nächsten weiterzugehen. (Vgl. eigenhändiges Direktorium des Ignatius Nr. 10 und 18.)

b) Die Zeit der inneren Gegensätze (Exerzitienbuch 176)
Normalerweise steht man vor mehreren Möglichkeiten und muß herausfinden, welcher man den Vorzug zu geben hat. Ignatius läßt den Exerzitanden sich emotional auf die verschiedenen Wahlmöglichkeiten einspielen, das heißt, jede in Frage kommende (echte) Alternative muß zunächst als mögliches Ergebnis des Entscheidungsprozesses angenommen werden, auch diejenige, der er im Augenblick ablehnend gegenübersteht. Entsprechend muß sich der Meditierende darauf gefaßt machen, daß die Alternative nicht akzeptiert werden kann, die er im Augenblick für die richtige hält. *Bewußt eingeräumte Ungewißheit* über den endgültigen Ausgang des Entscheidungsprozesses ist die einzig brauchbare Einstellung für ein solches Unterscheidungsverfahren in der Zeit der inneren Gegensätze.

Im Exerzitienbuch ist nun von zwei Erfahrungen die Rede, die notwendig miteinander verbunden sind: die Erfahrung von „Trost" und „Trostlosigkeit" und die Erfahrung der Unterscheidung der verschiedenen „Geister" (Anregungen, Impulse). Die Erfahrung von Trost und Trostlosigkeit allein bietet noch keine Findungsmöglichkeit des göttlichen Willens (mit mir). Es kommt vielmehr darauf an, herauszufinden, *woher* diese inneren Gegensätze kommen. Und das geschieht in der „Geister"-Unterscheidung. Diese „Discretio" ist das Instrumentarium, um Trost und Trostlosigkeit auf ihren Ursprung hin zu diagnostizieren. Dabei gilt als Kriterium für den von Gott kommenden Trost, daß er zur Wahl und zum Vollzug dessen drängt, was sich innerhalb des aufgezeigten „Rahmens" (vgl. II,2) verwirklichen läßt, genauer:

☐ wenn man angesichts der Entscheidung für eine bestimmte Alternative ein die ganze Person erfassendes, also auch bis ins Physische hineinreichendes „Wohlsein" erfährt, wenn man also seines Glaubens und Lebens froh wird;

☐ wenn dabei apostolische Energien freiwerden: Offenheit und Phantasie für die Anliegen der Kirche (als Gemeinschaft der Glaubenden), Dasein für die Armen, Sinn für Realität u. a.;

dann ist das ein Kriterium für den göttlichen Ursprung des erfahrenden „Trostes", also der guten „Stimmung", des Elans usw., die man erfährt.

Näherhin ist bei diesem Vorgang noch folgendes zu beachten: Die Entscheidung für eine bestimmte Alternative darf die im bisherigen Verlauf geschenkte und angenommene Haltung uneingeschränkter Offenheit und Verfügbarkeit in keiner Weise trüben. Wenn also die sich anbietende Entscheidung in „Frieden", „Ruhe", „Stille" und „Freude", das heißt in „Trost", in diese Haltung uneingeschränkter Verfügbarkeit gegenüber dem Willen Gottes integriert werden kann, wenn beides „übereinstimmt", wenn ich sagen kann: Das entspricht dem „armen Christus", so wie er mir begegnet ist in meiner Situation, dann habe ich das Kriterium gott-gewirkten Trostes.

Es versteht sich von selbst, daß der Versuch dieser Synthese ("Kongruenz") von *unbegrenzter Offenheit* und *endlichem* "Wahlgegenstand" längere Zeit braucht. Denn es handelt sich ja bei dieser Wahlzeit bzw. -art um einen durch den Exerzitanden selbst vorzunehmenden Versuch. Diese zweite Wahlart ist eine Phase prüfenden Erfahrens.

Um das Wesen prüfenden Erfahrens (der Wahl ,por experiencia') genauer zu erfassen, darf der Exerzitand nicht vordergründig auf die "Geister"-Bewegung (Bewegung durch die Anregungen) in seinem Inneren schauen, sondern *ausschließlich* auf die vor und in aller Bewegung mitgegebene Liebe zu Gott allein, und dies in unmittelbarem Blick auf die Geheimnisse des gleichzeitig betrachteten Lebens Jesu. Der Übende darf also gerade nicht auf das schauen, was scheinbar so ausschließlich den Ausschlag zur rechten Wahl geben soll. Die Bewegung der "Geister" ist bei aller (nachfolgenden) Selbstbeobachtung immer sozusagen nur das Transparent, durch das hindurch (gleichsam wie in einem "medium in quo") der Blick auf die Liebe Gottes in der Gestalt des Menschgewordenen geht.

Dies ist eine Weise betenden Sichverhaltens ohne schlußfolgerndes Denken. Es geht hier um ein Erspüren (sentire) des göttlichen Willens. Das sind nicht irgendwelche sensitiven Gefühlseindrücke, sondern eine durchaus intellektuale Erkenntnisweise, die freilich mehr erfaßt als die diskursive und die dem Gebiet der "geistlichen Sinne" zuzuordnen ist. Bei diesem Beten soll man also von sich aus keine Verstandesanstrengungen machen, sondern nur die "Stimme Gottes" erhorchen und sich so weit wie möglich disponieren, sie zu hören und ihren Impuls aufzunehmen.

In dieser wahrhaft experimentellen Gotteserkenntnis, in der ein Kontakt mit Gott vermittelt wird, der weit hinausgeht über das bloß Gedachte, in dieser getanen Erkenntnis, diesem erbeteten "Wittern" der von Gott kommenden und der widergöttlichen Anregungen und Bewegungen liegt das zentrale Geschehen, das Tiefste der ignatianischen Exerzitien.

Von daher wird verständlich, warum Ignatius den größten Wert darauf legt, daß der Exerzitand und der Exerzitienleiter sich innerhalb dieser zweiten Zeit prüfenden Erfahrens an die im Exerzitienbuch (Nr. 313–336) eigens dafür gegebenen Regeln zur Unterscheidung der „Geister" halten. Bei aller „Evidenz" der affektiven Erkenntnis soll der Exerzitand Ergebnis und Verlauf seiner Wahl doch noch einer subjekt-transzendenten Kontrolle unterbreiten.

In diesem Zusammenhang soll noch einmal besonders hervorgehoben werden, daß jede Echtheit einer gott-gewirkten Anregung an dem Menschendasein Gottes zu messen ist (der göttliche Impuls hat wesentlich hypostatische Struktur).

In diesem Leben mit seiner Vielfalt und seinen Wechselfällen ist aber nichts ein für allemal abgeschlossen und erledigt. Dem Willen Gottes mit einer aus langer Erfahrung gewonnenen Entscheidung antworten, heißt darum: sich zu einem unablässigen Dialog mit Gott entschließen. Immer wieder stellt sich neu die Frage „Herr, wohin willst Du mich führen?" und immer wieder ist eine neue Antwort in Erfahrung zu bringen, weniger als genau umschriebene Pflicht, denn als ein „Weg", den man betritt und dessen Ende nicht abzusehen ist. Dieses suchende Weitergehen führt zu einer den ganzen Menschen „umkehrenden" Freiheit.

Die Entscheidungswahl, die den Höhepunkt der Exerzitien bildet, ist also keineswegs nur ein einmaliges Ereignis. Wir müssen uns das ganze Leben hindurch für die göttlichen Anregungen sensibilisieren lassen. Vielleicht kann nur einer, der solche Anregungen des Heiligen Geistes schon einmal verspürt hat, verstehen, wie man mit Hilfe dieser beständigen Ebbe und Flut eines uns durchziehenden Stromes „sein Leben ordnen" kann. Das Geheimnis, um das es hier geht, ist „Umwandlung" unserer ganzen Personalität, damit wir „so gesinnt sind, wie man in Christus Jesus gesinnt ist" (Phil 2,5).

c) Die Zeit der ruhigen Überlegung (Exerzitienbuch 177)
Diese Möglichkeit hat, je nachdem, ob man in der zweiten Wahlzeit zu einer Gewißheit gekommen ist oder nicht, eine andere Funktion.

(1) Ist man in der Zeit der inneren Gegensätze *zu einem Ergebnis* gekommen, dann dient die dritte Wahlzeit dazu, nachzuprüfen, ob die getroffene Entscheidung auch auf verstandes-gemäßen Krücken laufen kann, das heißt, wenn das erreichte Ergebnis echt ist, kann es mit der kontrollierenden, vom Glauben erleuchteten Rationalität — wie sie in der dritten Wahlzeit angewandt wird — nicht im Widerspruch stehen.

Es ist für Ignatius von fundamentaler Wichtigkeit, daß es keinen Widerspruch geben kann zwischen dem Geist, „der uns lenkt und leitet" und dem Geist, der „in Christus unserem Herrn . . . und in der Kirche . . . wohnt" (Exerzitienbuch 365). Denn auch die vom Glauben erleuchtete Vernunft darf nur hervorgehen aus der Liebe zu Gott und aus der inneren Reaktion auf jede eigenwillige Verhärtung. In diesem Sinn ist die dritte Wahlzeit für gewöhnlich die sichere. Daß dies kein Rückfall in einen aszetischen Tutiorismus der bloßen Vernünftigkeit bedeutet, dürfte durch die Betonung der zweiten Wahlzeit als der „erhabeneren" (excellentior) genügend bewiesen sein.

Diese Zeit der ruhigen Überlegung wird ja auch wieder erleuchtet und bestätigt durch den von der zweiten Wahlzeit her wirkenden Einfluß. Beide Zeiten gehören also eng zusammen und kontrollieren sich gegenseitig.

(2) Es kann aber auch sein, daß die „Erfahrung mit den verschiedenen ‚Geistern' " zu keiner Gewißheit, *zu keinem Ergebnis* geführt hat. Vielleicht bleibt ein unauflöslicher Zweifel bei der Diagnose der verschiedenen Anregungen und Bewegungen. Vielleicht neigt der Exerzitand einer Entscheidung zu, die der Exerzitienleiter als unausgewogen und verfrüht beurteilen muß; denn vielleicht sieht es so aus, als stehe die sich abzeichnende Entscheidung zu wenig mit der Vorgeschichte, der Befähigung bzw. den Anlagen und der soziologischen Situierung des Exerzitanden in Einklang.

Darum muß man auf einem anderen Weg zur Klarheit zu kommen versuchen. Es ist der Weg ruhiger Überlegung. Während also in der ersten und zweiten Wahlzeit der Wille Gottes (für mich) durch innere *Erfahrung* gefunden wurde, nimmt die dritte Wahlzeit „den Weg der Vernunft" — wie Ignatius sagt — in Anspruch (vgl. Exerzitienbuch 177 bis 188).

Die Zeit ruhiger Überlegung besagt nicht, daß man überhaupt keine inneren Anregungen verspürt, sondern, daß man sich in keinem inneren Kampf befindet und auch keinen eindeutig umschriebenen Impuls wahrnimmt.

Deshalb muß der Exerzitand in aller Ruhe und großer innerer Freiheit eine Analyse seiner selbst und seiner Situation in ihren „objektiven" Gegebenheiten anstellen, das heißt, er muß zu einer rechten Selbsterkenntnis und rechten Erkenntnis seiner Kräfte und Möglichkeiten kommen, sowie die Welt, das komplexe Beziehungsgeflecht, in dem er lebt, „geistlich" zu entziffern suchen, um den Sinn zu entdecken, der sich hinter (besonders intensiven) Erlebnissen verbirgt. Man muß sich allerdings hier vor einem naheliegenden Irrtum hüten. Eine bloße Analyse der Gegebenheiten, so sorgfältig und „durchsichtig" sie einer auch fertigzubringen vermag, gibt noch keinen eindeutigen Hinweis, wie die richtige Entscheidung aussehen muß. Denn die „objektiven" Gegebenheiten sind nicht unmittelbarer Ausdruck des göttlichen Willens; sie können ihren von Gott kommenden Hinweis nur verraten, wenn wir sie im Licht von Glaube, Hoffnung und Liebe, das heißt unter der Rücksicht betrachten, daß wir ohnehin die von Gott in Jesus Christus unwiderruflich Angenommenen und Bejahten sind und ihm deshalb uneingeschränkt zur Verfügung stehen wollen.

Es geht bei dieser Analyse vor allem darum, die *Konstanten* in unserem Leben aus dem Glauben zu entdecken, das will sagen: Wir müssen sehen, ob es bestimmte Intentionen in unserem bisherigen Leben gegeben hat, die häufig und in den besten Augenblicken unseres Daseins sich immer wieder melden und dann gute Wirkungen in uns hervorrufen: Großmut, Selbstlosigkeit, Eifer, Freude usw. — Wir müssen aber auch ganz klar unseren schwachen Punkt (den „Bruch" im Charakter) ins Auge fassen und bei einer Wahl ihn mit hineinnehmen als eine Möglichkeit, sich mehr an Gott zu verlieren.

Man muß also bei der von der dritten Wahlzeit geforderten umfassenden Analyse das Für und Wider sorgfältig zusammentragen und im Glauben gegeneinander abwägen.[20] Ignatius gibt für die dritte Wahlzeit zwei Arten an, „eine gesunde und gute Wahl zu treffen": meines Erachtens eine mehr „rationale" Art (Exerzitienbuch 178—183) und eine mehr „psychologische" Art (184—188).

Ist auf die eine oder andere Art die Entscheidung zustande gekommen, dann soll der Exerzitand das Ergebnis vor Gott bringen und betend in Erfahrung bringen, ob Gott seine Wahl annimmt. Das Ergebnis der ruhigen Überlegung wird so dem nicht diskursiven, prüfenden Erfahren der zweiten Wahlzeit ausgesetzt. — Es kann aber sein, daß sich bei diesem Versuch wieder „nichts rührt". Wir haben dann allen Grund, das bei ruhiger und ausgeglichener Gelichtetheit (Luzidität) des Verstandes und des Gemütes zustande gekommene Ergebnis als von Gott kommend anzunehmen.

d) Kommt man aber in keiner, auch nicht in der dritten Wahlzeit zu einer Gewißheit, dann kann das ein Hinweis dafür sein, daß Gott uns noch im Dunkel der Ungewißheit, im „Ungezielt"-Vorläufigen belassen will, daß also eine Lebenswahl oder eine andere bedeutsame Entscheidung vom Exerzitanden noch nicht gefällt werden kann.

Die „Wahlregeln" schließen mit dem Satz: „Denn es bedenke ein jeder, daß er in allen Dingen des Geistes so weit Fortschritte macht, als er herausspringt aus seiner Eigenliebe, seinem Eigenwillen und seinem Eigennutz". Damit kommt Ignatius noch einmal — wie in einem Refrain — auf die in den Exerzitien und damit für das Leben angestrebten Haltung uneingeschränkter Verfügbarkeit gegenüber dem Willen-Gottes-für-mich zurück.

[20] Vgl. dazu: J. *Laplace*, Zehntägige Exerzitien, Innsbruck 1966 (als Manuskript gedruckt), Hilfen, um eine Wahl zu treffen: 147.

Paſſion

Zur vierten Exerzitienphase ("Dritte Woche")

Die in der Wahl gefällte (Grund-)Entscheidung, das heißt die — unter eschatologischem Vorbehalt — gesuchte und gefundene Lösung meiner realen Lebensfrage(n) soll im Verlauf der dritten und vierten Exerzitienwoche in die Tiefenschicht meiner gläubigen Existenz hineinwachsen. Die getroffene Entscheidung soll zur vitalen Ausrichtung meiner gläubigen Grunderfahrung werden. Deshalb muß meine Entscheidung mit dem Inhalt und „Anspruch" des Grundmysteriums unseres christlichen Glaubens (Tod und Auferstehung Jesu von Nazaret) „übereinstimmen", sie muß dem entsprechen.

In der dritten Woche (Exerzitienbuch 190—209) gedenken wir (im alttestamentlichen Sinn von memoria) des „Todesweges" Jesu, der sich im Durchschreiten von Erniedrigung und Tod zur Herrlichkeit beim Vater erfüllte. Am Beginn dieser Woche soll das Wort stehen:

> „Wir aber sollen uns rühmen
> im Kreuz unseres Herrn Jesus Christus.
> In ihm ist uns Heil geworden
> und Auferstehung und Leben.
> Durch ihn sind wir erlöst und befreit."
>
> (Introitus zum Kar-Dienstag nach Gal 6,14)

Wir sind aufgefordert, unsere gegenwärtige „Trauer und Ohnmacht" ebenso als Weg zum Leben zu verstehen und wachend und betend uns gleichsam hineinnehmen zu lassen in die Antwort Jesu an den Vater.

In der dritten Woche sollen wir uns nicht in die Passion Jesu hineinpsychologisieren. Zudem glaube ich, daß man kaum darum bitten kann, die Todesleiden Jesu mögen sich auch an mir (an uns) vollziehen, wenn alle aufrichtigen Beteuerungen der Jünger im Verschwinden (Flucht) und in Verleugnung enden und Jesus selbst um das Vorübergehen der Passion gebetet hat.

Wir können wohl darum bitten, daß die Betrachtung des Passionsmysteriums uns zu der Antwort hilft, die uns Hoffnung bringt, daß wir uns loslassen und in Gott, in der Antwort Jesu an den Vater „festzumachen" vermögen, selbst wenn Erfahrung und Denken nichts als Enttäuschung, Leere und Sinnlosigkeit zurücklassen ... (So sind m. E. die Bitten in der Leidenswoche zu verstehen: Exerzitienbuch 193, 195, 203 und 206.)

Biblische Impulse

VERRAT DES JUDAS (LUKAS 22,1–6)

Das Fest der ungesäuerten Brote, das Pascha genannt wird, war nahe. Und die Hohenpriester und Schriftgelehrten suchten nach einer Möglichkeit, ihn zu beseitigen; sie fürchteten nämlich das Volk.
Der Satan aber ergriff Besitz von Judas, genannt Iskariot, der zu den Zwölf gehörte. Judas ging zu den Hohenpriestern und Hauptleuten und beriet mit ihnen, wie er Jesus an sie ausliefern könnte. Da freuten sie sich und beschlossen, ihm Geld dafür zu geben. Er stimmte zu und suchte von da an nach einer günstigen Gelegenheit, um ihn an sie auszuliefern, ohne daß das Volk es merkte.

1. *Aufbruch:* Das Fest der ungesäuerten Brote, Mazzot, erinnert an den Aufbruch der Israeliten aus Ägypten. Es war ein Aufbruch aus entwürdigender Abhängigkeit in die Freiheit. Es war ein Aufbruch aus dem Gewohnten, Überschaubaren in das Ungewisse und Unabsehbare. Es war ein Risiko, bei dem man alles verlieren konnte. Der Exodus (Auszug) verlangte allen eine neue Lebensweise ab: Aus seßhaften Sklaven wurden wieder freie, ungesicherte Nomaden. Dieser Aufbruch der Israeliten *bei Nacht* stützt sich allein auf die Zusage Jahwes, er werde für sein Volk da sein, helfend und rettend . . .
Wenn der Aufbruch Jesu in die Nacht der Passion in der Perspektive dieses alttestamentlichen Geschehens gesehen wird, dann ist damit gesagt: Dieser Weg ist nur möglich in der Treue Jahwes, in der Gewißheit, daß der Vater über allem Scheitern und Zusammenbruch zu ihm hält.

2. *Die Gegner:* Die Menschen, die Jesus heimlich aus dem Wege schaffen wollen, haben eines ganz deutlich erkannt:

Dieser Mann aus Galiläa bringt ihre sicheren Positionen ins Wanken. Er bedroht sie damit in einem Maße, daß sie Angst haben müssen. Jesus hat eine Unruhe in ihr Leben gebracht, die für sie unerträglich geworden ist . . .

3. *Der Verräter*: Der Mann, der ihre Unsicherheit auf einmal beenden und sie von ihrer Angst befreien konnte, war ein von Jesus Enttäuschter. Die junge Kirche hat es kommentarlos festgehalten, daß einer aus dem Kreis der Zwölf, daß einer aus dem engsten Jüngerkreis Jesus verraten hat. Es war Jesus nicht möglich, Judas Iskariot zu überzeugen . . . „Die Hohenpriester und Hauptleute freuten sich und vereinbarten mit Judas, ihm Geld zu geben. Und er stimmte zu und suchte eine günstige Gelegenheit, ihn abseits vom Volk ihnen in die Hände zu spielen . . .".

Herr Jesus Christus,
wie viele Male wurde ich ungeduldig.
Wollte verzagen,
wollte aufgeben,
wollte den furchtbar leichten Ausweg suchen:
die Verzweiflung.
Aber Du verlorst die Geduld nicht.
Ein ganzes Leben hieltest Du aus und littest,
um auch mich zu erlösen.

(Sören Kierkegaard) [21]

[21] Zitiert nach Jörg Zink, Wie wir beten können, Stuttgart 1970, 192.

DAS LETZTE MAHL (LUKAS 22,14—20)

Als die Stunde gekommen war, setzte er sich mit den Aposteln zu Tisch. Und er sagte zu ihnen: Wie sehr habe ich mir gewünscht, vor meinem Leiden dieses Paschamahl mit euch zu essen. Denn ich sage euch: Ich werde es nicht mehr feiern, bis es seine Erfüllung findet im Reich Gottes. Dann nahm er einen Becher, sprach das Dankgebet und sagte: Nehmt ihn und reicht ihn unter euch weiter! Denn ich sage euch: Von nun an werde ich nicht mehr von der Frucht des Weinstocks trinken, bis das Reich Gottes kommt.

Dann nahm er Brot, sprach das Dankgebet, brach das Brot und reichte es ihnen mit den Worten: Das ist mein Leib, der für euch hingegeben wird. Tut dies zu meinem Gedächtnis! Ebenso nahm er nach dem Mahl den Kelch und sagte: Dieser Kelch ist der Neue Bund in meinem Blut, das für euch vergossen wird.

In dem vorausgehenden Abschnitt (Lk 22,7—13) macht Lukas einleitend darauf aufmerksam, von welcher Bedeutsamkeit das Paschamahl ist, das Jesus zum letzten Mal mit den Seinen feiert. Hier wird der Gemeinde ein neues Fest bereitet, bei dem der Herr die verheißungsvollen Abschiedsworte spricht, die uns erlauben, Ausschau zu halten nach der kommenden Tischgemeinschaft mit ihm.

1. *Das Paschamahl* (Lk 22,14—18): „Als die Stunde kam, legte er sich zu Tisch und die Apostel mit ihm". Dieses „mit ihm" (sýn autô) ist Ausdruck der von Jesus begründeten Gemeinschaft mit sich, einer Gemeinschaft, die über die Stunde der Erschütterung und des Versagens hinausreicht.

Mit großer Sehnsucht hat Jesus nach *diesem* Paschamahl verlangt, weil es durch die eucharistische Gabe zu einem neuen Paschamahl werden sollte. In diesem Mahl gründet er das neue Gottesvolk, das Abschied nehmen muß von allem, das ihm bislang selbstverständlich und vertraut geworden war. In dieser Nacht der Trennung muß es als abrahamitische

Minderheit aufbrechen in die ungewisse Gewißheit seiner Zukunft. Jesus sagt zweimal in verhüllter Weise seinen Tod voraus: „Nicht mehr werde ich das Pascha essen, bis es sich erfüllt im Reiche Gottes." Mit anderen Worten wiederholt er später diese Vorhersage: „Nicht mehr werde ich trinken von nun an vom Gewächs des Weinstocks, bis das Reich Gottes kommt." Die doppelte Todesprophetie ist ganz und gar durchdrungen und getragen von Hoffnung. Der Vater wird ihn nicht in der Gewalt des Todes lassen, sondern ihm Anteil geben an der endgültigen Paschafeier in seinem Reich. Das Todesschicksal Jesu kann das ungebrochene Sichentfalten der Basileia (Reich) Gottes nicht aufhalten. In dieser Perspektive ist die Aufforderung Jesu an die Zwölf zu verstehen, den Segensbecher zu nehmen und untereinander zu teilen. Die letzte Segensgabe Jesu bewirkt, daß sein Tod ihn nicht von den Seinen trennt und ihnen die Anteilnahme am eschatologischen Mahl verbürgt. Darum hat Jesus so sehr nach diesem Paschamahl verlangt. Er nimmt die Seinen mit hinein in seine „Indifferenz", in die Haltung des Haben- und Lassen-Könnens, wann und wie der Vater es verfügt. Er verankert sie gleichsam in seiner Gehorsamstat gegenüber dem Vater da, wo sie selbst diesen Gehorsam noch nicht zu leisten vermögen.

Die in diesem Geschehen schon angedeutete Überbietung des alttestamentlichen Pascha wird nun in der Stiftung des Herrenmahles verdeutlicht. Jesus „hebt" die alte Paschafeier durch die Einsetzung des eucharistischen Mahles „auf".

2. *Die Einsetzung der Eucharistie* (Lk 22,19 f): Die Einsetzungsworte greifen mit der Doppelbenennung der Gaben „Dies ist mein Leib, der für Euch hingegeben wird" — „Dieser Becher ist der Neue Bund in meinem Blut, das für Euch vergossen wird" Opferterminologie auf, die auf den Bundesschluß am Sinai verweist (Ex 24,1—11) und im Abendmahlsgeschehen die Erfüllung des alttestamentlichen Bundesschlusses sieht: Jesus steht als der neue Moses in der Ver-

sammlung des neutestamentlichen Gottesvolkes. Indem er sich selbst als Gabe für alle Menschen dem Vater überantwortet, vollzieht sich eine radikale Verlagerung des Kultes auf die personale Ebene. Im Neuen Bund gibt es deshalb kein Opfer mehr. Das neue Bundesgeschehen ist Martyrium, Selbstgabe. So kann niemand zu diesem Bundesvolk gehören, der prinzipiell nicht alles in dieses lebenstiftende Martyrium einbeziehen will, das die Versöhnung und Gemeinschaft mit Gott, das die Versöhnung und Gemeinschaft und vielfältige Einheit der Menschen untereinander zum Ziel hat.

Eucharistie, Gemeindeleben, sittliches Leben bilden eine denkbar enge Einheit beim urchristlichen Herrenmahl. Christliches Leben stirbt, wo eines dieser Elemente isoliert wird; es verkümmert, wo eines dieser Momente auf Kosten der anderen überbetont wird: Eine isolierte Eucharistiefeier erstarrt zu einem beziehungslosen Kultgeschehen ohne Wirkung nach außen. — Ein Gemeindeleben, das seinen Bezug zur Eucharistie verloren hat, verliert sich in Aktivismus. — Ein von Eucharistie und Gemeindeleben isoliertes sittliches Leben endet bei selbst gestrickter Gesetzlichkeit und einem „anständigen" Verhalten ohne Heilswirksamkeit.

Ohne ein lebendiges Miteinander, ohne Integration dieser drei Elemente muß unser Leben seine Heilsbedeutung „für die vielen" verlieren. Die Eucharistiefeier ist gerade nicht — wie bei Juden und Heiden — ein der übrigen Wirklichkeit entrückter Kult, sondern ein Geschehen, das fest ins Gemeindeleben integriert ist und durchwirkt vom sittlichen Leben der Glaubenden (Schürmann).

Der Einsetzungsbericht spielt auch auf die Verheißung des Neuen Bundes bei Jer 31,31—34 an: „Dieser Becher ist der *Neue Bund* in meinem Blut" (Lk 22,20). — „Vielmehr so soll der *Bund* sein, den ich mit dem Haus Israel nach jenen Tagen schließe" — Spruch des Herrn — „Ich lege mein Gesetz in ihr Inneres und schreibe es ihnen ins Herz" (Jer 31, 33). In der rechten Feier des Herrenmahles wird den „Unmündigen" vom Vater die endzeitliche Erkenntnis Gottes geschenkt. Aus liebendem Herzen wird ein jeder um den

Willen Gottes wissen und ihn tun: „Dann brauchen sie einander nicht mehr gegenseitig zu belehren: ‚Erkennet den Herrn!', sondern sie alle werden mich erkennen, ob klein oder groß" (Jer 31,34).

Noch ein Zweites verheißt Jeremia (ebd.): „Ihre Schuld vergebe ich und Ihrer Sünden gedenke ich nicht mehr". In der rechten Feier der Eucharistie geschieht Vergebung, Frieden mit Gott, Aussöhnung unter Menschen.

So ist die gemeinsame Feier des eucharistischen Mahles das Einüben in die letzte Verfügbarkeit gegenüber dem Vater, ein letztes Sich-Loslassen in das Paschamysterium Jesu Christi.

ABSCHIEDSGESPRÄCHE (LUKAS 22,21—34)

Doch seht, der Mann, der mich verrät, sitzt mit mir am Tisch. Der Menschensohn muß zwar den Weg gehen, der ihm bestimmt ist; aber weh dem Menschen, durch den er verraten wird. Da fragte einer den anderen, wer von ihnen das wohl tun werde.

Es entstand unter ihnen ein Streit darüber, wer von ihnen als der Größte zu gelten habe. Er aber sagte: Die Könige herrschen über ihre Völker, und die Mächtigen lassen sich Wohltäter nennen. Bei euch aber soll es nicht so sein, sondern der Größte unter euch soll dem Kleinsten gleich werden und der Führende dem Dienenden. Welcher von beiden ist größer: wer bei Tisch sitzt oder wer bedient? Natürlich der, der bei Tisch sitzt. Ich aber bin unter euch wie der, der bedient. In allen meinen Prüfungen seid ihr bei mir geblieben. Darum vererbe ich euch das Reich, wie es mein Vater mir vererbt hat: Ihr sollt in meinem Reich mit mir an einem Tisch essen und trinken; ihr sollt auf Thronen sitzen und die zwölf Stämme Israels richten.

Simon, Simon, der Satan hat verlangt, daß er euch wie Weizen sieben darf. Ich aber habe für dich gebetet, damit dein Glaube nicht erlischt. Und wenn du wieder zurückgefunden hast, dann stärke deine Brüder. Petrus erwiderte: Herr, ich bin bereit, dir auch ins Gefängnis und in den Tod zu folgen. Jesus antwortete: Ich sage dir, Petrus, ehe heute der Hahn kräht, wirst du dreimal leugnen, mich zu kennen.

1. Die Ankündigung des Verrats (Lk 22,21—23): Mit der Ankündigung des Verrats leitet Lukas die Abschiedsgespräche ein. Anders als Markus und Mattäus bringt er diese Ankündigung erst *nach* der Einsetzung (Stiftung) der Eucharistie. Dadurch werden diese Worte zu einer Warnung der Gemeinde vor falscher Sicherheit: So wie Jesus es nicht vermochte, Judas durch die Tischgemeinschaft des letzten Mahles zu wandeln, so schließt auch die Teilnahme am eucharistischen Mahl nicht aus, daß einer zum Verräter wird. „Wehe dem Menschen, durch den der Menschensohn ausgeliefert wird." Lukas deutet an, daß es einen Verrat gibt, der sich selbst um die Erlösungswirklichkeit des Todes Jesu bringt.

Die Jünger beginnen darüber zu streiten, wer von ihnen einer solchen Gemeinheit fähig sei. Ein trauriger Disput, der sich unbewußt schon im Schatten ihres eigenen Versagens abspielt. Immerhin, sehr menschlich . . .

2. Der Rangstreit der Jünger (Lk 22,24—27): Der Streit um den Verrat schlägt um in einen Streit, wer von ihnen wohl der beste sei. Im Unterschied zu Markus werden hier die Jünger von Jesus tatsächlich als Große angesehen und er sagt ihnen, wie sie ihre Größe recht gebrauchen sollen. Die Zwölf sind groß — gemessen an ihrer Berufung. Sie können aber ihre Größe paradoxerweise nur bewahren, wenn sie sie vergessen, wenn in ihrer Gemeinschaft die eschatologische Umkehrung aller Verhältnisse greifbar wird, wenn sie als Große und Führende zu Dienenden an den im Glauben Unerfahreneren werden.

Das Verhalten Jesu bei Tisch wird zum Vorbild für die Größe der Jünger: „Ich aber bin in Eurer Mitte wie der Dienende". Die Tischgemeinschaft mit Jesus beim Abendmahl verpflichtet zum Dienst an der Gemeinschaft der Brüder und Schwestern.

In den wenigen Worten Jesu zum Rangstreit der Jünger

skizziert Lukas die Konturen einer christlichen Glaubensgemeinschaft als Alternative zu allen sonstigen soziologischen Gruppierungen.

Wenn in einer Gemeinschaft Machtstreben, Neid und Mißgunst das Zusammenleben paralysieren und wenn dazu noch die führenden Köpfe der Gemeinde sich in ihrem Verhalten nicht vom Stil politischer und wirtschaftlicher Größen unterscheiden, dann hat eine Glaubensgemeinschaft ihre Glaubwürdigkeit und Existenzberechtigung eingebüßt. Hier steht: Bei Euch soll es anders sein! Ihr sollt Euch nicht so verhalten! „Ich aber bin in Eurer Mitte wie der Dienende." Wo ist bei uns diese Umkehrung greifbare Wirklichkeit, wenigstens ansatzweise...?

3. Die Verheißung an die Jünger (Lk 22,28—30): Jesus erinnert seine Jünger daran, daß sie alles mit ihm geteilt und in den Anfeindungen und der Erfolglosigkeit seines Wirkens bei ihm ausgeharrt haben. Ist das ein Wort, das uns noch gut tut? Oder sind wir innerlich schon längst dabei, die Kontakte abzubrechen und davonzulaufen?

Seinen Schicksalsgefährten verheißt der Herr eine (vom alttestamentlichen Bundesdenken her inspirierte) ungebrochene Gemeinschaft mit ihm, veranschaulicht als Tischgemeinschaft im Reiche Jesu und als Mitherrschen und Richten über Israel.

Diese Verheißung wird uns manchmal wie eine Zumutung vorkommen und wir müssen alle Kraft zusammennehmen, um uns jenseits aller gegenteiligen Erfahrung daran festzuhalten.

4. Das Wort an Simon Petrus (Lk 22,31—34): Die in den Anfechtungen bei Jesus aushaltenden Jünger sind nicht ungefährdet. Jesus warnt Simon Petrus vor der Versuchung, die über *alle* Jünger hereinbrechen wird. Die Erschütterung der kommenden Ereignisse wird sie über ihre Kräfte beanspruchen. Ihre allzu menschliche Selbstgewißheit muß noch enttäuscht werden, um zu erkennen, daß ihr Glaube an Je-

sus, daß ihre Treue zu ihm gleichsam gehalten werden muß vom Gebet Jesu. „(Simon) ich habe für Dich gebetet, daß Dein Glaube nicht aufhöre. Und Du stärke, wenn Du umgekehrt bist, Deine Brüder." Das ist eine Anspielung auf die Umkehr (metánoia) des Simon nach der Verleugnung Jesu. Es kann wohl nur einer seine Brüder im Glauben stärken, wenn er in der Ohnmacht und im eigenen Versagen Gottes Treue an sich erfahren hat . . . Petrus versteht die Worte des Herrn noch nicht und er antwortet mit einem sicher aufrichtigen Treueversprechen, bei Jesus zu bleiben — bis in Gefängnis und Tod. Doch er wird noch heute — der Tag beginnt nach jüdischer Zeiteinteilung am Abend —, er wird noch vor dem Hahnenschrei dreimal bestreiten, Jesus zu kennen . . . Simon Petrus ist noch unfähig, seine Brüder im Glauben zu stärken.
Andere im Glauben zu bestärken ist eine Gabe, über die wir nicht verfügen können.

JESUS AM ÖLBERG (LUKAS 22, 39—53)

Dann verließ Jesus die Stadt und ging, wie er es gewohnt war, zum Ölberg; seine Jünger folgten ihm. Als er dort war, sagte er zu ihnen: Betet darum, daß ihr nicht in Versuchung geratet! Dann entfernte er sich ungefähr einen Steinwurf weit, kniete nieder und betete: Vater, wenn du es willst, nimm diesen Kelch von mir! Aber nicht mein, sondern dein Wille geschehe! Da erschien ihm ein Engel vom Himmel und gab ihm Kraft. In seiner Angst betete er noch inständiger, und sein Schweiß tropfte wie Blut zur Erde. Nach dem Gebet stand er auf, ging zu den Jüngern und fand sie schlafend; denn sie waren vor Kummer erschöpft. Er sagte zu ihnen: Wie könnt ihr schlafen? Steht auf und betet, damit ihr nicht in Versuchung geratet!
Noch während er redete, kam eine Schar Männer, und einer der Zwölf, nämlich Judas, ging ihnen voran. Er näherte sich Jesus, um ihn zu küssen. Jesus aber sagte zu ihm: Judas, mit einem Kuß verrätst du den Menschensohn? Als seine Be-

gleiter merkten, was vorging, fragten sie: Herr, sollen wir
mit dem Schwert dreinschlagen? Und einer von ihnen schlug
auf den Sklaven des Hohenpriesters ein und hieb ihm das
rechte Ohr ab. Jesus aber rief: Laßt das! Hört auf! Und er
berührte das Ohr und heilte den Mann. Zu den Hohenpriestern, den Hauptleuten der Tempelwache und zu den Ältesten, die auf ihn zukamen, sagte Jesus: Mit Schwertern und
Knüppeln seid ihr ausgezogen wie gegen einen Räuber. Als
ich Tag für Tag bei euch im Tempel war, habt ihr nicht gewagt, mir etwas anzutun. Aber jetzt ist eure Stunde da,
jetzt hat die Finsternis die Macht.

1. Der Garten: Jesus verläßt den Abendmahlsraum und
kommt mit seinen Jüngern an den Ölberg. Er geht in den
Garten, wohin er immer geht, und er weiß, daß Judas ihn
dort finden wird. Jesus weicht seiner Passion nicht aus . . .
Der Gang in den Garten ist der Gang in die eigene
Schwäche, in die Agonie des Scheiterns.

2. Das Gebet Jesu: Der folgende Abschnitt ist von der Aufforderung Jesu eingerahmt: „Betet darum, daß Ihr nicht in
Versuchung geratet!". Jetzt beginnt die Zeit der Versuchung,
die Zeit, in der die Macht des Bösen über Jesus wie über
seine Jünger hereinbricht.
Nur im Gebet kann die Erschütterung durch die Macht des
Bösen bestanden werden: Jesus entfernt sich von seinen Jüngern, um allein zu sein. Er kniet nieder — eine für Juden un-
gewöhnliche Gebetshaltung. Sie unterstreicht die Dringlichkeit und Demut seines Betens: „Vater, wenn Du es willst,
nimm diesen Kelch (des Leidens) von mir weg. Aber nicht
mein Wille, sondern der Deine geschehe".
Es ist für uns immer wieder unbegreiflich, daß da, wo die
Sünde übermächtig wird und alles zu zerstören scheint, paradoxerweise Heil zum Durchbruch kommt. Wir gehören
immer wieder zu denen, die meinen, es müsse in unserem
Leben, in unserer Gemeinschaft, in unserer Kirche alles sinnvoll aufgehen. Wir wollen es nicht wahrhaben, daß Gottes
Herrschaft und Reich auch so heranwachsen kann, wie wir es

in der Passion Jesu sehen. Wir betrachten Ohnmacht, Ausgeliefertsein, Erfolglosigkeit von uns aus nicht als Chance zum Heil. Was meinen wir eigentlich, wenn wir sagen: „Vater, nicht mein Wille geschehe, sondern der Deine"?

3. *Die Agonie Jesu:* Die Stärkung Jesu durch den Engel bedeutet hier vermutlich, daß ihm Einsicht in die Notwendigkeit seiner Passion neu und tiefer eröffnet worden ist. — „Daraufhin geriet er in Todesangst und betete noch inständiger. Sein Schweiß wurde wie Blutstropfen, die zur Erde fielen." Die Todesangst Jesu durchzittert alle Fasern seiner Existenz und bleibt nicht ohne physiologische Auswirkungen.

Vielleicht halten wir hier eine Weile inne und bedenken, daß das Sich-Loslassen in den Willen des Vaters Jesus bis an die äußerste Grenze seiner menschlichen Fähigkeiten beansprucht hat. Es packt ihn die ganze Macht (dýnamis) der Sünde. Das Ungeheuerliche dieser Erfahrung liegt darin, daß Jesus sich nicht in einen Bereich der eigenen Sicherheit gegenüber den Sündern zurückziehen kann. „Wo man die anderen haßt und verachtet, wo man innerlich gegen die Bosheit der anderen Widerstand leistet, . . . wo man sich distanzierend von ihnen unterscheidet, da hat man noch eine Situation, in der man sich vor dieser ,Tod-bringenden' Gemeinheit retten kann" (Karl Rahner) [22]. Jesus aber kann das nicht. Er liebt die Menschen bis in den Tod. — Das ist die Taufe, von der Jesus (Lk 12,49) sagte, daß er in angstvoller Bedrängnis sei, bis es vollbracht ist.

Jesus erhebt sich vom Gebet und kehrt zu seinen Jüngern zurück. Die Wandlung, die nun an ihm sichtbar wird, scheint auf eine andere, stärkende Erfahrung hinzuweisen: Es gibt keine Nacht der Sinne, in der Gott nicht anwesend ist. — Es gibt keine Leere, die nicht von ihm erfüllt ist. — Es gibt keinen Abgrund, der nicht vom Abgrund des göttlichen Geheimnisses umfangen ist.

[22] *Karl Rahner,* Einübung priesterlicher Existenz, Freiburg 1970, 241.

Jesus weist seine vor Traurigkeit eingeschlafenen Jünger nicht zurecht, sondern fordert sie erneut zum Beten auf, damit sie in der Versuchung nicht fallen.

4. *Judas:* Während er noch mit ihnen redete, dringt Judas mit einem bewaffneten Haufen in den Garten, Judas macht den Versuch, Jesus zu küssen. Die erstaunte Frage Jesu macht auf das Ungeheuerliche dieses Vorgangs aufmerksam. Es gehört zu seiner Erniedrigung, daß einer aus dem engsten Kreis seiner Vertrauten ihn unter Mißbrauch des Treuezeichens dem Tod ausliefert . . . Die Stunde des Bösen und die Macht der Finsternis beginnen ihr Werk.

VERLEUGNUNG JESU DURCH PETRUS (LUKAS 22,54—62)

Sie nahmen ihn fest, führten ihn ab und brachten ihn in das Haus des Hohenpriesters; Petrus folgte von weitem. Mitten im Hof zündeten sie ein Feuer an und setzten sich ringsum; Petrus setzte sich zu ihnen. Eine Dienerin sah ihn am Feuer sitzen, schaute ihn genau an und sagte: Der war auch mit ihm zusammen. Petrus aber leugnete: Frau, ich kenne ihn nicht. Kurz danach bemerkte ihn ein anderer und sagte: Du gehörst auch zu ihnen. Petrus aber sagte: Mensch, nein! Etwa eine Stunde später behauptete wieder einer: Ganz sicher, der war auch mit ihm zusammen. Außerdem ist er Galiläer. Petrus aber erwiderte: Mensch, ich weiß nicht, wovon du redest! In diesem Augenblick, noch während er redete, krähte ein Hahn. Da wandte sich der Herr um und blickte Petrus an. Jetzt erinnerte sich Petrus an das, was der Herr zu ihm gesagt hatte: Ehe heute der Hahn kräht, wirst du mich dreimal verleugnen. Und er ging hinaus und begann bitter zu weinen.

Diese Darstellung ist eine straffe, geschlossene Komposition mit einer bewußten Steigerung der Vorgänge. Lukas mildert allerdings die Härte der Absage an Jesus, wie wir sie bei Markus vorfinden. Die Untreue des Petrus steht in einem erschütternden Kontrast zur Treue Jesu.

1. Petrus folgte dem Zug mit dem verhafteten Herrn von weitem, aus sicherer, überschaubarer Entfernung. Mehr ist nicht mehr drin. Seine Bereitschaft, mit Jesus in Gefängnis und Tod zu gehen, ist nicht mehr ungebrochen. Immerhin — er ist nach Lukas der einzige, der noch den Mut aufbringt, Jesus bis in den Hof des hohepriesterlichen Hauses nachzugehen. Petrus kommt von seinem Herrn nicht los. Er setzt sich unter die Leute um das große, kreisrunde Feuer in der Mitte des Hofes. Es dauert nicht lange, bis zwei Leute ihn als Anhänger Jesu erkennen. Petrus bestreitet, ihn zu kennen und leugnet seine Zugehörigkeit zum Verhafteten. Er will sich eine Möglichkeit offenhalten, den Gang der Ereignisse weiter zu verfolgen. Zunächst wird er auch in Ruhe gelassen, bis dann ein Dritter ihn — vermutlich an der Sprache — als Galiläer erkennt. Galiläer sein heißt Anhänger Jesu sein; es heißt aber auch Zelot sein, und beides wird von diesen Leuten des Hohenpriesters nicht auseinandergehalten.

In die ausweichende Antwort des Petrus hinein kräht ein Hahn. Die Treue des Jüngers als Mensch und Glaubender reicht nicht aus, um den Weg mit Jesus durchzustehen. Das vorausgesagte Zeichen ist eingetroffen.

2. In diesem Augenblick — so berichtet Lukas als einziger unter den Evangelisten — wendet Jesus sich um und sieht Petrus wortlos an. Dieser erinnert sich des Wortes, das Jesus zu ihm gesprochen hatte und er geht hinaus in die bergende Dunkelheit und weint sich aus ...

In diesem Blick Jesu erkennt Petrus die Abgründigkeit seiner Selbstgewißheit. „Simon, Simon, siehe der Satan hat verlangt, Euch zu sieben wie den Weizen." Simon muß erkennen, daß er von sich aus nur Spreu ist, daß er von sich aus nicht zur Arbeit am Reich Gottes taugt. Er darf aber zugleich erfahren, daß Jesus sich von ihm nicht distanziert, daß seine Untreue von der Treue Jesu zu ihm bis in den Tod durchbrochen wird. „Simon, ich habe für Dich gebetet, daß Dein Glaube nicht aufhöre. Du aber stärke, wenn Du umgekehrt bist, Deine Brüder."

Die Verleugnung Jesu, dieser Gesichtsverlust gehörte zum schmerzlichen Reifungsprozeß seines Glaubens. Das Eingeständnis seiner Schuld macht Petrus erst fähig, einmal seine Brüder im Glauben zu stärken. Und indem er betroffen aus dem Hof des Hohenpriesters hinausgeht und weint, erweist er sich doch als Jünger Jesu.

Ein Mensch, der noch erschüttert über sich weinen kann, ist ein Mensch mit Hoffnung und Zukunft. Ein Mensch, der in seiner Schuld — und sei sie noch so abscheulich — von Gott angesehen wird, hat wieder An-sehen.

GANG NACH GOLGOTA (LUKAS 23,24—32)

Pilatus entschied, daß ihre Forderung erfüllt werde. Er gab den Mann frei, der wegen Aufruhr und Mord im Gefängnis saß und den sie gefordert hatten. Mit Jesus aber verfuhr er, wie sie es gewollt hatten.

Als sie Jesus abführten, packten sie einen Mann aus Zyrene mit Namen Simon, der gerade vom Feld kam. Ihm luden sie das Kreuz auf, damit er es hinter Jesus hertrage. Es folgte eine Menge Menschen, darunter auch Frauen, die um ihn klagten und weinten. Jesus wandte sich zu ihnen um und sagte: Ihr Frauen von Jerusalem, weint nicht über mich; weint über euch und eure Kinder! Denn es kommen Tage, da wird man sagen: Wohl den Frauen, die unfruchtbar sind, die nicht geboren und nicht gestillt haben! Dann wird man zu den Bergen sagen: Fallt auf uns! und zu den Hügeln: Bedeckt uns! Denn wenn das am grünen Holz geschieht, was wird dann erst mit dem dürren werden? Zusammen mit Jesus wurden auch zwei Verbrecher zur Hinrichtung geführt.

1. Lukas hebt ausdrücklich hervor, daß *Pilatus* dreimal in aller Öffentlichkeit erklärt, er finde nichts an diesem Jesus aus Nazaret, wofür er den Tod verdient hätte. Der römische Gouverneur wiederholt seine Absicht, diesen undurchschaubaren, aber doch politisch harmlosen Galiläer nach einer warnenden Geißelung auf freien Fuß zu setzen. Doch die Erregung der Menge und ihr brutaler Schrei nach Jesu Tod

werden so stark, daß Pilatus ihrem Drängen schließlich nachgibt. Er läßt Barabbas frei. „Jesus aber lieferte er ihrem Willen aus...". Ein entsetzliches Wort! Eine furchtbare Möglichkeit, Menschen nach eigener Façon zugrunde zu richten.

2. Der Kreuzweg Jesu beginnt. Das Exekutionskommando zwingt unterwegs einen Mann, der ihnen gerade in den Weg gelaufen kommt, den Kreuzbalken nach Golgota zu tragen. Den Soldaten erscheint Jesus durch die Mißhandlungen schon allzu geschwächt. Es heißt hier im Text, daß sie *Simon*, einen der nachösterlichen Gemeinde bekannten Diasporajuden *aus Zyrene*, nötigten, den Kreuzbalken „hinter Jesus her" zu tragen. Diese Formulierung ist eine Anspielung auf die Nachfolgelogien Lk 9,23 und 14,27. — Simon wird bei Lukas zum Bild des Christen, der Jesus nachfolgt im Tragen des Kreuzes. Ähnlich wie bei der Jüngerberufung (5,1—11) ist nichts von einer Verherrlichung des Entschlusses zur Nachfolge zu spüren. Simon aus Zyrene wird ja brutal dazu gezwungen. Die Nachfolge ist sehr konkret. Sie begann nicht mit einem großartigen inneren Erlebnis oder einem begeisternden Gedanken.

Noch ein weiteres Moment wird hier am Rande des Kreuzweges sichtbar: Jesus ist inzwischen schon so zugrunde gerichtet, daß er den Kreuzbalken einem anderen überlassen muß, der nicht zu seinen Anhängern zählt, sondern lediglich (zufällig) vorüberging und mit der ganzen Sache Jesu nichts zu tun haben wollte. Jesu Einsamkeit verdichtet sich . . .

3. Auf seinem Weg zur Hinrichtung geht eine große Menschenmenge mit. Darunter sind auch *Frauen*, die ihm ihr Mitleid bekunden. Sie übernehmen spontan gleichsam die Rolle der Klagefrauen. Für einen zum Tode Verurteilten war überhaupt keine Totenklage in der Öffentlichkeit gestattet. Hier erfüllt sich die Prophetie Sacharjas (12,10 f): „Sie betrauern ihn, wie man den einzigen Sohn betrauert, und weinen bitter um ihn, wie man den Erstgeborenen beweint. Ein großes Klagen steigt an jenem Tag aus Jerusalem auf".

Nach lukanischer Überlieferung hat Jesus seit seiner Auslieferung an Pilatus kein Wort mehr gesagt. Jetzt öffnet er inmitten der klagenden Frauen seinen Mund zu prophetischer Rede. Sein Leid ist weniger sein persönliches Schicksal, sondern das dadurch ausgelöste Schicksal Jerusalems. Mit der Klage über Jerusalems Ende hatte er die Stadt betreten (Lk 19,41—44), mit der gleichen Klage verläßt er sie. Nicht die gutmeinenden Frauen, sondern er hat eigentlich Grund zur Totenklage über Jerusalem. „Sie werden Dich und Deine Kinder, die in Dir sind, zu Boden schleudern und nicht einen Stein auf dem andern lassen, weil Du die Stunde Deiner Heimsuchung nicht erkannt hast" (Lk 19,44).
Jesus will nicht Mitleid, sondern *Umkehr*. Wenn Gottes Gericht gegen alle Erfahrung zuerst ihn, den frischen Stamm (das „grüne Holz") erfaßt, was wird dann mit ihnen, dem „dürren Holz", geschehen, wenn das Feuer des Gerichts in sie hineinstößt? Dieses prophetische Wort ist ein letzter Ruf zur Umkehr.
Die Apostelgeschichte macht deutlich, daß Jesu Tod noch eine letzte Möglichkeit eröffnet, das einmal ausgeschlagene Heil doch anzunehmen, die einmal zerstörte Alternative des Getöteten doch noch Geschichte werden zu lassen.
Wenn das Gedächtnis (memoria) des Kreuzweges Jesu nicht zum privaten Asyl für unsere gegenwärtigen Enttäuschungen degenerieren soll, dann muß dieser Leidensweg in den Verhältnissen unserer Zeit reflektiert und ausbuchstabiert werden, dann muß sich das Gedächtnis der Passion Jesu als eine gefährlich-befreiende Erinnerung in den vermeintlichen Selbstverständlichkeiten unseres Lebens, unserer Gemeinschaft, der Kirche und Gesellschaft auswirken.

4. Wenn das Gedächtnis des Kreuzweges Jesu nicht wenigstens für Augenblicke grell und hart die Fraglichkeit dessen beleuchtet, womit wir uns scheinbar abgefunden haben, wenn es nicht wenigstens „vorübergehend" unseren vermeintlichen Realismus als Banalität entlarvt, dann können wir diese Erinnerung ruhig verstauben lassen wie einen alten Kreuzweg im dunklen Seitenschiff einer Kirche.

Der Weg des Gegeißelten aus der Stadt derer, die sich breit-
armig durchgesetzt haben, in die Ohnmacht nach Golgota
sollte uns die Augen dafür öffnen, daß das Sinnpotential in
unserer Gemeinschaft, in der Kirche, in der Gesellschaft und
auch für unsere persönliche Geschichte nicht an denen hängt,
die sich durchsetzen konnten und Erfolg hatten. — Die Meditation des Leidensweges Jesu muß uns an die besiegten
und gedemütigten, an die vergessenen und verdrängten
Hoffnungen so vieler wie auch unserer eigenen Lebensgeschichte erinnern. Es liegt auch an uns, ob die Erzählung
vom Weg nach Golgota doch noch zur Anti-Geschichte wird.

5. Jesus setzt seinen Kreuzweg fort. Mitgeführt werden zwei
Gewaltverbrecher, die auch hingerichtet werden sollen. Sie
sind seine Schicksalsgenossen. Der Gewaltlose wird unter die
Gewalttätigen gezählt . . .

KREUZIGUNG UND TOD JESU (LUKAS 23,33—49)

*Sie kamen zu der Stelle, die Schädel genannt wird. Dort
kreuzigten sie ihn und die Verbrecher, den einen zur Rechten, den anderen zur Linken. Jesus aber betete: Vater, vergib
ihnen, denn sie wissen nicht, was sie tun. Sie warfen das
Los und verteilten seine Kleider. Das Volk stand dabei und
schaute zu. Die Mitglieder des Hohen Rats spotteten: Anderen hat er geholfen, nun soll er sich selbst helfen, wenn
er der von Gott erwählte Messias ist. Auch die Soldaten ver-
spotteten ihn; sie traten vor ihn hin, reichten ihm Essig
und sagten: Wenn du der König der Juden bist, dann hilf
dir selbst! Über ihm war eine Tafel angebracht mit der Auf-
schrift: Das ist der König der Juden.
Einer der Verbrecher, die neben ihm hingen, lästerte ihn:
Bist du denn nicht der Messias? Dann hilf dir und uns! Der
andere aber wies ihn zurecht und sagte: Fürchtest du Gott
nicht? Dich hat doch das gleiche Urteil getroffen. Uns geschieht recht, wir erhalten den Lohn für unsere Taten; dieser aber hat nichts Unrechtes getan. Dann sagte er: Jesus,
denk an mich, wenn du in deiner Macht als König kommst!*

*Jesus erwiderte ihm: Amen, ich sage dir: Heute noch wirst
du mit mir im Paradies sein.
Es war etwa um die sechste Stunde, als eine Finsternis über
das ganze Land kam. Sie dauerte bis zur neunten Stunde.
Die Sonne verdunkelte sich. Der Vorhang im Tempel riß
mitten durch, und Jesus rief laut: Vater, in deine Hände
lege ich meinen Geist. Nach diesen Worten starb er.
Als der Hauptmann sah, was geschehen war, pries er Gott
und sagte: Dieser Mensch war wirklich unschuldig. Und
alle, die zu diesem Schauspiel herbeigeströmt waren und
sahen, was sich ereignet hatte, schlugen sich an die Brust
und kehrten zurück. Alle seine Bekannten aber standen fern
vom Kreuz, auch die Frauen, die ihm von Galiläa gefolgt
waren und alles mitansahen.*

Der lukanische Kreuzigungsbericht ist eine vierteilige Komposition, bei der sich die Szene mit dem Schächer als innere
Mitte heraushebt. Alle vier Teile gipfeln in einem bedeutsamen Wort. Vielleicht gelingt die Meditation des Sterbens
Jesu am ehesten, wenn man diese Worte nach der zweiten
oder dritten Gebetsweise (Exerzitienbuch 249—260) durch-
geht, also Wort für Wort, entweder im Atemrhythmus oder
nicht zeitgebunden. Unbeschadet dessen sollen noch ein paar
Anregungen zur Betrachtung des Geschehens auf Golgota
gegeben werden.

1. *„Vater, vergib ihnen, denn sie wissen nicht, was sie tun!"
(V. 33 f)*
Jesus wird inmitten zweier — vermutlich politischer — Gewaltverbrecher gekreuzigt. Er — der Gewaltlose — gilt als
der Gefährlichste.
Während in jüdischen Martyrerberichten (vgl. 2 Makk 7)
die Hingerichteten ihre Richter und Henker beschimpfen,
betet Jesus für sie. Bis zuletzt bleibt er seiner Sendung als
Retter und Helfer (Lk 4,18—21) treu. Seine Fürbitte eröffnet
die letzte Chance zur Umkehr, die den Verantwortlichen
durch seinen Tod gegeben wird. Daran knüpft die apostolische Predigt an: Apg 3,17; 13,27.

Jesu Fürbitte steht an Stelle eines Schuldbekenntnisses, das gewöhnlich von einem Todeskandidaten gesprochen und vom Hohenpriester abgenommen wird. Jesus bekennt nicht eigene Schuld, sondern er bittet um Vergebung für jene, die ihn aus schuldhafter Unwissenheit hinrichten. Nach altem Brauch teilen sich die Soldaten, was er noch am Leib hat. Die buchstäbliche Armut und Verfügungslosigkeit Jesu wird in ihren letzten Konsequenzen sichtbar.

2. *„Amen, ich sage Dir, heute noch wirst Du mit mir im Paradies sein" (V. 35—43)*
„Das Volk stand da und schaute zu." Es ist stummer Zeuge der Beschimpfungen Jesu.
Den Verantwortlichen des Volkes sind ein Leben und ein Anspruch, die so erbärmlich zusammenbrechen und scheitern, ein untrügliches Zeichen dafür, daß Jesu Lehre leer und seine Vollmacht Betrug ist. Gott kann nicht mit ihm sein. Die Gestalt des leidenden Gerechten und das Bild des leidenden Gottesknechts scheinen völlig aus dem Blickfeld zeitgenössischer Theologie und Spiritualität gewichen zu sein. Die Hoffnung des Gescheiterten gilt den Pragmatikern von Macht und institutionalisierter Religion als gefährliche Täuschung.
Dem Spott der Volksführer schließen sich die Soldaten an. Sie fordern den „Judenkönig" ebenfalls zur Selbsthilfe auf und spielen damit auf die verhöhnende Kreuzesinschrift an.
Zum dritten Mal wird Jesus als Messias angesprochen und aufgefordert, sich selbst zu retten. Damit wird die in der Nazaretperikope (4,23) zum ersten Mal geäußerte Zeichenforderung zur feierlichen Manifestation des Unglaubens.
Dem gegenüber bekennt der andere Schicksalsgenosse nicht nur Jesu Schuldlosigkeit, sondern zugleich auch seine Messianität: „Jesus, gedenke meiner, wenn Du mit Deinem Reich kommst", das heißt, wenn er seine Herrschaft antritt, die ihm als dem leidenden Gerechten zukommt.
Einem Gesetzlosen, einem zu Recht aus der Lebensgemeinschaft Ausgeschlossenen, erschließt sich nach Lukas als er-

stem österlicher Glaube ... Jesus offenbart sich hier noch ein letztes Mal als der, der dem Verlorenen nachgeht bis in die letzte Ausweglosigkeit hinein. Seine Antwort überbietet die Bitte des reuigen und glaubenden Sünders. Jesu Verheißung ist zugleich Ausdruck der Freude über den einen, der sich finden ließ und umkehrte (Lk 15,4—7); Jesu Antwort ist Freude darüber, daß die Todesstunde des reuigen Sünders durch die Gemeinschaft mit ihm (met' emoû) zum heilserfüllten Heute wird (vgl. 4,21 u. a.).

3. „Vater, in Deine Hände lege ich meinen Geist!" (V. 44 bis 46)
Der Tod Jesu wird von zwei apokalyptischen Zeichen eingeleitet: Es handelt sich hier um theologische, nicht um historische Aussagen:
Die dreistündige, die ganze Erde bedeckende Finsternis deutet an, in welche Weiten und Tiefen das Sterben dieses Gerechten hineinreicht. Der gesamte Kosmos wird davon erfaßt. Die universale Finsternis symbolisiert zugleich in harter Dialektik die vom Menschen verschuldete (felix culpa) Gottlosigkeit dieses zeitenwendenden Geschehens.
Das Zerreißen des Tempelvorhangs soll (möglicherweise) das im Sterben Jesu sich vollziehende Ende des Tempelkultes und das beginnende Gericht an der Tempelgemeinde andeuten.
Während vom Tempel her die Posaunen zum Abendgebet auffordern, ruft Jesus mit lauter Stimme: „Vater, in Deine Hände befehle ich meinen Geist" (vgl. Ps 31,6). Er betet mit der ihm eigenen Abba-Anrede das Abendgebet des frommen Juden. Es ist das Abendgebet seines Lebens, mit dem er sich losläßt in die Hände des Vaters. Sein unerschütterliches Festhalten an Gott wider alle Erfahrung und Ohnmacht des Denkens vollendet sich in diesem Sterben.

4. „Dieser Mensch war wirklich unschuldig" (V. 47—49)
„Als der Centurio sah, was geschah, pries er Gott und sprach: Dieser Mensch war wirklich ein Gerechter." In diesem Bekenntnis des Heiden bricht zum zweiten Mal öster-

licher Glaube durch. Der (Ur-)Martyrer gewinnt nach seinem Schicksalsgenossen auch seinen Henker.

Erst nach dem Tod, beim Anblick des Geschehenen regt sich beim Volk Trauer, die zur Umkehr führt. Das Schlagen an die Brust ist stummer Ausdruck seiner Erschütterung. Zuletzt wird von den Bekannten Jesu gesprochen. Es ist unklar, ob Lukas in dem Wort „alle" auch seine Jünger eingeschlossen wissen will. Auf jeden Fall sind es galiläische Frauen, die von ferne die Kreuzigung und das Sterben ihres Herrn mitverfolgt haben. Was sie mit Jesus verbunden hat, ist nun von ihrer Seite her zu Ende. Sie müssen warten, bis der Auferweckte an ihnen das Geheimnis seiner Auferstehung erfüllt. — Vom Menschen her gesehen ist das Kreuz Jesu eine durchgestrichene Hoffnung.

GRABLEGUNG (LUKAS 23,50—56)

Zu den Mitgliedern des Hohen Rates gehörte ein Mann namens Josef, der aus der jüdischen Stadt Arimatäa stammte. Er wartete auf das Reich Gottes und hatte dem, was die anderen beschlossen und taten, nicht zugestimmt, weil er gut und gerecht war. Er ging zu Pilatus und bat um den Leichnam Jesu. Und er nahm ihn vom Kreuz, hüllte ihn in Leinen und legte ihn in ein Felsengrab, in dem noch niemand bestattet worden war. Das war am Rüsttag, kurz bevor der Sabbat begann. Die Frauen, die mit Jesus aus Galiläa gekommen waren, gaben ihm das Geleit und sahen zu, wie der Leichnam in das Grab gelegt wurde. Dann kehrten sie heim und bereiteten wohlriechende Öle und Salben zu. Am Sabbat aber hielten sie die vom Gesetz vorgeschriebene Ruhe ein.

1. *Josef von Arimatäa:* Nach der von Markus (15,43) übernommenen Charakterisierung zu urteilen, gehörte Josef von Arimatäa vermutlich zu einer stark auf die Erwartung der Basileia (Reich) Gottes ausgerichteten Gruppe. Er muß wohl mit Jesus von Nazaret sympathisiert haben, ohne sich ihm

jedoch anzuschließen. Es ist also niemand von den Zwölf, sondern ein Außenstehender, der tut, was jetzt notwendig ist.

Sich als jüdischer Ratsherr an den römischen Gouverneur zu wenden, um von ihm den Leichnam eines vom Synedrium wegen Gotteslästerung zum Tode Verurteilten und offiziell als Gottloser aus dem Bundesvolk Jahwes Ausgestoßenen zu erbitten, dazu gehörte schon Mut. Nach jüdischer Sitte hatte ein Hingerichteter ohnehin kein Recht auf ein Privatgrab. Bei den Römern war es jedoch Brauch, die Leiche für gewöhnlich Verwandten oder Freunden zu überlassen. Jesus wird wegen des bald beginnenden Sabbats im Schnellverfahren beigesetzt. Josef von Arimatäa nimmt es dabei in Kauf, nicht an der Feier des Paschafestes teilnehmen zu dürfen, denn die Berührung einer Leiche verunreinigt kultisch und schließt vom Paschagenuß aus. — Josef stellt dem Geächteten auch noch ein unbenutztes Felsengrab zur Verfügung.

2. *Die Frauen:* Bei dem Begräbnis Jesu erwähnt Lukas nur die Frauen, die Jesus aus Galiläa gefolgt waren. Sie sehen sich das Felsengrab an und schauen zu, wie Jesu Leichnam bestattet wird.

Diese Galiläerinnen sind da bis zuletzt, während keiner aus dem Kreis der Zwölf genannt wird. Jesus hatte den Frauen die volle Menschenwürde vor Gott (zurück)gegeben und sie aus ihrer immer noch entwürdigenden Stellung in Israel gelöst.

Von der ursprünglich nomadisch verfaßten Gesellschaftsordnung her wurde die Frau zwar eher als Partner gesehen im harten Daseinskampf, als das in dem hellenistischen Kulturbereich beispielsweise der Fall war. So hatte die Frau ihren Platz im mosaischen Gesetz. Aber es bricht doch immer wieder die Haltung durch, die Frau nur als Sache zu behandeln. Im öffentlichen und kultischen Leben war ihre Stellung stark eingeschränkt. Positiv wird sie eigentlich nur im Verhältnis zum Glück und Nutzen beschrieben, den sie für Mann und Haus bringt.

Jesus hat die Frau vor Gott voll gleichberechtigt und damit ihre gesellschaftliche Gleichstellung grundsätzlich verlangt und eingeleitet. Diese Tat danken ihm die Frauen aus Galiläa mit ihrer Treue bis zu seinem Ende, bis man nichts mehr für ihn tun kann. So werden sie die ersten sein, denen der Auferstandene sich offenbart und die er zu ersten Zeugen seiner Auferstehung macht.

3. *Karsamstag:* So beredt die Evangelien die Passion Jesu bis zu seinem Tod und Begräbnis schildern, so schweigsam werden sie für die Zeit zwischen Grablegung und Ostermorgen. Zum Totsein gehört dieses Verstummen, diese Stille, nicht nur als Ausdruck von Trauer und Ratlosigkeit, sondern auch aus dem Wissen darum, daß Totsein eine den ganzen Menschen durchdringende geheimnisvolle Zuständlichkeit ist, in der die Summe aller nun endgültig abgeschlossenen Lebenstätigkeit gezogen wird ... In diesem Zustand absoluter Verfügungslosigkeit teilt Jesus das Geschick aller Toten. Wie er im Leben solidarisch war mit den Lebenden, so wird er im Grab solidarisch mit den Toten. Er ist sich ganz genommen. In dieser letzten Konsequenz seiner Menschwerdung vollzieht sich die heilstiftende Wende des Kreuzesgeschehens. Der Abgrund der Todesverlorenheit wird durchbrochen.

Sterben, Totsein als Prozeß, als Durch-gang zu voller Mensch-werdung ist eine Frage an unseren Glauben, vielleicht die bedrohlichste Frage, der wir ausgeliefert sind. Es kommt darauf an, daß wir diese Frage aushalten ...

Auferstehung

Zur fünften Exerzitienphase („Vierte Woche")

I. Vom Text des Exerzitienbuches her ergeben sich eine Reihe von Übereinstimmungen und Unterschieden zur dritten Woche (vgl. 221, 224, 229). Der Grund dafür liegt in der theologischen Einheit beider Wochen, das heißt der Einheit des Pascha-Mysteriums Jesu Christi.

II. Ein tieferes Verständnis für die Verschiedenheit der vierten Woche (Exerzitienbuch 218—229) von den vorausgehenden Betrachtungen der Geheimnisse des Lebens Jesu und für die Einheit des Gesamtgeschehens ergibt eine Analyse der Osterberichte:

1. Jesus erscheint nur solchen Menschen, die über ihr Verstehen und Versagen hinaus innerlich zu ihm gehören.

2. Die Verschiedenheit der Osterberichte zu den vorausliegenden Evangelienberichten:
a) Der Auferstandene erscheint in einer ungewohnten und nicht überholbaren Fremdheit: Die Apostel und Jünger finden nicht mehr zu der „alten" Vertrautheit mit ihm zurück.
b) Das Kommen und Verschwinden des Auferstandenen ist plötzlich, ohne Erklärung, unvermittelt.
c) Die Osterberichte zeigen keine Trauer über die guten alten Tage der nomadenhaften Gemeinschaft mit Jesus. Das vorösterliche Zusammensein mit Jesus war für die junge Gemeinde kein verlorenes goldenes Zeitalter. Sie kehrten voll Freude in ihre Welt zurück (vgl. Lk 24,52).
d) Der Auferstandene schafft in diesen österlichen Begegnungen erst den christlichen Glauben.
e) Wenngleich wir es in den Evangelien immer mit dem auferstandenen Kyrios und dem historischen Jesus zugleich zu

tun haben und diese Spannung und dieses Ineinander nie ganz bewältigt werden kann, so wollen die Osterberichte doch in erster Linie eine tiefere Einsicht in seine neue Gegenwart vermitteln. Sie wollen unter anderem die Realität der Gegenwart Jesu Christi trotz seiner (physischen) Unsichtbarkeit manifestieren. — Das war eine schwierige Pädagogik, wie auch die intensive Parusieerwartung der jungen Christengemeinden zeigt. Die Hoffnung der Wiederkehr impliziert ja doch irgendwie, daß der Auferstandene abwesend ist.

3. Wenn man — wie Ignatius — die Berichte bis zur Erhöhung des Kyrios hinzunimmt, dann wird deutlich, daß die junge Kirche „nach vorn" orientiert ist. Das zeigt auch die Traditions- und Redaktionsgeschichte der Evangelien: Vergangenes war für die junge Kirche weitgehend nur insofern relevant, als es im Lichte des Auferstehungsglaubens die konkrete gegenwärtige Situation christlich zu bewältigen half.

4. Die Tatsache, daß die neutestamentlichen Schriften mit *Brief*-Literatur beginnen, dürfte ein deutlicher Hinweis dafür sein, daß die junge Kirche in erster Linie am Kyrios interessiert war, soweit er sich ihnen im Wirken des Heiligen Geistes manifestierte. Dieser Hinweis wird durch die Apostelgeschichte noch unterstrichen; und nach Joh 20,29 sind wir ausdrücklich „Seliggepriesene", weil wir in der Zeit des Geistes leben.

5. Ohne die Osterberichte über-zu-interpretieren, muß man wohl sagen, daß die Jünger in der Begegnung mit dem Auferstandenen und Erhöhten die Annahme und damit den Sinn von Jesu Passion erfuhren. „Mußte nicht Christus all dies leiden . . .?" Darin wird — etwas weiter geführt — bereits die Relevanz des Mysterium Paschale (Österlichen Geheimnisses) für den Gesamtkosmos des menschlichen Lebens sichtbar: die grundsätzliche Erlösung aller Menschen und aller Bereiche und Dimensionen menschlichen Lebens.

III. Aus der Analyse des biblischen Befundes ergeben sich für die Betrachtungen der vierten Woche folgende Konsequenzen:

1. Waren die Meditationen der Geheimnisse des Lebens Jesu — wie der Glaube der nachösterlichen Gemeinde — am „historischen Jesus" orientiert, so wollen die Betrachtungen der Osterberichte in erster Linie eine tiefere Einsicht in seine Gegenwart im Geist vermitteln.

2. Dabei wird sich für uns die Erfahrung der Jünger wiederholen, daß Christus von einer unüberholbaren Fremdheit bleibt. Seine Souveränität tritt da erst voll in Erscheinung. Er kann von uns nicht vereinnahmt werden. Die in der „Wahl" ausgesprochene uneingeschränkte Verfügbarkeit wird also hier gleichsam in den frischen Wind des Geistes gehängt.

3. Diese Betrachtungen müssen daher alle einen Trend, ein Gefälle „nach vorn" haben. Durch mein „Wahl-Angebot" bin ich auf ein ständiges aggiornamento verpflichtet (vgl. den Pflugspruch Lk 9,62). Das Gott-finden-in-allen-Dingen fängt mit den Osterbetrachtungen an.

Zusammenfassung: Die Stellung der vierten Woche im Aufbau der Exerzitien wird erst durch die Analyse der Osterberichte auf ihre Aussageintention hin und durch die daraus sich ergebenden Konsequenzen für die Meditationen ganz deutlich.
Von daher ergibt sich auch eine enge Beziehung der vierten Woche zur Schlußbetrachtung „ad amorem obtinendum" (zur Erlangung der Liebe), wo die radikale Selbstmitteilung des dreifaltigen Gottes gleichsam in einem Brennpunkt und Schlußakkord noch einmal zusammengefaßt ist. Die Dynamik dieser Schlußbetrachtung drängt wie von selbst zum Gott-finden-in-allen-Dingen, in das der Exerzitand entlassen wird.

Biblische Impulse

AM LEEREN GRAB (LUKAS 24,1–12)

Am ersten Tag der Woche gingen sie mit den wohlriechenden Salben, die sie zubereitet hatten, in aller Frühe zum Grab. Da sahen sie, daß der Stein vom Grab weggewälzt war, und als sie hineingingen, fanden sie den Leichnam Jesu, des Herrn, nicht. Als sie ratlos dastanden, traten zwei Männer in leuchtenden Gewändern zu ihnen. Sie erschraken und blickten zu Boden. Die Männer aber sagten zu ihnen: Was sucht ihr den, der lebt, bei den Toten? Erinnert euch an das, was er euch gesagt hat, als er noch in Galiläa war. Der Menschensohn muß den Händen der Sünder ausgeliefert und gekreuzigt werden und am dritten Tag auferstehen. Da erinnerten sie sich an seine Worte. Sie verließen das Grab und berichteten alles den Elf und den übrigen Jüngern. Es waren Maria aus Magdala, Johanna und Maria, die Mutter des Jakobus; auch die anderen Frauen, die bei ihnen waren, erzählten es den Aposteln. Doch die Apostel hielten das alles für Geschwätz und glaubten den Frauen nicht. Petrus aber stand auf und lief zum Grab. Er beugte sich vor, sah aber nur die Leinenbinden dort liegen. Dann ging er nach Hause, voll Verwunderung über das, was geschehen war. (Vgl. Joh 20,3–10.)

Verglichen mit Markus bringt auch Lukas eine originelle Darstellung des Ostergeschehens. Er gibt dem vorwiegend aus seinem Sondergut entnommenen Stoff den Rahmen eines Tages: des Ostertages (24,1–53).
Die Komposition geht von der Voraussetzung aus, daß die Jünger nicht geflohen, sondern in Jerusalem geblieben (untergetaucht) sind. Das ist auch der Anknüpfungspunkt für das Wirken des Auferstandenen, wie es in der Apostelgeschichte erzählt wird.

1. Unsere Perikope beginnt — ähnlich wie bei den anderen beiden Synoptikern — mit dem Weg der Frauen zum Grab. Sie sind unterwegs zu einem Toten. Sie wollen noch einer letzten Pietätspflicht gegenüber ihrem geliebten Rabbi nachkommen und mit Ölen und Salben den Geruch von Verwesung bannen. Die guten Frauen haben sich schon so sehr mit der trostlosen Endgültigkeit des Geschicks Jesu abgefunden, daß sie den ersten unerwarteten Hinweis des Lebens, den beiseite gewälzten Verschlußstein, nicht verstehen. Die Möglichkeit, daß nicht der Tod, sondern Gott das letzte Wort (dabar) über Jesus von Nazaret hat, liegt so außerhalb ihres Denkens und ihrer Erwartungen, daß auch das leere Grab keinen Glauben bei ihnen zu wecken vermag. Sie stehen ratlos in der Totenkammer . . .

2. Von Grab und Tod gebannt, am zur Gewißheit gewordenen Ende ihrer Hoffnungen trifft sie die Osterbotschaft: „Was sucht Ihr den Lebenden bei den Toten? Erinnert Euch an das, was er gesagt". Der Einbruch dieser völlig unerwarteten Wirklichkeit macht sie so betroffen, daß sie wie geblendet zu Boden schauen. Es heißt im Text: „Sie waren voll Furcht und beugten ihr Angesicht zur Erde".
Die Frauen erfahren hier, daß Jesu Scheitern nicht das Fallen in den leeren Abgrund der Sinnlosigkeit, sondern in den Abgrund Gottes ist. Sie werden daran erinnert, daß dieses mit Anfeindungen und brutaler Gewalt zugrunde gerichtete Leben zu seiner Vollendung gekommen ist und ihnen eine ganz neue Zukunft eröffnet hat. „Erinnert Euch, wie er zu Euch gesprochen hat, als er noch in Galiläa war. Er sagte: Der Menschensohn muß (deî) in die Hände sündiger Menschen ausgeliefert und gekreuzigt werden und am dritten Tag auferstehen."
Die Frauen erkennen, daß die treuen Intentionen, mit denen sie sich auf den Weg zum Grab gemacht hatten, sinnlos geworden sind. „Sie erinnern sich seiner (Jesu) Worte . . .".
Der „Weg" Jesu beginnt in einem neuen Licht zu erscheinen. Der Aufbruch zu einem Toten wird nun ein Aufbruch zu den Lebenden, die noch ohne Hoffnung sind. Die Frauen

kehren zurück. Die Verheißung Jesu im Abendmahlssaal beginnt sich zu erfüllen (22,29—32). Über allen Enttäuschungen und trotz allem Versagen der Jünger bricht die Nachfolge nicht ab, sondern beginnt erst jetzt richtig. Der Auferstandene stellt seine durch das Kreuzesgeschehen vor der Auflösung stehende Gemeinde wieder her. Er offenbart sich denen, die er ent-täuschen mußte, die sein Werk als Scheitern ansahen, die einfach überfordert, von äußerster Müdigkeit, Ohnmacht, Angst und Ausweglosigkeit überfallen waren. Er gesellt sich wieder zu ihnen. Der Auferstandene stellt die Gemeinschaft mit ihnen wieder her. Noch einmal sollen alle von ihm gerufen und endgültig in den Dienst der „Sache" Jesu gestellt werden.

3. Doch die Frauen finden mit dem, was ihnen am Grab widerfuhr, keinen Glauben bei den Aposteln und den übrigen Anhängern. Die Worte der Frauen erscheinen den Jüngern als leeres Gefasel. Abgesehen davon, daß nach jüdischem Recht die Aussage von Frauen nicht viel galt, will Lukas mit dieser Bemerkung unterstreichen, wie schwer die Jünger zum Osterglauben kamen. Kreuz und Grab stehen zu eindeutig in ihrer unmittelbaren Erfahrung. Und der Osterglaube ist nicht an dieser historischen Erfahrung vorbei zu haben. Der Auferstandene bleibt der Gekreuzigte. Er behält seine Wundmale, wie später (V. 38 f) noch ausdrücklich gesagt wird.

4. Petrus läuft schließlich als einziger zum Grab. Er schaut durch die Öffnung der Felsenkammer und erblickt nur die Leinentücher, in die der Leichnam Jesu gewickelt war. — Es ist etwas geschehen, das er nicht zu deuten vermag. Ohne Glauben zu fassen, kehrt Petrus nachdenklich zurück. Immerhin, ein Mensch, der wenigstens nachdenklich geworden ist, hat schon den ersten Schritt des Sich-Öffnens getan . . . Lukas hat damit den Leser zu einem Punkt voller Spannung geführt.

5. Diese erste Ostererzählung des Lukas rechnet mit dem Unglauben der Gläubigen, mit Menschen, die immer wieder

unterwegs sind, und zwar zunächst unterwegs zum Grab ihrer Hoffnungen, zur letzten Aussichtslosigkeit ihrer geschichtlichen Erfahrung. — Sie handelt von Menschen, die von sich aus den Glauben nicht mitbringen, sondern durch Unglauben *hindurch* empfangen. Diese Ostererzählung verurteilt nicht. Sie läßt dem werdenden Glauben Zeit:

☐ den Frauen auf dem Weg zu einem Toten . . .,

☐ den Frauen unterwegs zu den Lebenden, die noch ohne Hoffnung sind . . .;

☐ den Jüngern in der resignierten Sicherheit ihrer geschichtlichen Erfahrung . . .;

☐ dem Petrus, eilig unterwegs zum Grab seines Herrn . . .,

☐ dem Petrus, nachdenklich auf dem Weg zurück zu seinen Freunden . . .

Wir müssen selbst noch ausstehen, ob sich die Verheißung Jesu als stärker erweist als unsere oft aussichtslose, zukunftslose geschichtliche Erfahrung.

AUF DEM WEG NACH EMMAUS (LUKAS 24,13—32)

Am gleichen Tag waren zwei von den Jüngern auf dem Weg in ein Dorf namens Emmaus, das sechzig Stadien von Jerusalem entfernt ist. Sie sprachen miteinander über all das, was sich ereignet hatte. Und während sie redeten und ihre Meinungen austauschten, kam Jesus dazu und ging mit ihnen. Doch sie waren wie mit Blindheit geschlagen, so daß sie ihn nicht erkannten. Er fragte sie: Was sind das für Dinge, über die ihr auf dem Weg miteinander redet? Da blieben sie traurig stehen, und der eine von ihnen, der Kleopas hieß, antwortete ihm: Bist du der einzige in Jerusalem, der nicht gehört hat, was sich in diesen Tagen dort ereignete? Er fragte sie: Was denn? Sie antworteten ihm: Das mit Jesus aus Nazaret; er war ein Prophet und hat vor Gott und allem Volk Großes getan und gesagt. Doch unsere Hohenpriester und Führer haben ihn zum Tod verurteilt und ans Kreuz schlagen lassen. Wir aber hofften, daß er es sei, der Israel retten werde. Und heute ist schon der dritte Tag, seit das geschehen ist. Einige Frauen aus unserem Kreis haben uns allerdings in große Aufregung versetzt. Sie waren in der Frühe beim Grab, fanden aber seinen Leichnam nicht. Als sie zurückkamen, erzählten sie, ihnen seien Engel erschienen und hätten gesagt, daß er lebe. Einige von uns gingen dann zum Grab und fanden es so, wie die Frauen gesagt hatten; ihn selbst aber sahen sie nicht. Da sagte er zu ihnen: Begreift ihr denn nicht? Wie schwer fällt es euch, alles zu glauben, was die Propheten gesagt haben! Mußte nicht der Messias all das erleiden und so in seine Herrlichkeit eintreten? Und Jesus legte ihnen dar, ausgehend von Mose und allen Propheten, was in der ganzen Schrift über ihn geschrieben steht. So erreichten sie das Dorf, zu dem sie unterwegs waren. Jesus tat, als wolle er weitergehen, aber sie drängten ihn und sagten: Bleib bei uns; es wird bald Abend, der Tag hat sich schon geneigt. Da ging er mit hinein, um bei ihnen zu bleiben. Und als er sich mit ihnen zum Essen niedergesetzt hatte, nahm er das Brot, sprach den Segen, brach es und gab es ihnen. Da gingen ihnen die Augen auf, und sie erkannten ihn; doch auf einmal war er nicht mehr zu sehen. Und sie sagten zueinander: Brannte uns nicht das Herz, als er unterwegs mit uns redete und uns den Sinn der Schrift erklärte?

1. In den beiden Wanderern nach Emmaus werden Menschen gezeichnet, die mit bitterer Traurigkeit dorthin zurückkehren, von wo sie einmal aufgebrochen waren zu einem Menschen, der ihr Dasein in einen ganz neuen, ihr eigenes Vermögen weit überschreitenden Zusammenhang hineinzustellen versprach. In diesem Jesus von Nazaret glaubten sie die Interpretation ihrer eigenen Hoffnung zu sehen. Durch ihn war ihr Weg plötzlich hell und ihr Leben wie verändert. Sie sahen mit anderen Augen und entdeckten, was sie vorher nicht gesehen hatten . . .

Diese Hoffnung war vor ihren Augen zerschlagen worden — wie alles Greifbare, worauf wir Menschen mit Endgültigkeit setzen. In dem Wort „Wir aber hatten gehofft . . .“ sammelt sich die ganze Klage über die sich ausbreitende Leere, in der sie sich als Enttäuschte und Blamierte wiederfanden. Wer sich so von den Trümmern einmal gelebter Überzeugungen davongemacht und mit hoffnungsleerem Herzen sich selbst überlassen ist, hat wenig Platz und Aufnahmevermögen für andere. Ihre Augen sind „gehalten". Sie erkennen den Fremden nicht, der sich auf dem Weg zu ihnen gesellt. Bevor der Auferstandene sie erneut und endgültig in seine Nachfolge ruft, geht er ein Stück des Weges mit den niedergeschlagenen Menschen. „Wir aber hatten gehofft, daß er es sei, der Israel erlösen werde. Und nun ist über alledem der dritte Tag, seit das geschehen ist." — Die beiden Wanderer nach Emmaus können nicht verstehen, daß Gott diesen Jesus von Nazaret nicht doch noch machtvoll befreit hat, diesen Jesus, der sich als glaubwürdiger Prophet ausgewiesen hat und dessen Hinrichtung sie als Verbrechen und Tragik ansehen.

Die Nachricht der Frauen (sie hätten Jesu Leiche nicht im Grab gefunden und eine Erscheinung von Engeln gehabt, die ihn als lebend verkündeten) ebenso wie die Erwähnung, daß daraufhin einige aus der Jüngergemeinschaft bestätigt haben, das Grab sei leer, soll deutlich machen, daß der Osterglaube nicht aus dem Kreis der Jünger selbst gekommen und nicht am leeren Grab entstanden ist, sondern daß sie zu diesem Glauben gleichsam überwunden werden mußten.

Es fällt wohl nicht schwer, sich in diesen Wanderern auf dem Weg nach Emmaus wiederzuerkennen. Der Weg vom Grab unserer Hoffnungen in die eigene Leere ist ein Stück persönlicher Glaubensgeschichte, ein Weg, der vielen von uns heute sehr vertraut ist.

2. Doch die beiden Jünger sind noch nicht so abgestumpft, daß sie nicht das Wort des Lichtes und des Trostes anzuhören vermögen. Sie sind noch nicht so tief in die eigene Leere versunken, daß sie nicht der fremden Hoffnung Raum geben können.

„O Ihr Unverständigen, wie schwer wird es Eurem Herzen, alles zu glauben, was die Propheten gesagt haben! Mußte nicht der Messias leiden und (so) in seine Herrlichkeit eingehen? Dann fing Jesus an von Mose und allen Propheten und erzählte ihnen, was in allen Schriften über ihn geschrieben steht." — Sie, die meinen, nicht mehr hoffen zu können, werden in die Erfahrung hineingezogen, daß die *eigene* Interpretation ihrer Hoffnung gekreuzigt werden mußte, um die Hoffnung nicht zu ersticken, die sich unter ihren persönlichen Wünschen und Ideen (Projektionen) verbarg. Im nachhinein müssen sie sich eingestehen: „Brannte nicht unser Herz, als er unterwegs zu uns sprach und uns die Schriften erschloß?"

3. Am Ende ihres Weges angekommen, lassen die beiden Jünger den unbekannten Begleiter nicht weitergehen und bitten ihn, bei ihnen zu bleiben. Sie sind nun vorbereitet für die Gemeinschaft mit dem, der Passion und Tod durchschritten hat und ihren Unglauben überwindend sie erneut und endgültig in seine Nachfolge beruft. Es ist die Gemeinschaft mit dem Messias der Heiligen Schrift und nicht mehr nur mit dem Messias der eigenen Wünsche und Hoffnungen. Sie erkennen den Auferstandenen daran, *wie* er ihnen seine Gemeinschaft anbietet. Ihre von bitterer Traurigkeit und Enttäuschung gehaltenen Augen werden geöffnet. „Er selbst aber verschwand vor ihnen." Doch diesmal bleiben sie nicht traurig und resigniert zurück . . .

Wir sind noch auf dem Weg nach Emmaus. Wir sind noch dabei, das letzte uns ganz einfordernde Wagnis uns abverlangen zu lassen, das Wagnis, das uns zu vernichten scheint und doch der einzige Weg ist, um unser Leben unzerstörbar zu machen.

Erst als die Emmausjünger sich *ihre* Sicht der Dinge nehmen ließen, schauten sie das lebendige Antlitz dessen, den sie von Gott verlassen glaubten.

DAS ÖFFNEN DER AUGEN (LUKAS 24,33—46)

Sie fanden die Elf und die anderen Jünger versammelt. Diese sagten: Der Herr ist wirklich auferweckt worden und ist dem Simon erschienen. Da erzählten auch sie, was sie unterwegs erlebt hatten und wie sie ihn erkannten, als er das Brot brach. Während sie noch darüber redeten, stand er selbst plötzlich in ihrer Mitte. Vor Angst und Schrecken meinten sie, einen Geist zu sehen. Da sagte er zu ihnen: Was seid ihr so bestürzt? Warum laßt ihr in eurem Herzen solche Zweifel aufkommen? Seht meine Hände und Füße an: Ich bin es selbst. Faßt mich doch an und seht! Kein Geist hat Fleisch und Knochen, wie ihr es an mir seht. Bei diesen Worten zeigte er ihnen seine Hände und Füße. Freude und Staunen erfüllte sie; doch konnten sie es immer noch nicht glauben. Da sagte er zu ihnen: Habt ihr etwas zu essen hier? Sie gaben ihm ein Stück gebratenen Fisch. Er nahm es und aß es vor ihren Augen.

Dann sprach er zu ihnen: Das sind die Worte, die ich euch sagte, als ich noch bei euch war: Alles muß in Erfüllung gehen, was im Gesetz des Mose und in den Propheten und Psalmen über mich geschrieben steht. Darauf öffnete er ihnen die Augen für das Verständnis der Schriften. Er sagte zu ihnen: So steht es geschrieben: Der Messias wird leiden und am dritten Tag von den Toten auferstehen.

Der Ostertag schließt mit der Erscheinung des Auferstandenen vor allen Jüngern.

1. Es ist überraschend, wie dicht in diesem lukanischen Osterbericht Glaube und Unglaube, belebende Zuversicht und Zweifel nebeneinanderstehen und miteinander ringen. Während die Jünger von Emmaus und die mit den Elf versammelte Gemeinde einander ihren Osterglauben bezeugen, ist der Auferstandene in ihrer Mitte, und doch zweifeln sie, daß er es ist, der unter ihnen steht. Das Wissen um die Nähe des Auferstandenen steht in harter Spannung zu der Erfah-

rung seiner Entzogenheit. — Immer wenn in den Osterberichten davon gesprochen wird, daß die vom Auferstandenen Überraschten sich seiner in gewohnter Weise versichern wollen, wenn sie ihn gleichsam greifen und nicht mehr loslassen wollen, entzieht er sich ihrem objektivierenden Zugriff. Es ist auch überraschend, mit welcher Selbstverständlichkeit hier die junge Kirche von dem Unglauben spricht, mit dem sie zu ringen hat. Das ist freilich kein stolzer, kein bornierter Unglaube, sondern das bekümmerte Eingeständnis über eine den ganzen Menschen fordernde und erfassende Wirklichkeit, die nicht in sein hantierbares Vermögen gegeben ist. Die Identität dessen, mit dem sie zusammen gelebt haben und der nun ihr Leben bestimmt, ist nicht etwas, das sie ein für allemal in Erbpacht nehmen können. Sie, die eben noch ganz erfüllt waren von der Nähe des Auferstandenen, sind schon bald von Zweifel und Unsicherheit überfallen.

2. Wenn die junge Kirche so ungeschminkt und doch bekümmert von ihrer Unsicherheit, von ihren Zweifeln, von ihrem Unglauben spricht und wir nirgendwo davon hören, daß sie die Zweifelnden und in ihrem Osterglauben immer wieder Erschütterten aus ihrer Gemeinschaft ausschloß, wenn sie sich schmerzlich dazu bekannte, daß der Unglaube für sie eine beständige Realität, eine nicht aufhörende Alternative war, dann ist die Wegstrecke, die wir heute zurücklegen müssen, eigentlich nichts Außergewöhnliches. Damit wird allerdings nichts von der Schmerzlichkeit genommen, die ein solcher Prozeß für unseren Glauben notwendig mit sich bringt.

Aber wir dürfen mit einer gewissen Gelassenheit an den Unheilspropheten unter den ängstlichen Glaubenswächtern vorbeigehen, die uns wie Großgrundbesitzer mit ihrem bunt zusammengetragenen und uns fremdgewordenen Reichtum zwangsbeglücken wollen.

Wenn der Unglaube eine nicht aus unserem Leben hinauszuschaffende Realität ist, sind wir gehalten, uns Rechenschaft darüber zu geben, wo wir mit unserem Glauben stehen, und warum wir dort stehen. Man muß auf der Landkarte seines Lebens gleichsam den Ort aufweisen können, auf den unser Osterglaube gründet. Man muß sich in aller Offenheit den Fragen stellen, ob dieser Ort sich als tragfähig erweist. Die redliche Auseinandersetzung mit den provozierenden Fragen oder mit dem provozierenden Schweigen unserer Umwelt wird uns manchmal dazu zwingen, den Ort unseres Christusglaubens neu zu bestimmen.

Es ist eine alte geistliche Lehre, daß Gott in diesen Umbrüchen, in diesen Heimsuchungen oft näher ist als in den Phasen, wo wir uns von seiner Nähe gehalten und geborgen wissen.

Im religiösen Vollzug jedes Menschen hat dieser Vorgang eine bestimmte Gestalt, aber jede dieser Gestalten ist nur Modell, Fragment aus der uneinholbaren Fülle göttlicher Wirklichkeit. Niemand kann diese Skala überschauen, aber jeder kann sein Begegnungsmodell überprüfen. Das Reifwerden des Glaubens besteht darin, daß man *sein* Modell, *sein* Fragment findet, jedoch so, daß man sich des fragmentarischen Charakters dieser Begegnung bewußt wird.

Je mehr wir von Gott zu erkennen glauben, desto mehr müssen wir uns der Überholbarkeit, des Fragmentarischen, des Modellhaften unseres Erkennens bewußt bleiben.

Die Mystiker billigen dem gotterkennenden Menschen höchstens ein „gelehrtes Unverständnis", ein „nichtwissendes Wissen" zu: Johannes vom Kreuz sagt[23]: „Der Mensch muß sich ganz und gar von allem entäußern, was in seinen Fassungsbereich fallen kann ... Er muß wie ein Blinder im Dunkel bleiben und sich auf den dunklen Glauben stützen und ihn zur Leuchte und zum Führer wählen, statt auf seinen Verstand, Geschmack, sein Gefühl oder seine Vorstellungskraft zu vertrauen. Denn das alles ist Finsternis, die ihn in die Irre führt und aufhält. Der Glaube hingegen ist über allem solchen Verstehen, Genießen, Empfinden, Vorstellen. Wird aber der Mensch dafür nicht blind und bleibt dafür nicht in vollständigem Dunkel, dann gelangt er auch

[23] *Johannes vom Kreuz*, Aufstieg zum Berge Karmel II,3.

nicht zu dem, was darüber erhaben ist, was ihn der Glaube lehrt". Wer die Armut des Wissens um den Auferstandenen übergehen will, wird den Osterglauben zertreten. Die Erfahrung des Auferstandenen ist nur echt, wenn sie davon betroffen bleibt, daß sie nur ein Fragment in der Hand hält, wenn sie sich bewußt bleibt, daß Gott größer ist und auch anders als alle objektivierende Erfahrung.

Echte Erkenntnis des Auferstandenen bedeutet, daß der Mensch trotz allen Bemühens um verantwortetes Glauben schließlich doch aus sich heraustreten muß: aus seinem Denken, Systematisieren, aus seinem Vorstellungshorizont. Es heißt am Ende der Perikope: „Da öffnete er ihnen die Augen für das Verständnis der Schriften". Dieses Öffnen der Augen war ein schmerzhafter Prozeß. Sie konnten sich Jesu nicht mehr in gewohnter Weise versichern. Uns wird es nicht anders ergehen . . .

DER AUFTRAG DES AUFERSTANDENEN
(APOSTELGESCHICHTE 1,6–12)

Als sie nun beisammen waren, fragten sie ihn: Herr, stellst du in dieser Zeit das Reich für Israel wieder her? Er sagte zu ihnen: Euch steht es nicht zu, Zeiten und Fristen zu erfahren, die der Vater in seiner Macht festgesetzt hat. Aber ihr werdet die Kraft des heiligen Geistes empfangen, der auf euch herabkommen wird; und ihr werdet meine Zeugen sein in Jerusalem und in ganz Judäa und Samaria und bis an die Grenzen der Erde.
Als er das gesagt hatte, wurde er vor ihren Augen emporgehoben, und eine Wolke nahm ihn auf und entzog ihn ihren Blicken. Während sie unverwandt ihm nach zum Himmel schauten, standen plötzlich zwei Männer in weißen Gewändern bei ihnen und sagten: Ihr Männer von Galiläa, was steht ihr da und schaut zum Himmel? Dieser Jesus, der von euch weg in den Himmel aufgenommen wurde, wird ebenso wiederkommen, wie ihr ihn habt hingehen sehen zum Himmel. Da kehrten sie nach Jerusalem zurück.

1. Lukas nimmt hier ganz entschieden Stellung gegen eine bestimmte Haltung, die (noch) zu seiner Zeit in manchen Gemeinden vorherrschte: die eschatologische Naherwartung.

☐ „Euch steht es nicht zu, die Zeiten und Fristen zu kennen, die der Vater in seiner Macht festgesetzt hat."

☐ „Was steht Ihr da und schaut zum Himmel? Dieser Jesus, der von Euch weg in den Himmel aufgenommen wurde, wird ebenso wiederkommen, wie Ihr ihn habt hingehen sehen zum Himmel."

Lukas verzichtet ganz entschlossen auf die Naherwartung des Endes, und er will den Christen zu diesem neuen Verständnis ihrer gläubigen Existenz verhelfen.

Nachdem dies klargestellt ist, bekommen die „Jünger" zu wissen, was ihnen gegeben wird. Sie werden den Heiligen Geist empfangen und (dann) Jesu Zeugen sein bis an die Grenzen der Erde. Dieses Wort ist Verheißung und Auftrag zugleich, und es setzt voraus, daß das Heil nicht auf Israel beschränkt ist.

In dieses Wort Jesu wird die junge Kirche unaufhebbar hineingebunden. Es ist nach Lukas Jesu letztes Wort an die „Jünger". Es ist endgültig.

Der Auftrag Jesu wird unterstrichen durch die „angeli interpretes" (die Engel als Interpreten). Sie haben hier die Funktion, die Menschen zum rechten (d. h. gläubigen) Verständnis ihrer (neuen) Situation zu ermutigen. Sie tadeln die Haltung der „Jünger", die sich immer noch der neuen Gabe und Aufgabe verweigern.

2. Eine solch umwälzende Neuorientierung, ein bis an die Wurzeln gehendes Umdenken implizierte für das Leben des einzelnen Christen wie der gläubigen Gemeinschaft so einschneidende Konsequenzen, daß viele davor zurückschreckten.

Das bedeutete nämlich, daß sie das Modell des Lebensweges Jesu zu ihrem eigenen machen sollten.

Das bedeutete, daß sich in allen Bereichen ihres Lebens Gott durch sie als ein Gott-für-die-Menschen, für die Sünder, für die Ausgestoßenen, für die in menschenunwürdiger Abhängigkeit Gehaltenen, für die Fernstehenden ausweisen mußte.

Das bedeutete, daß sie nicht Interessenvertreter in eigener Sache sein durften, sondern daß ihnen eine Zukunft mit dem Auferstandenen nur offenstand *zusammen* mit solchen Menschen, mit deren offiziell unerwünschten Anliegen Jesus von Nazaret sich so eindeutig identifiziert hatte.

Das bedeutete, daß sie immer wieder vergeben mußten, immer wieder neu anfangen, anderen immer wieder eine neue Chance geben sollten . . .

3. Und davor haben die jungen Christen verständlicherweise Angst. Davor haben auch wir Angst. Denn dieses Modell Jesu, diese uneingeschränkte Pro-Existenz, die ja nur die andere Seite seines Weges zum Vater war, wurde von den herrschenden „Mächten und Gewalten" bzw. deren geschichtlichen Konkretionen zerstört; sie scheiterte und galt als erledigt. Und doch sagt Lukas den Gemeinden mit unmißverständlicher Deutlichkeit und Eindringlichkeit, daß sie ihr so nah erwartetes Heil nur wirken können, wenn sie sich auf diesen Weg Jesu zum Vater einlassen.

„Dieser Jesus, der von Euch weg zum Vater gegangen ist, wird *ebenso* wiederkommen, *wie* Ihr ihn habt hingehen sehen"; das heißt doch unter anderem auch: Das Kommen Jesu zu den Menschen wiederholt sich anfanghaft dadurch, daß Gläubige sich auf den Weg Jesu, auf seine uneingeschränkte Pro-Existenz begeben.

Ein marxistischer Theaterschriftsteller von São Paulo sagte zu Christen: „Wenn Eure abstrakten Substantive wieder einmal erfahrungsgemäße konkrete Substantive werden, dann könnt Ihr Euch erlauben, wieder von Gott zu reden. Wenn man irgendwo und irgendwann aufrichtig bekennen kann: Gerechtigkeit und Friede haben ‚ihr Zelt unter uns aufgeschlagen' und ‚wohnen unter uns', dann hat man wieder eine Erfahrungsbasis für das, was Eure Bibel ‚Namen Gottes' nennt". — Wir dürfen uns der großen Drangsal der Menschen nicht entziehen. Der Herr hat uns geboten, daß wir uns ihr stellen, im Glauben an seine Kraft und seine Gegenwart, auch wenn wir oft nur Spott ernten und die Sinnlosigkeit (Aussichtslosigkeit) unseres Tuns erfahren. Wir müssen geben, ohne zu zählen, gegen alle Hoffnung in Hoffnung leben, im Glauben, daß der Geist Christi nicht die Bestätigung braucht, ohne die menschliches Leben seiner nicht sicher zu sein scheint.

Wer kann denn noch wie Paulus sagen: „Mag auch unser äußerer Mensch sich aufreiben, unser innerer wird von Tag zu Tag neu" (2 Kor 4,16)?

Es heißt zum Abschluß unserer Perikope: „Da kehrten sie nach Jerusalem zurück . . .". Sie gingen zurück in die gesellschaftliche Gemeinschaft und Ordnung, von der sie sich zu lösen begonnen hatten. Sie kehrten zurück in *ihren* geschichtlichen Kontext, weil sie nur in ihm ihr Heil wirken und das Kommen des Auferstandenen erwarten konnten. Und wir . . .? Und ich . . .?

Gott finden in allem

Die „Kontemplation zur Erlangung der Liebe"

Diese Meditation (Exerzitienbuch 230—237) steht wie das „Prinzip und Fundament" (ebd. 23) außerhalb der „vier Wochen". Beide sind nicht ein Stück, sondern das Ganze der Exerzitien. Beide wollen den Exerzitanden die Unableitbarkeit und überraschende Selbstlosigkeit göttlicher Heilzuwendung erfahren lassen und ihn dazu drängen (befreien), ebenso „grundlos" sein Leben für die anderen zu verbrauchen, zu verlieren. Wollte man den Inhalt dieser Betrachtungen und damit den Inhalt der ganzen Exerzitien in einem Satz zusammenfassen, so könnte man vielleicht sagen: *„dem je größeren Gott (Deus semper maior) verdankte Existenz".* Diese von „Indifferenz" (Gleich-*mütig*keit) und dem „Mehr" (vgl. die dritte Weise der „Demut") geprägte discreta caritas (unterscheidende Liebe) vollzieht sich in einer doppelten Dialektik: Sie ist einerseits unverdiente Gabe, andererseits vom Betenden einzuholende Voraussetzung für den je einmaligen christlichen (besser: christo-logischen) Individuationsprozeß. Zugleich ist sie einerseits Voraussetzung, andererseits können wir doch nie sagen, daß wir sie haben. Denn alles neu auf uns Zukommende muß immer neu und anders bewältigt werden. Wir sind nie am Ende und darum auch nie die definitiv Indifferenten.

Während das „Prinzip und Fundament" *am Anfang* die Grund-Gesetzlichkeit der Exerzitien gleichsam perspektivisch angeht, faßt die „Kontemplation zur Erlangung der Liebe" (contemplatio ad amorem obtinendum) *am Ende* noch einmal wie in einem Prisma die ganze Dynamik des durch die Betrachtung der Geheimnisse des Lebens Jesu gegangenen Exerzitiengeschehens zusammen; sie will zugleich — wie es schon die letzte Osterbetrachtung (über den Auftrag des Auferstandenen) eingeleitet hat — den Übergang schaffen zum Alltag, in den der Exerzitand nun wieder hineingeht.

Ignatius formuliert die im Verlauf der Exerzitien geschenkte und gewonnene unterscheidende Liebe (discreta caritas) im „Suscipe" (Exerzitienbuch 234). Diese Bitte ist noch einmal Ausdruck für die letzte ungetrübte Selbstlosigkeit und durchschaubare Eindeutigkeit seiner Antwort auf den je größeren Gott:

> Nimm hin, Herr, und empfange
> meine ganze Freiheit,
> mein Gedächtnis, meinen Verstand und meinen
> ganzen Willen,
> mein ganzes Haben und Besitzen.
> Du hast es mir gegeben,
> Dir, Herr, gebe ich es zurück.
> Alles ist Dein, verfüge nach Deinem ganzen Willen.
> Gib mir Deine Liebe und Gnade,
> das ist mir genug.

Doch diese Grundhaltung, die sich betend in diesem „Suscipe" ausspricht, ist schwer zu konkretisieren. Es gibt für Ignatius keinen von vornherein eindeutigen Weg zur Nachfolge. Man kann Gott grundsätzlich in allem und jedem, im Haben und Lassen finden. Diese ungeheure Weite der ignatianischen Spiritualität ist (zunächst) etwas Befreiendes und Erfrischendes. Aber man muß sich in dieser Weite zurechtfinden. Vielleicht kann uns folgendes Gebet dabei eine Hilfe sein:

> Herr, mach uns zu Dienern Deines Friedens
> mit den Menschen,
> daß wir Liebe bringen, wo Haß ist,
> Vergebung, wo Unrecht geschah,
> Versöhnung, wo Zwietracht ist,
> Einigung, wo Trennung,
> Hoffnung, wo Verzweiflung,
> Freude, wo man traurig ist.
>
> Herr, laß uns weniger danach verlangen,
> getröstet zu werden, als zu trösten,

weniger, verstanden zu werden,
als selbst Verständnis zu haben.
Denn wenn wir geben, werden wir reich,
wenn wir uns selbst vergessen, finden wir Frieden,
wenn wir verzeihen, wird uns vergeben,
und wenn wir sterben, werden wir leben
für immer durch Jesus Christus, unsern Herrn.

Biblischer Impuls

DAS „SIEGESLIED" VON DER ERLÖSUNG
(RÖMERBRIEF 8,[31]35—39)

Ist Gott für uns, wer ist dann gegen uns?
. . .
Was kann uns scheiden von der Liebe Christi?
Bedrängnis oder Not oder Verfolgung,
Hunger oder Kälte, Gefahr oder Schwert?
In der Schrift steht:
Um deinetwillen sind wir den ganzen Tag dem Tod ausge-
setzt; wir werden wie Schafe behandelt, die man zum Schlach-
ten führt.
Doch all das überwinden wir durch den,
der uns geliebt hat.
Denn ich bin gewiß:
weder Tod noch Leben,
weder Engel noch Mächte,
weder Gegenwärtiges noch Zukünftiges,
weder Gewalten der Höhe oder Tiefe
noch irgendeine andere Kreatur
können uns scheiden von der Liebe Gottes
in Christus Jesus, unserem Herrn.

Die „Contemplatio ad amorem obtinendum" kann man auch
anhand des paulinischen „Siegesliedes" von der Erlösung
(Röm 8,[31]35—39) machen. Wir müssen diesen Text sehen
auf dem Hintergrund der persönlichen Geschichte des Paulus
und seines Glaubens, soweit uns das aus seinen Briefen und
den anderen neutestamentlichen Zeugnissen über ihn zu-
gänglich ist.
Wir werden hier mit der Verkündigung eines Menschen
konfrontiert, der aus der Begegnung mit Jesus Christus, mit
dem auferstandenen Herrn, erfahren hat, daß der (einzelne)
Mensch in seiner unerträglichen Endlichkeit von Gott unwiderruflich angenommen, bejaht und in ihm geborgen ist.

Wir stoßen hier auf den gelebten Glauben eines Menschen, der sich so sehr auf das Wort der Selbstzusage Gottes einläßt, daß er dadurch von aller letzten Angst um sich selbst befreit ist, von jener den Menschen immer wieder erschütternden und entstellenden Angst, die der Grund für alle Formen von Entmenschlichung ist, die wir uns und anderen antun. Dieser Glaube führt zu jenem kompromißlosen, von jedem persönlichen Prestige unabhängigen und von jedem Hintergedanken freien Dasein („Dienst", Einsatz) für die anderen. Denn dieser Glaube, dieses Sich-Einlassen auf das in Jesus Christus uns zugesprochene Heil hebt die Illusion auf, daß wir uns mit bestimmten Aktivitäten, mit der Erfüllung bestimmter Normen selbst rechtfertigen können, anstatt mit ihnen das anzustreben, wofür sie wirklich gut sind: sich den konkreten Aufgaben zu stellen, indem man humanere Verhältnisse zu schaffen versucht.

„Was kann uns trennen von der Liebe Christi?"

„In allem (was uns bedroht und verunsichert) bleiben wir Sieger durch den, der uns geliebt hat."

„Nichts kann uns trennen von der Liebe Gottes in Christus Jesus, unserem Herrn."

Solche Worte müssen beispielsweise auf dem Hintergrund von 2 Kor 1,3—11 gelesen werden, die man mit „Trost im trostlosen Alltag" überschreiben könnte:

„Gepriesen sei der Gott und Vater unseres Herrn Jesus Christus, der Vater des Erbarmens und der Gott allen Trostes. Er tröstet uns in all unserer Not, damit auch wir die Kraft haben, alle zu trösten, die in Not leben, durch den Trost, mit dem auch wir von Gott getröstet werden. Wie uns nämlich die Leiden Christi überreich zuteil geworden sind, so wird uns durch Christus auch überreicher Trost zuteil. Sind wir aber in Not, so ist es zu eurem Trost und Heil, und werden wir getröstet, so geschieht auch das zu eurem Trost; er wird wirksam, wenn ihr die gleichen Leiden ertragt, die auch wir erdulden. Unsere Hoffnung für euch ist unerschütterlich; wir sind sicher, daß ihr mit uns nicht nur an den Leiden, sondern auch am Trost teilhabt. Wir wollen euch die Not nicht verschweigen, Brüder, die in

Asia über uns kam und uns über alles Maß bedrückte; unsere Kraft war erschöpft, so sehr, daß wir am Leben verzweifelten. Aber gerade darum haben wir unser Todesurteil erkannt, damit wir das Vertrauen nicht auf uns selbst setzen, sondern auf Gott, der die Toten erweckt. Er hat uns aus dieser furchtbaren Todesnot errettet und rettet uns noch; auf ihm ruht unsere Hoffnung, daß er uns auch in Zukunft retten wird. Helft aber auch ihr und betet für uns, damit viele Menschen für die Gnade, die uns geschenkt wurde, in unserem Namen Dank sagen."

Die tiefe Freude über Gottes unableitbare Treue zum (einzelnen) Menschen, die in diesen Worten des Paulus mitklingt, kann man sich nicht selbst schaffen. Sie bleibt immer Geschenk. Sie kann uns zu jenem kompromißlosen Weg befreien, den Paulus seit seinem Damaskuserlebnis gegangen ist. Er endete allerdings genauso „erfolglos" wie der Weg *dessen*, auf den er sich eingelassen hat.

Diese Freude in Christus relativiert die Härte unseres Alltags nicht in dem Sinn, daß die Dinge belanglos wären, sondern in dem Sinn, daß sie nicht das Letzte darstellen und darum angepackt werden müssen. Sie dient nicht dazu, über manche Ausweglosigkeit und Ohnmacht hinwegzutäuschen (hinwegzukommen), sondern daran nicht zu zerbrechen.

„Was kann uns trennen von der Liebe Gottes in Christus Jesus, unserem Herrn?"

Die gleiche Dialektik finden wir bei Ignatius von Loyola geradezu klassisch zusammengefaßt:

> Vertraue so rückhaltlos auf Gott,
> als ob aller Erfolg einzig von Dir
> und nichts von Gott abhinge;
> gleichzeitig aber
> wende alle menschlichen Möglichkeiten
> mit solcher Umsicht und Tatkraft an,
> als ob du nichts
> und Gott allein alles vermöchte.[24]

[24] Thesaurus spiritualis Societatis Jesu, Rom 1953, 625 (lateinisch; ältere Lesart).

Nachwort für den Exerzitienleiter

Dieses Buch wollte nur Meditationsanregungen zum Exerzitienbuch geben. Deshalb wurde darauf verzichtet — bis auf wenige Ausnahmen —, Autoren- und Literaturhinweise in den Text einzufügen. Ein Verzeichnis der benutzten und weiterführenden Literatur findet sich am Ende.

Die „Hinweise zum Meditieren" sowie die Ausführungen zu den einzelnen „Exerzitienphasen" und „Strukturbetrachtungen" sind vor allem für den Exerzitienleiter geschrieben. — Die Exerzitienphasen folgen nicht mechanisch aufeinander. Es gibt in den Exerzitien nur „innere" Zeiten, gemessen jeweils an der subjektiven Verfassung und dem persönlichen „Fortschritt" des Übenden.

Bei drei „Strukturbetrachtungen" wurden zur weiteren Vertiefung Anregungen im Stil einer Wortmeditation hinzugefügt:

Lukas 5,27—32: Der Ruf an Levi, den Zöllner;

Lukas 4,1—13: Versuchung Jesu;

Lukas 16,1—8: Gleichnis vom skrupellosen Verwalter.

Wenn Exerzitien richtig gegeben und gemacht werden, vermitteln sie nicht ein *Viel*wissen, sondern ein *Tiefen*wissen, ein „Verspüren und Verkosten" der Grundgeheimnisse unseres christlichen Glaubens, aus denen wir leben und aus denen sich unser Leben immer wieder neu formen lassen kann.

Literaturhinweise

Arens H., Wenn Gott menschlich werden will, in: Geist und Leben 44, 1971

Bakker L., Freiheit und Erfahrung. Redaktionsgeschichtliche Untersuchungen über die Unterscheidung der Geister bei Ignatius von Loyola, Würzburg 1970

Balthasar H. U. v., Mysterium Paschale, in: Mysterium Salutis III/2, Einsiedeln 1969

Becker J., Das Buch Ezechiel, Vorlesungsskriptum, Frankfurt 1972

Beutler J., Vorlesungen zum Lukasevangelium (Kap. 3—6), Frankfurt 1973 (als Manuskript gedruckt)

Bökmann J., Aufgaben und Methoden der Moralpsychologie. Im geschichtlichen Ursprung aus der „Unterscheidung der Geister", Köln 1964

Boros L., Exerzitienmanuskript, Innsbruck 1965

Crumbach K. H., „Pour quoi non?". Worauf gründet die Sicherheit der Rechtfertigung einer geistlichen Berufung?, in: Geist und Leben 44, 1971

Dürckheim K. v., Das Exerzitium in der Therapie (I), in: Image 42, 1971

Eichrodt W., Der Prophet Hesekiel (ATD 22/2), Göttingen 1968

Exeler A. / Ortkämper F. J. / Greshake G. / Waltermann R., Zum Thema Buße und Bußfeier, Stuttgart 1971

Fraling B., Hinführung zu freier Entscheidung. Nach den Exerzitien des Ignatius von Loyola, in: Humanum, hrsg. von J. Gründel, F. Rauh und V. Eid, Düsseldorf 1972

Görres A., Ein existenzielles Experiment. Zur Psychologie der Exerzitien des Ignatius von Loyola, in: Interpretation der Welt (Guardini-Festschrift), Würzburg ²1965

Grundmann W., Das Evangelium nach Lukas, Berlin 1966

Guillermou A., Ignatius von Loyola in Selbstzeugnissen und Bilddokumenten, Hamburg 1962

Hertzberg H. W., Die Samuelbücher (ATD 10), Göttingen 1968

Hummelauer F. v., Meditationum et Contemplationum S. Ignatii de Loyola Puncta, Freiburg 1909, deutsch von *M. Schmid*, Die Exerzitien des hl. Ignatius, Saarbrücken 1938

Ignatius von Loyola, Exercitia spiritualia (MHSJ 1000), Rom 1969

— Die Exerzitien, hrsg. von *H. U. von Balthasar*, Einsiedeln 1959

Ignatius von Loyola, Geistliche Übungen, Übertragung aus dem spanischen Urtext, Erklärung der 20 Anweisungen von *A. Haas*, Freiburg 1967 (Herder-Tb. 276)
— Der Bericht des Pilgers, hrsg. von *B. Schneider*, Freiburg 1956
— Das geistliche Tagebuch, hrsg. von *A. Haas* und *P. Knauer*. Freiburg 1961
Johannes vom Kreuz, Aufstieg zum Berge Karmel, München 1927
Knauer P., Verantwortung des Glaubens, Frankfurt 1969
Knörzer W., Überall ist Jona, Stuttgart 1970
Kunz E., Überlegungen zur Gotteserkenntnis, in: Geist und Leben 42, 1969
— Die drei Weisen der Demut in den Exerzitien des hl. Ignatius von Loyola, ebd.
— Wie kann Gott vom Glaubenden erfahren werden?, ebd.
— Die Problematik unserer Spiritualität heute (Referat auf der Provinztagung der Niederdeutschen Provinz S. J., als Manuskript gedruckt), Köln 1971
Laplace J., Zehntägige Exerzitien, übersetzt von I. Jorissen und H. B. Mayer (als Manuskript gedruckt), Innsbruck 1966
Martini C. M., Die Heilsgeschichte in den Geistlichen Übungen, Referat auf der österreichischen Exerzitienleiterkonferenz, Wien 1972
Merton Th., (Hrsg.) Sinfonie für einen Seevogel und andere Texte des Tschuang-tse, Düsseldorf 1973
Monden L., Sünde, Freiheit und Gewissen, Salzburg 1968
Monumenta Ignatiana, Series Secunda, Tomus II, Directoria (1540—1599), Rom 1955
Noth M., Das zweite Buch Mose (ATD 5), Göttingen 1965
Pesch O. H., Sprechender Glaube, Mainz 1970
— Das Gebet, Augsburg 1972
Przywara E., Deus semper maior, Theologie der Exerzitien, 3 Bde., Freiburg 1938—1940
Quoist M., Herr, da bin ich, Gebete, Graz 1965
Rad G. v., Theologie des Alten Testaments, I und II, München 1965/66
— Das erste Buch Mose (ATD 2/4), Göttingen 1967
Raguin I., Wege der Kontemplation in der Begegnung mit China, Einsiedeln 1972
Rahner H., Ignatius von Loyola und das geschichtliche Werden seiner Frömmigkeit, Graz 1949
— Exerzitienwerkheft, Pullach 1955 (als Manuskript gedruckt)
— Ignatius von Loyola als Mensch und Theologe, Freiburg 1964
Rahner K., Von der Not und dem Segen des Gebetes, Freiburg 1958
— Schriften zur Theologie, Bd. 3, Einsiedeln 1964

Rahner K., Betrachtungen zum ignatianischen Exerzitienbuch, München 1965
— Schriften zur Theologie, Bd. 7, Einsiedeln 1966
— Ich glaube an Jesus Christus, Einsiedeln 1968
— Einübung priesterlicher Existenz, Freiburg 1970
— Die ignatianische Logik der existentiellen Erkenntnis (Zu den Wahlregeln), in: Geist und Leben, Jubiläumsband
Ratzinger J., Die Lehre von der Eucharistie, Vorlesungsnachschrift, Münster 1963
Schmidt H. W., Der Brief des Paulus an die Römer, Berlin 1966
Schürmann H., Ursprung und Gestalt. Erörterungen und Besinnungen zum Neuen Testament, Düsseldorf 1969
— Das Lukasevangelium, Freiburg 1969
Schweizer E., Jesus Christus, München und Hamburg 1970
Stanley D. M., A Modern Scriptual Approach to the Spiritual Exercises, Chicago 1967
Stierli J., Exerzitien in einer veränderten Welt, Referat auf der Jahrestagung der ADDES vom 3. bis 7. 4. 1967, Ellwangen
Sudbrack J., Unterscheidung der Geister — Entscheidung im Geiste, in: Kirche zwischen Planen und Hoffen 7, 1972
— Beten ist menschlich. Aus der Erfahrung unseres Lebens mit Gott sprechen, Freiburg 1973
Trilling W., Christusverkündigung in den synoptischen Evangelien, München 1969
Voss G., Die Christologie der lukanischen Schriften in Grundzügen, Brügge 1965
— Jesusverkündigung im Lukasevangelium (SBS 45), Stuttgart 1970
Weiser A. / Elliger K., Das Buch der zwölf Kleinen Propheten (ATD 24/25), Göttingen 1967
Weiser A., Das Buch Hiob (ATD 13), Göttingen 1968
Wolff H. W., Hosea, Biblischer Kommentar, AT ed. M. Noth, XIV, 1 Dodekapropheton 1, Neukirchen 1961
Wulf F., (Hrsg.) Ignatius von Loyola. Seine geistliche Gestalt und sein Vermächtnis, Würzburg 1956
Zahrnt H., Gott kann nicht sterben, München 1970
Zimmerli W., Ezechiel, Biblischer Kommentar, AT ed. M. Noth, XIII, 1—2, Neukirchen 1958 ff.
Zink J., Wie wir beten können, Stuttgart 1970